평화로운 교실,
행복한 성장을 이끄는

자존감
훈육법

평화로운 교실,
행복한 성장을 이끄는

자존감
훈육법

Discipline with Dignity

리차드 L. 커윈, 앨런 N. 멘들러, 브라이언 D. 멘들러 지음
방현진 옮김

지식프레임

옮긴이의 말

●
●

《자존감 훈육법》이라는 제목이 시사하는 바와 같이 이 책은 자존감을 신장시키는 훈육법에 대한 내용을 다루고 있다. 언뜻 생각하기에 '자존감 훈육법'은 교사가 훈육을 통해 학생의 자존감을 키우는 방법으로 해석될 수 있다. 물론 이 해석에도 일리는 있다. 그러나 이 해석은 이 책에서 소개하는 자존감 훈육법의 의미를 절반만 드러낸다. 정확히 말하자면 이 책에서 말하는 자존감 훈육법은 훈육을 통해 '교사와 학생 모두가 자존감을 키우는 교육 방법'을 가리킨다. 활용하면 할수록 교사와 학생의 자존감이 신장되는 행복한 훈육법이라고 할 수 있다.

자존감 훈육법은 사실 우리의 상식이나 경험과 부합되지 않는 면이 많다. 실제로 학생을 훈육해 본 경험이 있는 사람이라면 학생의 문제행동을 바로잡는 훈육이 육체적으로나 정신적으로 얼마나 힘든 일인지 잘 알 것이다. 특히 학교 현장에서 이루어지는 훈육은 긍정적인 감정보다는 부정적인 감정이 부각되고, 좋은 감정보다는 아픈 감정이 남기 쉬운 지난한 과정이다. 학생들의 문제행동을 바로잡는 과정에서 마음에 상처를 입는 학생과 교사가 얼마나 많은가. 그렇기에 우리는 자존감 훈육법, 즉 훈육을 통해 학생과 교사의 자존감을 길러주는 것이 어떻게 가능한지를 자세히 이해할 필요가 있다.

자존감 훈육법은 실제로 우리 교실에서 어떻게 적용될 수 있을까?

예를 들어, 수업 중에 한 학생이 친구에게 욕을 퍼부었다고 가정해 보자. 이 문제 상황에서 교사가 이 책에서 소개하는 자존감 훈육법의 원칙 중 하나인 '학생의 선택권'을 보장하는 방식으로 학생을 훈육했다고 하자. 이 훈육법은 과연 어떤 효과가 있으며 이 과정이 학생과 교사의 자존감에 어떤 영향을 미칠까?

역자가 경험한 바에 따르면, '학생의 선택권'을 보장하는 방식을 사용했을 때(욕을 한 학생에게 앞으로 어떻게 행동할 것인지 스스로 선택하고 그 결과를 책임지도록 훈육했을 때) 학생은 조금씩 자신의 행동이 남에게 그리고 자기 자신에게 어떤 영향을 끼치는지 인지하기 시작한다. 이 과정이 반복되면 학생은 스스로 도덕적인 행동을 선택하고 실천에 옮길 수 있는 능력을 기르게 된다. 학생은 문제행동이 자신에게 어떤 영향을 미치는지를 스스로 깨닫고 나서야 문제행동을 개선하려고 노력하기 때문이다.

학교 훈육의 목적 중 하나는 교사가 있을 때나 없을 때나 한결같이 올바른 결정을 내리고 행동에 옮기는 학생을 길러내는 것이다. 바로 이 목적을 실현하는 데에도 자존감 훈육법은 효과가 있다. 일테면 교사가 학생에게 자신의 행동을 선택하고 책임지도록 훈육했을 때 학생은 교사가 있을 때나 없을 때나 도덕적 행동을 할 수 있다.

단기적인 관점에서 보자면 학생에게 선택권을 주는 훈육 방법이 별 효과를 거두지 못할 수도 있다. 이 책에 자주 나오는 구절을 인용해서 설명하자면, 학생의 문제행동이 개선되는 과정은 마치 '롤러코스터의 운동'처럼 변화가 심하기 때문이다. 그러나 장기적인 관점에서 보자면 학생에게 자신의 행동을 선택할 수 있는 기회를 주는 훈육 방법은 그렇지 않은 훈육 방법보다 문제행동을 개선하는 데 훨씬 효과가 좋다.

자존감 훈육법의 효과는 벌이나 보상을 중시하는 훈육법과 비교했을 때 더욱 선명하게 드러난다. 만약 앞의 문제 상황에서 교사가 학생을 따끔하게 타이르거나 반성문을 쓰게 했다면 학생은 그 이후로 욕을 하지 않을까? 그렇지 않다. 아마 학생은 또다시 친구에게 욕을 할 것이다. 이유는 간단하다. 스스로 욕하는 행동을 개선할 기회를 갖지 못했기 때문이다. 교사에게 야단을 맞거나 반성문을 썼을 뿐, 자신이 무슨 행동을 선택할 것인지 결정하고 선택에 따른 결과를 어떻게 책임져야 하는지 배우지 못했기 때문이다.

이 책의 PART4 '학생을 어떻게 변화시킬 것인가?'에 나오는 문장을 인용해서 설명하자면, 세상의 '어느 누구도 다른 사람을 바꿔놓을 수는 없다.' 우리는 자신이 바라는 개인적인 목표를 이뤄내는 데에도 무척 어려움을 겪는다. 그런데 하물며 우리가 어떻게 다른 사람, 즉 학생의 행동이나 습관을 고칠 수 있겠는가. 자신의 문제를 고칠 수 있는 사람은 자기 자신뿐이다. 학생의 문제를 고칠 수 있는 사람 역시 학생 자신뿐이며, 교사는 이 과정을 올바른 훈육으로 지원하는 존재다.

그렇다면 자존감 훈육법은 학생과 교사의 자존감에 어떤 영향을 줄까?

이 책에서 소개하는 자존감 훈육법의 여덟 가지 신념 중 하나는 '학생은 어떤 상황에서도 자존감을 존중받을 가치가 있는 존재이다'라는 것이다. 이 신념은 그저 듣기 좋은 말로만 들릴 수도 있지만, 실제로 이 신념이 훈육에 적용되었을 때는 상상 이상의 효과를 발휘한다. 일례로 역자는 이 책에 나와 있는 방법을 토대로 이 신념을 훈육에 적용하여 역자 자신과 학생의 자존감이 신장되는 놀라운 경험을 하였다. 그 방법은 바로 '학생을 훈육하기 전에 혹은 훈육하면서 학생의 입장이 되어보는 것'이었다.

학생을 가르친 경험이 있는 사람이라면, 학생에게 어떤 말을 할 때 마치 자기 자신에게 말을 하고 있다는 미묘한 감정을 느낀 적이 있을 것이다. 이러한 경험이 가능한 이유는 교사가 학생을 훈육할 때 학생이 느낄 감정을 가장 먼저 파악하기 때문이다. 더 정확히 말하자면, 교사는 학생을 훈육하기도 전에 학생이 느낄 감정을 미리 알 수 있다. 다소 과장해서 말하자면, 교사는 학생을 훈육하지만 학생에게 할 훈육을 가장 먼저 마음속으로 접한다는 점에서, 학생을 훈육하기 전에 자기 자신을 훈육한다고도 할 수 있다.

역자는 '학생은 어떤 상황에서도 자존감을 존중받을 가치가 있는 존재이다'라는 신념이 자존감을 길러주는 훈육과 그렇지 않은 훈육을 걸

러주는 필터의 역할을 한다고 생각한다. 만약 교사가 학생의 입장이 되어 자신이 받고 싶은 대우 혹은 자신이 받고 싶은 훈육을 생각하고 이를 학생에게 적용한다면 학생의 자존감은 물론이고 교사 자신의 자존감도 신장될 것이다. 앞에서 역자가 학생의 선택권 보장을 예로 든 것도 역자가 학생이라면 선택권을 보장받고 싶다는 마음 때문이었다. 학생에게 자존감을 살려주는 훈육을 할 때 학생이 느낄 감정을 먼저 느낌으로써 교사의 자존감이 신장된다는 것은 훈육의 매력이자 신비이다.

이 책을 읽는 방법과 관련하여 한 가지 당부를 하고 싶다. 독자는 이 책을 읽는 동안 자존감 훈육법과 관련한 다양하고 구체적인 설명을 접하게 될 것이다. 자존감 훈육법의 체계를 이해하며 꼼꼼하게 책을 읽는 것도 훌륭한 독서법이지만, 역자는 세부적인 내용(예컨대 행동의 결과는 무엇이고 이것은 중재와 어떻게 다른가 등의 문제)에 집착하기보다는 자존감 훈육법이 제시하는 전체적인 훈육의 방향이나 철학을 이해하겠다는 마음가짐으로 읽기를 권한다. 자존감 훈육법의 전체적인 방향을 이해한 후, 각자의 성향에 맞는 자존감 훈육법의 구체적인 방법이나 신념을 한두 가지 정도 골라 집중적으로 실천에 옮겨보는 것이다.

역자는 이 책을 번역하고 적용하면서 다시 한 번 교육이라는 영위의 어려움과 위대함을 절감했다. 학생을 올바르게 길러내는 일은 끝이 없을 뿐 아니라, 정해진 방법도 없다. 다만 각자 최선의 방법을 모색하고 실천에 옮길 수 있을 뿐이다.

역자는《자존감 훈육법》을 번역하게 된 것을 큰 행운이라고 생각한다. 그리고 지금, 자존감 훈육법이 올바른 훈육을 위한 최선의 길이라는 데에 추호의 의심도 없다.

학생들을 훈육하는 것이 점점 어려워지고 조심스러워지는 시대에 역자는 자존감 훈육법을 통해 앞으로 어떻게 학생들을 훈육해야 하는지를 정확히 깨달았다. 앞으로 해야 할 일은 꾸준히 자존감 훈육법을 학급 현장에 적용하는 일일 것이다.

이 책을 번역하고 자존감 훈육법을 적용하는 데 셀 수 없이 많은 사람들의 지원과 격려가 있었다. 이 세상에서 가장 친한 친구이자 내게 늘 영감을 불어넣어주는 사랑하는 아내 김미영, 당신에게 이 책을 제일 먼저 바친다. 늘 아빠의 키스 세례를 피해 다니느라 바쁜 귀여운 두 아들 방민준, 방예준에게도 이 책을 선물하고 싶다.

지난 1년간 묵묵히 곁을 지켜주면서 내 부족한 면면을 채워주셨던 박난희, 성여진 선생님, 같이 배드민턴을 치면서 땀 흘리며 좋은 시간을 보냈던 오근배 형님과 내 동기 배안나에게도 감사의 인사를 드린다. 2019학년도 1년 동안 '질문기반학습법', '교과서가 사라진 교실', '티처스 컷'을 멋지게 소화해 준 서울우신초등학교 4학년 2반 학생들과 최고의 응원을 보내주신 학부모님들께도 감사드린다.

번역하고 글 쓰는 법을 가르쳐주신 서울교육대학교 김인 교수님에게도 다시 한 번 감사의 인사를 드린다. 시간이 흘러 교수님의 가르침을 잊어버리지는 않을까 자꾸 조바심이 난다. 이 번역서가 아직 교수님의 가르침을 잊지 않았다는 조그마한 증거가 되길 바란다.

마지막으로 훌륭한 외서 번역 기회를 주신 지식프레임의 윤을식 대표님과 출판사 관계자분들에게 감사의 인사를 드린다.

_옮긴이 방현진

프롤로그

●

●

《자존감 훈육법》이 세상에 처음 나왔던 1980년대 미국에서는 사람들이 법과 규칙에 대해 강경한 입장을 취하는 분위기가 팽배했다(《자존감 훈육법》 초판은 1988년에 출간되었으며, 이 책은 2018년에 출간된 네 번째 개정증보판이다. - 역자 주). 몇 년 전에는 사람들이 소수자 인권 문제와 여성에 대한 불평등 문제에 저항하면서 현 사회 체제에 전면적인 의심을 가지고 비판을 가했다. 그 결과 많은 사람들은 오랫동안 우리 사회를 지탱해 온 기준과 규범이 완전무결한 것이 아니며 오히려 불합리하며 차별적 요소를 지니고 있다고 생각하기 시작했다.

학교에서도 그동안 지켜온 가치와 관습, 관례가 공격의 대상이 되었다. 시간이 지날수록 교사들은 규칙을 따르지 않는 학생들과 가정 교육을 포기하거나 편파적으로 자녀의 편만 드는 학부모들을 더 많이 상대해야 했다. 이런 상황에 분노한 교사들은 학생들에게 규칙을 더욱 엄격히 지킬 것을 요구하면서 규칙을 따르지 않는 학생에게는 무거운 벌을 내리겠노라고 엄포를 놓았다. 같은 맥락으로 학교 측에서는 학생들이 열심히 공부하게 하려면 수업 분위기를 어지럽히는 학생을 교실 밖으로 내쫓아버리는 것이 한결 간편하고 합리적인 방법이라는 결론을 내렸다. 때마침 교사가 주도권을 가지고 학생을 지도할 수 있도록 여러 훈육법이 고안되었으나, 교사들은 이 훈육법을 통해 보상과 처벌에만 의존할 뿐 학생들이 자유롭게 자신의 행동을 선택하도록 기회를 주지 않았고, 그 결과 규칙을 따르지 않는 학생들은 자연스럽게 도태되고 말았다. 한마디로 소수의 학생들만 득을 보았고 대다수의 학생들은 처벌을 받았다. 이와 더불어 학교에서는 표준화된 방법으로 학생뿐 아니라 교사와 학교의 교육 활동을 여러 영역에 걸쳐 평가하기 시작했다. 이러한 훈육 방법이 소기의 목적을 달성하는 경우는 거의 없었지만, 지금도 많은 학교에서는 예전과 같은 방법으로 훈육이 이루어지고 있는 상황이다.

현재 학생들은 두 부류로 명확하게 나뉘어진다. 한 부류는 규칙을 잘 따른 대가로 보상을 받는 학생들이고, 다른 한 부류는 규칙을 따르지 않아 벌을 받는 학생들이다. 여기서 주목할 것은 교사가 불량 학생들을 학교에서 쫓아낸다고 해서 그들의 잘못된 행동 자체가 끝나는 것은 아니라는 점이다. 굳이 말하자면 범죄는 교육 수준과 상관없이 누구나 저지를 수 있는 일이다.

이 책에서 소개하는 '자존감 훈육법'은 학생들이 매사에 보다 나은 결정을 내리고 교사가 보다 행복한 교직 생활을 영위하는 데 도움이 되는 다양한 중재 방안과 훈육 전략을 담고 있다. 처음 자존감 훈육법을 실천에 옮기기 시작했을 때만 해도 교사가 학생과 인간적인 관계를 맺어 학생의 문제행동을 개선한다는 생각은 매우 생소한 개념이었다. 요즘에는 이러한 훈육 방법이 널리 알려져 있지만, 우리가 방문했던 거의 모든 학교에서는 문제행동을 한 학생들에게 굴욕감을 주거나, 방과후에 남기거나, 교실에 들어오지 못하게 하거나, 정학을 주는 등의 구태의연한 처벌 방법들이 여전히 시행되고 있었다. 또한 대부분의 학교에서는 오직 시험 성적을 기준으로 우수 학생을 선발하고 상을 주는 관습이 이어지고 있었다.

수많은 학교를 방문한 결과, 우리는 보상과 처벌이라는 훈육 방법이 학생들을 승자와 패자로 구분할 뿐 결과적으로 모든 학생들에게 최상의 결과를 가져다주지 못한다는 확신을 하게 되었다. 또한 학생들은 자신이 직접 자신의 생활에 영향을 주는 결정을 내린 경우에는 교사의 지도에 순응하게 된다는 중요한 사실도 깨닫게 되었다. 이 점에서 저자는 학생들이 단순히 보상과 처벌을 받는 수동적인 입장에서 벗어나 학교와 학급의 규칙을 결정하는 데 적극적으로 목소리를 내야 한다고 생각한다.

이제 교사는 더 이상 학생들을 복종시키는 방법으로 효과적인 훈육을 할 수 없다. 교사가 학생들을 실질적으로 변화하게 만들려면 학생들의 신뢰를 얻는 것이 무엇보다 중요하다. 교사가 학생들에게 복종을 요구할 뿐 신뢰를 얻으려고 하지 않을 때 무슨 일이 일어날지는 뻔하다. 일례로, 우리는 고학년 학생들이 몇몇 교사에게서 무시당하지 않으려고 일부러 거친 행동을 하는 모습을 목격한 적이 있다. 한 교사의 수업에서는 모범생처럼 굴다가 다른 교사의 수업 시간이 되자 교실을 뒤집어놓는 학생을 본 적도 있다.

이제 학교 교육이 지향해야 할 방향은 분명하다. 학교는 학생들이 스스로 생각하고 결정하는 책임감 있는 시민으로 성장할 수 있도록 교육하는 데 온 힘을 기울여야 한다. 교사가 모욕감을 이용해서 학생들에게 규칙을 지키라고 강요한다면, 학생들은 교사를 증오하다가 결국 규칙을 영영 따르지 않게 될 것이다. 자존감 훈육법의 비전은 권위가 있는 상황에서나 부재한 상황에서나 똑같이 올바른 행동을 하는 학생을 길러내는 데 있다.

우리는 스트레스로 말미암아 문제행동이 일어난다는 사실을 잘 알고 있기 때문에 교사와 학생이 스스로 어지러운 마음을 다스릴 수 있도록 "마음챙김mindfulness"이라고 불리는 명상법을 자존감 훈육법에 포함시켰다. 우리는 학교생활에 어려움을 겪는 모든 학생들이 적절한 도움을 받기 바라지만, 사실 이것은 실현 불가능한 일이다. 그러나 우리는 교사들이 문제행동을 일으키는 학생의 마음 이면에 존재하는 충족되지 않은 욕구들을 간파하고 그 욕구를 충족시킬 전략을 실천하기를 진심으로 기원한다.

오래전부터 저자는 훈육이 어려운 학생의 말에 꾸준히 귀를 기울이는 교사들이 생활지도에 성공을 거두는 모습을 관찰해 왔다. 이러한 교사들은 학생에게서 조금이라도 이상한 낌새가 느껴지면 일단 질문을 하고 잇따르는 질문을 이어 나간다. 그 학생에 대해서 자세히 알려고 할 뿐 아니라 학생이 스스로 자신을 교사에게 이해시키도록 지도하는 것이다. 또한 학생이 문제행동의 근원이라고 할 수 있는 슬픔, 분노, 좌절, 짜증 등의 부정적인 감정을 느낄 때마다 취할 수 있는 대안적인 행동 양식을 끈질기게 가르치고 연습시킨다. 이런 교사들이 학생을 지도할 때 가지고 있는 인내심은 학생이 교사의 지도를 거부할 때 보여지는 반항심보다 훨씬 강하다.

자존감 훈육법은 학교 교육이 마땅히 지향해야 할 목표를 추구한다. 이 훈육법은 상당히 체계적인 동시에 유연한 구조를 가지고 있다. 저자는 교사가 가진 교육 철학, 교육 방법, 개인적 장점과 상관없이 모든 교사가 활용할 수 있는 훈육법을 이 책에서 소개한다. 저자의 목표는 자존감 훈육법을 통해 학생들이 보다 책임감 있는 학생으로 성장하고 교사가 마음의 여유를 누리는 교직 생활을 하도록 돕는 것이다.

이 책의 초판이 발행된 이후, 세 명의 저자들은 급변하는 세상 속에서 문제행동을 일으키는 학생들에게 긍정적인 영향을 줄 수 있는 새롭고 개선된 훈육 방안을 쉬지 않고 연구했다. 그리고 지난 30년 동안 훈육법을 연구하면서 중요한 교훈을 얻게 되었다. 그중에서 가장 중요한 것은 학생의 문제행동을 바로잡는 데 교사와 학생의 인간적인 관계가 학교 규칙이나 행동의 결과보다 중요한 역할을 한다는 점이다. 실제로 학생들은 교사에게서 공식적인 훈육을 받을 때보다 비공식적인 훈육을 받을 때 한층 개선된 모습을 보여준다. 이 점을 고려하여 저자는 이번 개정판에서 비공식적인 훈육이 과연 무엇이며 교사가 그것을 어떻게 활용할 수 있는지를 집중적으로 다루었다.

학생의 노력과 동기도 빼놓을 수 없는 핵심적인 포인트이다. 학생이라면 누구나 과제를 통해 거둔 성취보다 과제 해결 과정에 들인 노력을 인정받을 때 즐거운 마음으로 학교생활을 영위한다. 결국 학생은 최선을 다하는 것 이외에는 따로 할 일이 없다는 것이다. 대부분의 교사들은 보상과 처벌에 의존하지 않고 "지도하기 어려운" 학생들의 감춰진 동기를 일깨울 수 있는 구체적인 방법론에 무지하다. 이번 책에서는 그 구체적인 방법론에 대해서도 자세히 소개했다.

저자는 많은 교사들에게서 《자존감 훈육법》을 읽은 덕분에 예전 같았으면 학교 밖으로 "내쫓았을" 학생들을 성공적으로 지도했다는 말을 듣고 무척 기뻤다. 그러나 주변에는 여전히 자신의 충족되지 않은 욕구를 그릇된 방식으로 충족시키려다 자신뿐 아니라 친구들과 교사의 삶마저 엉망으로 만들어버리는 학생들이 너무나 많은 것이 현실이다.

저자는 훈육에 관한 새로운 개념, 지도 방안 그리고 실제 사례를 들어 교사들에게 도움이 되는 이야기를 하려고 한다. 학생들은 문제행동을 했다 하더라도 그 자체로 소중하고 존중받을 가치가 있는 존재이다. 교사 역시 문제를 일으키는 학생들과 상호작용할 때 필요한 효과적인 훈육법을 익혀 만족스럽게 교직 생활을 할 자격이 있는 사람이다. 이 책이 학생과 교사에게 행복한 학교생활에 이르는 확실한 길을 제시한다고 믿어 의심치 않는다.

Contents

Discipline with Dignity

Part 1
자존감 훈육법이란 무엇인가?

학생의 문제행동을 바로잡는 것은 여간 어려운 일이 아니다. 교사는 규율을 지켜 학교라는 조직을 안정적으로 유지하는 일과 다른 한편으로는 개별 학생들의 독특한 욕구를 충족시키는 일 사이의 균형을 유지해야 한다. 하지만 애초에 모든 교사와 학생을 만족시키는 방법이라는 것은 존재하지 않는다. 다만 확실한 것은 교사가 어떤 상황에서나 학생의 자존감을 존중해야 한다는 가치관을 확립했을 때 학생의 문제행동을 개선할 수 있는 최선의 선택이 가능하다는 점이다.

교사는 학생의 복종심보다 책임감이 훨씬 중요하다는 사실을 명심해야 한다. 교사가 학생에게서 책임감 있는 행동을 이끌어내려면 늘 학생의 의견을 묻고, 학생의 생각을 존중하고, 현명한 결정을 내리는 방법을 꾸준히 가르쳐야 한다. 물론 학생의 오래된 습관이 하루아침에 바뀔 수는 없다. 사람의 행동은 천천히, 눈에 띄지 않을 정도로 조금씩 바뀐다.

자녀에게 뚜렷하고 확고한 한계를 제시하면서도 그 한계 안에서 자녀가 선택할 수 있는 여지를 두는 현명한 부모의 양육법처럼, 교사는 엄격한 구조 안에서 마음껏 융통성을 발휘할 수 있는 훈육법으로 학생을 지도해야 한다. 훈육은 응징이나 벌이 아니라 교수와 학습에 초점을 두고 이루어져야 한다. 학생을 교육의 소비자라고 한다면, 학교는 학생들에게 스스로 자신의 삶을 행복하게 영위하고 자신의 삶에 책임을 질 수 있는 능력을 기를 수 있도록 교육을 제공해야 한다.

1. 자존감 훈육법의 핵심 신념

훈육은 교사의 중요한 업무다

훈육은 사람들과 어울려 지내면서 사람들 사이에서 일어나는 문제를 해결하고 자신이 책임질 결정을 내리는 방법을 배우는 일련의 과정이라고 정의할 수 있다. 이러한 사회적 기술을 습득하는 것은 교과 지식을 배우는 일 못지않게 중요하다.

사람을 대하는 예의 바른 태도와 올바른 사회적 기술은 과거에도 그랬고 앞으로도 중시될 것이다. 이에 반해 학교에서 가르치는 지식은 시간이 지나면서 조금씩 수정된다. 태양계에 몇 개의 행성이 있는가? 매일 저녁 와인 한 잔을 마시면 건강에 이로운가? 이러한 질문에 대한 대답은 계속해서 조금씩 변한다. 하지만 사람들에게 상처를 주지 않고 지혜롭게 갈등을 해결하는 능력은 세대를 거치는 동안 그 중요성이 조금도 달라지지 않았다.

교실에서 일어난 문제행동이 교사의 탓은 아니다. 하지만 교사가 늘 훈육에 힘쓰지 않는다면 효과적인 훈육법을 터득하기 힘들 것이고, 결국 학생의 문제행동으로 인해 괴로움을 겪게 될 것이다. 따라서 훈육법은 교사가 교실에서 매일 적용해야 할 지속적인 업무로 간주되어야 한다. 마땅히 해야 할 행동을 하지 않는 학생에게 쉽게 화를 내는 대신 교사는 그 상황에서 마음을 안정시키고 다음에 유사한 상황이 벌어지면 구체적으로 어떻게 행동할지를 알아내야 한다.

학생은 어떤 상황에서도 자존감을 존중받을 가치가 있다

교사는 교육의 목적이 학생의 자존감을 존중하는 것이라는 점을 학생들에게 확실히 인식시켜야 한다. 교사가 이 점을 분명히 할 때, 교사와 학생 간에 신뢰가 생기고 진정한 관계가 맺어지며 어떤 문제가 일어나든 해결하기가 쉽다. 학생의 자존감을 존중한다는 말은 학생이 말을 듣지 않더라도 교사가 평정심을 유지한다는 뜻이다. 심지어 학생이 교사에게 무례하고 지저분한 말을 하면서 반항을 하더라도 교사는 학생의 마음을 헤아려 연민과 동정심을 품어야 한다는 말이다.

학생의 자존감을 존중한다는 말은 교사가 학생에게 바라는 행동을 자신이 직접 학생들에게 보여준다는 뜻이기도 하다. 잠시 눈을 감고 학생의 입장이 되어 교사에게서 자존감을 존중하는 훈육을 받는다고 상상해 보자. 어떤 기분이 드는가? 이번에는 현실로 돌아와 교직원 회의에서나 학생들이 지켜보고 있는 교실 앞에서 교장 선생님에게 심한 질책을 받는다면 어떤 기분이 들지 상상해 보자. 이 상상 실험을 통해 여러분은 자존감을 가진 인간으로서 어떤 대우를 원하는지, 혹은 학생들을 어떤 식으로 대우해야 하는지가 확실해졌는가?

학교는 모범적인 학생만 가르치는 곳이 아니다

저자 중 한 명은 심한 비행을 일삼는 학생들로 이루어진 학급을 가르친 적이 있다. 당시 동료 교사들은 자신이 가르치는 학생 중 일부를 그 학급에 넣을 수 있는지 자주 물었다. 그 교사들은 자신의 학급에서 문제를 일으키는 학생들이 아예 사라져버리면 수업이 부드럽게 운영되리라 믿고 있었던 것이 틀림없다. 아마 이 생각은 옳을 것이다. 그러나 분명히 말해서 학교는 교사가 가르치기 편한 학생만을 위한 장소가 아니라 출석하는 모든 학생들을 위한 공간이다.

곰곰이 생각해 보면 가장 문제를 많이 일으키는 학생이야말로 교사의 도움이 절실한 학생들이다. 이처럼 관점을 바꾸면, 모범적인 학생만 가르치는 교사는 최고의 교사로 거듭나기가 힘들다는 것을 알 수 있다. 교사는 온갖 문제를 일으키는 학생을 가르칠 때 비로소 역량을 기를 수 있고, 결국 모든 학생들을 가르칠 수 있는 진정한 교사로 성장하게 된다.

힘든 여정을 기꺼이 받아들이자

얼마 전, 저자 중 한 명은 배변 훈련을 마친 네 살짜리 아들이 팬티에 실수한 모습을 보고 버럭 화를 낸 적이 있다. 화가 잔뜩 났던 저자는 화장실에서 아들에게 이렇게 말했다.

"엘리, 너 이제 네 살이야. 아직도 이렇게 팬티에 똥을 싸면 어떻게 해. 똥이 나올 것 같으면 얼른 화장실로 가야지."

네 살짜리 아기에게 똥이 나올 것 같은 느낌을 알려주려고 애를 써본 적이 있는 사람이라면 그 느낌을 제대로 설명하기가 얼마나 어려운지 잘 알 것이다. 잠시 뒤 저자는 이상한 느낌을 경험했다. 저자의 아들보다 나이가 많은 자녀를 키우는 친구와 가족들이 들려줬던 말이 떠올랐다. "육아를 여행이라고 생각하고 그냥 즐겨. 아기들은 눈 깜짝할 사이에 청소년이 될 테니까 지금은 아기를 있는 그대로 받아들여." 저자는 아들의 볼에 눈물이 흘러내리는 모습을 보자 자연스레 목소리가 가라앉았다.

"아들아, 괜찮아. 우리는 누구나 실수를 하기 마련이야. 괜찮아. 아빠가 다시는 화내지 않을게."

잠시 뒤 아들은 아빠의 품에 얼굴을 묻었고 저자는 아들의 팬티를 갈아입혔다.

방금 소개한 일화는 사소한 일상이지만 관점을 바꿈으로써 말 그대로 짜증이 나는 상황을 평생 잊지 못할 소중한 경험으로 바꾼 사례이다. 우리는 일상의 상황을 대하는 태도나 그 상황에서 소모할 에너지를 조절할 능력을 가지고 있다. 지금까지 여러분은 교사로서 겪었던 온갖 일들을 일종의 여행이라고 생각하고 받아들였는가, 아니면 몇몇 학생이 일으킨 문제행동이 여러분의 하루를 망치도록 내버려두었는가?

교사는 거친 학생을 가르칠 때 강인한 정신력을 갖춰야 한다. 물론 쉬운 일은 아니다. 하지만 교사가 교직이라는 여정을 받아들일 수만 있다면 학교에서의 일상을 즐길 수 있을 것이다.

효과적인 훈육을 하려면 용기와 창의력이 필요하다

지도가 어려운 학생을 효과적으로 훈육하려면 평소의 생각과 행동에서 벗어나 전혀 새로운 방법을 적용하려는 의지가 필요하다. 일테면 언뜻 생각하기에 어처구니없어 보이는 방법도 열린 마음으로 받아들여야 한다. 예를 들어, 온갖 애를 써도 학생의 문제행동이 계속 이어진다면 오히려 그 문제행동을 인정하는 창의적인 훈육 방안을 생각해 내는 것도 좋은 방법이다. 수업 시간에 한 학생이 모욕적인 말을 내뱉는다면 교사는 그 학생에게 자신이 방금 한 말이 얼마나 나쁜 말인지 확실히 인지할 수 있도록 공개적으로 그 뜻을 설명할 기회를 줄 수도 있다. 매사에 불평을 늘어놓는 학생이 자꾸 수업을 방해한다면 불평 토론회 수업을 운영하거나 건의함을 설치해 나중에 학생들의 생각을 들어볼 수 있을 것이다. 자습 시간에 교실 분위기를 흐트러뜨리는 문제가 계속 일어난다면 교과 공부와는 거리가 있는 게임을 자습 시간에 운영할 수도 있다.

교사가 문제행동을 인정해 버리면 몇몇 학생들은 문제행동을 일으키면서 느꼈던 재미를 더 이상 느끼지 못한다. 만약 한 학생이 교실에서 나가고 싶어 일부러 문제행동을 계속한다면 교사는 학생이 교실 문을 나가는 순간 문제행동이 더 습관화된다는 사실부터 인지해야 한다.

단기적으로 보지 말고 멀리 보라

문제를 일으키는 학생이 자신의 결핍됐던 욕구를 충족시켜 진정한 변화를 보이기 전까지는 교사가 시도한 대부분의 훈육 방법이 단기적인 효과를 내는 데 그칠 것이다. 일테면 학생은 교사의 지시에 따르면 자신이 원하는 것을 얻을 수 있는지 알아보려고 하루 이틀 정도는 교사의 말에 순응할지도 모른다. 만약 학생이 만족할 만한 것을 얻게 되면 계속해서 교사의 지도에 순순히 따르겠지만 그마저도 그리 오래가지는 못할 것이다. 그렇다면 교사는 무엇인가 다른 훈육법을 찾아내야 한다. 결국 훈육의 목적은 문제행동을 일으키는 학생의 마음속에 내재한 충족되지 않은 욕구를 정확히 찾아내 그 욕구를 충족시키는 것이다.

효과적인 훈육법에는 고유한 DNA가 있다

학생이 고통 아니면 즐거움을 느끼게 만드는 단순한 훈육법은 진정한 훈육법이라고 할 수 없다. 훌륭한 훈육법으로 지도를 받은 학생은 스스로 자신을 반성할 수 있고 이로 인해 통찰력을 얻을 수 있다. 《Teenagers educated the village way》의 저자 하임 페리Chaim peri는 학생에게 의미 있는 벌이란, 토론Discussion과 협상Negotiation 그리고 동의Agreement, 즉 DNA의 과정으로 이루어진다고 역설했다. 지금부터 DNA를 염두에 두고 학생에게 사과를 권하는 두 대화를 살펴보며 어떤 대화가 학생에게 공감과 통찰력을 불러일으키는지 확인해 보자.

"메튜, 너는 지금 친구에게 큰 상처를 주는 혐오스러운 말을 했어. 그런 말은 두 번 다시 듣고 싶지 않으니까 지금 당장 브리아나에게 사과해! 그리고 빨리 네 카드를 노란색 칸으로 옮겨.”(혹은 다른 벌을 준다)

“메튜, 어떤 친구가 네게 기분 나쁜 말을 하면 너는 기분이 어떨까? 네 기분이 좋아지려면 그 친구가 어떻게 말하고 행동하면 좋을까? 선생님은 그런 말을 들으면 기분이 엉망이 되거나 슬퍼지거나 아니면 머리끝까지 화가 날 거야. 그리고 내게 나쁜 말을 한 친구가 진심으로 사과를 하길 바랄 거야. 그런데 네가 아직 친구에게 미안한 감정을 못 느낀다면, 지금 이 상황을 해결할 다른 방법을 네가 직접 생각해 볼래? 네 생각은 어때?”

교사가 규칙을 어기는 학생의 마음을 움직이려면 학생과 마주 앉아 진솔한 대화를 할 필요가 있다. 진솔한 대화를 통해서만 문제행동이 교사와 학생 자신에게, 관련된 친구들에게, 나아가 학급 전체에 어떤 영향을 끼쳤는지가 정확히 드러나기 때문이다. 또한 진솔한 대화를 통해야 학생이 자신의 결핍된 내적 욕구를 충족시킬 대안을 생각해 보게 된다.

앞의 두 번째 대화에서 교사는 메튜에게 자신이 남에게 준 상처를 회복시키려면 무엇을 해야 하는지 스스로 생각하도록 했다. 또한 교사는 메튜에게 사과를 권했지만 강요하지는 않았는데, 그 이유는 메튜가 교사의 강압이 없는 상황에서도 잘못을 저질렀으면 사과하는 태도를 갖추기를 바랐기 때문이다. 여기서 메튜가 바람직한 행동을 한다면 교사는 그 즉시 개인적으로 그리고 열성적으로 칭찬을 아끼지 말아야 한다. 교사가 이와 같은 훈육을 실천할 때, 학생은 자신의 문제행동 개선에 비로소 의견다운 의견을 내고 교사와 대화를 나누면서 책임감을 키우게 될 것이다.

새로운 마음가짐으로 긍정적인 자세를 유지하라

위대한 운동선수들은 기억력이 짧기로 정평이 나 있다. 예를 들어 미식축구에서 쿼터백을 맡은 선수는 경기 중에 인터셉트를 당한 기억을 빨리 잊을수록 다음 경기에서 더 뛰어난 활약을 할 수 있다. 짧은 기억력은 어려운 학생을 지도하는 교사도 갖춰야 할 능력이다. 우리는 어제 일어난 일에 되새길 만한 내용이 있더라도 한 번 일어난 일은 돌이킬 수 없다는 당연한 진리를 깨달아야 한다. 언제나 앞을 바라보자. 지난 일에서 비롯된 좌절감과 분노는 떨쳐버리자.

물론 꼭 필요한 경우에는 과거를 인정하는 것도 필요하다.

"어제는 선생님에게나 네게나 진짜 힘든 하루였어. 어제 선생님이 ~라고 말하고 ~하게 행동한 건 정말 미안해."

그리고 대화의 마지막에는 마치 운전을 할 때처럼 앞을 바라봐야 한다.

"오늘은 행복하게 지내고 싶은데 우리가 어떻게 해야 할까?"

교사는 학생들을 훈육하면서 매번 성공과 보람만 경험할 수는 없지만, 성공할 수 있다는 믿음을 항상 간직해야 한다. 학생도 열정, 긍정적인 생각, 한결같은 자세를 바탕으로 늘 새롭게 출발할 자격이 있는 존재이다.

2. 자존감 훈육법의 기본 원칙

●
●

구체적으로 알려주고 바라는 것을 물어보자

교사는 자신이 어떤 교사인지 학생들에게 알려주고 그 이유에 대해서도 설명해야 한다. 만약 엄격한 교사라면 자신의 경험이 지금 교사 생활을 하는 데 어떤 영향을 주었는지 설명할 수도 있을 것이다. 예를 들어보자.

"여러분이 어딘가로 이동할 때는 한 줄로 서서 걸어야 하고, 발표를 하고 싶으면 반드시 손을 들고 나서 선생님의 허락을 받은 뒤에 말을 해야 합니다. 선생님은 어렸을 때 무척 산만했기 때문에 선생님이 된 후로 질서를 강조하고 있습니다. 이제 선생님이 왜 여러분들에게 줄을 맞춰 걷고 손을 들고 말을 하라고 하는지 이해가 될 겁니다."

교사 소개가 끝난 뒤에는 학생들에게 선생님의 생각에 대한 의견을 자유롭게 발표시키는 것이 바람직하다. 많은 교사들이 학생들을 지도하며 참 많은 말을 한다. 그러나 학생의 의견을 물어보는 교사는 그다지 많지 않다.

학생의 능력에 맞춰 수준별 수업을 하자

문제행동이 일어나는 상황을 가만히 관찰해 보면 그 행동들은 대부분 실패와 같은 부정적인 경험에 대항하기 위한 일환으로 발생한다. 교사가 학생들의 다양한 학습 능력에 맞춰 수준별 수업을 할 수 없다면

(혹은 그럴 마음이 없다면), 적어도 교사는 학생들이 수업 중에 불쾌한 기색을 보이더라도 놀라지 말아야 한다.

일반적으로 교사는 학습과 관련하여 학생들에게 높은 수준의 기대를 하는데, 사실 학생들은 주변에서 보내는 높은 기대감을 느낄 때마다 부담감을 이기지 못하고 좌절하는 경우가 많다. 이에 반해 교사의 기대 수준이 너무 낮은 경우에 학생들은 수업 시간에 지루해하거나 성공을 노력할 필요가 없는 하찮은 것으로 평가절하한다. 다시 말해, 교사가 수업의 수준을 너무 낮추면 학생들이 수업에서 별다른 가치를 찾지 못하고 자신의 학업 성취에 대해서도 자부심을 별로 느끼지 못한다는 것이다.

교사는 학생의 도전감을 가능한 키우면서 짜증은 되도록 줄여야 한다. 예를 들어 교사가 6학년 학생들을 대상으로 이야기의 구성 요소에 맞게 이야기를 만드는 수업을 운영하는데, 한 학생이 주어와 동사의 차이점을 이해하지 못한다고 하자. 교사가 그 학생에게 복선을 포함한 한 문단 정도의 이야기를 쓰라고 한다거나(이 과제는 너무 어려워서 학생이 짜증을 부릴 가능성이 높다) 글자 연습을 하라고 하는 것(이 과제는 너무 쉬워서 학생이 지루해할 것이 뻔하다)은 모두 적절하지 못한 수업 방법이다.

학생의 생각과 감정을 자세히 살피자

교사가 학생의 생각과 감정을 면밀히 살피면 어떤 문제가 일어나더라도 수월하게 해결될 가능성이 높다. 예를 들어 한 학생이 "선생님, 수업이 너무 지루해서 미쳐버릴 것 같아요."라고 말했다고 하자. 감정을 다스리지 못하는 교사라면 아마 이렇게 말할 것이다.

"수업에 집중하고 열심히 공부하면 그런 말은 안 하겠지."

이 경우 교사와 학생의 관계는 악화되고 학생은 앞으로도 수업 시간에 집중을 하지 않을 가능성이 높다. 대신 이렇게 말하는 것은 어떨까.

"알겠어. 네가 그렇게 느꼈다니 선생님이 미안해지네. 선생님은 수업을 재미있게 하고 싶은데, 선생님이 수업 시간에 꼭 하면 좋을 활동을 두 가지 정도 이야기해 줄래? 수업이 끝날 때까지 기다렸다가 말해주면 정말 고맙겠어."

유머를 사용하자

교사가 개그맨 같은 유머 감각을 갖출 필요는 없다. 그러나 교실에서 학생이 문제를 일으켰을 때 학급 학생들을 향해 유머 감각을 발휘하거나 문제 상황을 정면으로 마주하면 해결될 가능성이 높아진다. 물론 어떤 경우에도 학생이 농담의 주인공이 되어서는 안 된다. 예를 들어보자. 10학년인 프랑크라는 학생은 존슨 선생님과 힘겨루기를 하려는 의도로 수업 시간에 이렇게 외쳤다.

"선생님은 진짜 ×같아요."

존슨 선생님은 아무런 표정 변화 없이 태연하게 이렇게 말했다.

"프랑크, 남자들이 다 가지고 있는 그걸 말하는 거구나."

한순간에 교실은 웃음바다가 되었고 교실을 감싸고 돌던 긴장의 끈도 느슨해졌다. 이런 경우 교사는 수업에 지장이 없는 틈을 타 프랑크가 수행해야 할 학급의 규칙을 명확히 알려줘야 할 것이다. 또한 프랑크가 장기적으로 올바르게 성장할 수 있도록, 선생님에게 그런 험한 말을 써도 좋다고 생각한 이유를 알아내고 욕설을 내뱉게 만든 다른 요인들도 살펴봐야 한다.

다양한 방식으로 수업을 진행하자

지금까지 저자가 수업을 참관한 경험에 따르면, 동일한 수업 방식이 계속 이어질 때 고학년 학생들의 집중력 유지 시간은 최대 15분 정도였고 저학년 학생들은 10분 정도였다. 따라서 교사가 15분 동안 한 가지 방식으로 수업을 했다면 다음 15분 동안은 모둠 토론을 하는 등 다른 방식으로 진행하는 것이 좋다. 교사가 한 가지 방식으로만 수업을 진행한다면 학생들은 집중력을 잃어버리고 견디다 못해 문제행동을 일으킬 가능성이 높다.

학생에게 선택권을 주자

교사나 학교 관리자는 학생에게 가능한 많은 선택권을 부여하는 것이 바람직하다. 물론 교사는 학생에게 선택권을 주기 전에 명확한 한계를 정해 두어야 한다. 다음 예를 보자.

"독서 시간에 앉아서 아무것도 하지 않는 건 별로 바람직한 행동이 아니란다. 도서관에 가면 읽고 싶은 책을 찾을 수 있을 것 같은데. 선생님이 추천해 줄까?"

"네가 수업 시간에 고개를 푹 숙이고 있으니까 무척 걱정이 돼. 오늘도 네가 고개를 숙이고 있으면 선생님이 다가가서 어깨를 살짝 건드리거나 우리 반 구호를 외쳐도 되겠니?"

교사가 학생에게 선택권을 주고 선택의 결과를 스스로 책임지도록 지도하면 학생은 책임감을 조금씩 기를 수 있다. 가장 효과적인 훈육은 학생과 함께 이루어지는 법이다.

학생과 다양한 방식으로 소통하자

교사가 학생과 대화를 할 때 진심이 담긴 제스처나 비언어적 메시지를 보여주면 훈육에 큰 도움이 된다. 때로는 교사가 포스트잇, 이메일, 전화로 피드백을 보냈을 때 평소보다 좋은 모습을 보여주는 학생도 있다. 교사와 학생의 스킨십 역시 학생에게 애정을 전달하는 효과적인 방법이지만 분명히 지켜야 할 선이 있다는 것을 명심하고 상식에 맞게 행동해야 한다. 예를 들어 악수를 한다거나, 하이파이브 정도의 신체적 접촉은 교사가 지도하기 어려운 학생과 결속력을 다지는 데 큰 도움이 된다.

공정한 것이 항상 공평한 것은 아니다

최선의 훈육 방법은 문제가 일어났을 때 교사와 학생이 해결책에 대한 선택권을 가지고, 대화를 통해 가장 합리적인 해결 방법을 도출해내는 것이다. 말하자면 최선의 훈육 방법에는 모든 학생에게 적용 가능한 예측성과 학생 개인의 특성에 맞게 변화하는 유연성이라는 특징이 조화롭게 내재되어 있다. 여기서 중요한 것은, 교사가 최선의 훈육 방법을 활용한다고 하더라도 교사의 결정이 공정할 수는 있을지언정 모든 학생에게 공평할 수는 없다는 것이다. 학생과 학부모가 "공정한 것"과 "공평한 것"의 차이점을 분명히 인정한다면, 교사가 수업 시간에 수준별 수업을 하듯이 학생의 특성에 맞춰 문제행동들을 개선해 나갈 수 있을 것이다. 이 점에 대해서는 행동의 결과를 다룬 PART6에서 더 자세히 논의하겠다.

Discipline with Dignity

Part 2

훈육을 어렵게 만드는 원인

위탁 가정에서 생활하는 존이라는 학생은 자신의 심경을 아래와 같이 표현했다.

"나는 부모님이 없어요. 사람들이 엄마나 아빠를 생각할 때 떠오르는 그런 부모님이 없다는 말이에요. 나는 양부모의 집에서 살고 있는데, 실은 돈을 받은 대가로 나를 돌봐주는 사람들이 사는 집에 매일 저녁 머무른다고 말하는 편이 더 정확하겠네요. 내 양부모는 함께 디즈니랜드에 가는 진짜 자녀가 따로 있어요. 물론 내게는 디즈니랜드에 데려다줄 부모님이 없어요. 양부모는 내가 학교에서 시험 성적을 잘 받아오면 좋아하기는 하지만 그때의 내 기분은 친구들이 집에서 부모님께 받는 사랑과는 전혀 달라요! 나는 휴일이나 학교가 쉬는 날이 세상에서 제일 싫어요. 어디 놀러 갈 데가 없거든요. 그럴 때마다 나는 가만히 집에 틀어박혀 내 진짜 엄마는 어디에 있는지, 왜 나를 버렸는지, 다시 볼 수는 있는지 등의 절망적인 질문을 되뇌곤 해요. 그래서 말인데, 솔직히 말해서 나는 선생님이 내준 영어 숙제를 할 마음이 도무지 나지 않아요."

우리는 주변에서 존과 비슷한 처지에 있는 학생을 쉽게 찾을 수 있지만, 이런 역경을 딛고 일어나 학교생활에서 성공을 거둔 학생은 보기 드물다. 크리스찬Christian(2003)의 연구에 따르면, 양부모와 함께 사는 학생들은 그렇지 않은 학생들에 비해 진급 유예, 부진한 성적, 결석이나 무단결석, 지각, 중퇴 등 교육적으로 더 저조한 모습을 보인다고 한다. 또한 부진한 학업 성취도는 위탁 생활 이후의 삶에도 안 좋은 영향을 끼치기 때문에 훗날 노숙자, 범죄자, 약물 중독자, 실업자가 될 가능성이 다른 집단에 비해 높은 편이다.

1. 훈육을 어렵게 만드는 학교 밖의 원인

●
●

결손 가정

우리 주변에는 결손 가정의 아이들이 꽤 많다. 일반적으로 결손 가정에서는 도덕적 가치와 행동 양식이 부모에게서 자녀에게로 전수되지 않는다. 예를 들면 결손 가정에서는 '부탁해', '고마워' 그리고 '우리 같이'와 같은 말을 자주 사용하지 않기 때문에 학생들은 위와 같은 말을 대화에서 활용하는 방법을 배우지 못한다.

일부 결손 가정에서는 아이가 학교생활을 제대로 하기 위해 꼭 필요한 도덕적 가치마저 가르치지 않거나 준수하지 않는다. 따라서 교사가 이런 가정에서 생활하는 학생을 훌륭하게 훈육하려면 따로 시간을 내어 일반 가정에서라면 응당 부모가 가르칠 기본적인 사회적 기술들을 학생에게 알려줘야 한다.

교사가 결손 가정의 학생을 올바르게 훈육하려면 무엇보다 학생의 입장을 낱낱이 이해해야 한다. 두통에 시달리는 환자 두 명이 있다고 해보자. 의사가 진찰을 통해 한 사람에게는 눈의 피로가 겹쳐 두통이 일어났다는 진단을 내렸다. 이 환자는 안경을 쓰게 되었고 결국 두통은 말끔히 사라졌다. 한편 다른 환자는 뇌종양이 발견되어 한시라도 빨리 수술을 받아야 한다는 진단을 받았다. 겉으로 드러난 모습만 보면 두 사람은 똑같은 증상(두통)을 가지고 있다. 그러나 의사는 두통을 일으키는 원인을 이해한 경우에만 각각의 환자에게 필요한 처방을 내릴 수 있다. 비슷한 논리로, 교사는 학생들이 일으키는 문제행동의 원인을 제대로 이해해야만 훈육다운 훈육을 할 수 있다. 일단 학생에게 질문을 하자. 학생들이 "몰라요", "쟤가 먼저 시비 걸었어요" 따위의 성의 없는 대답을 하더라도 실망하지 말고 학생의 마음을 열 수 있는 질문을 해야 한다. 심지어 교사가 학생에게서 "××년"이라는 욕을 들었다면 잠시 아무 말도 하지 말고 기다렸다가 이렇게 말하는 것이 바람직하다.

"××년이라는 말을 들으니까 기분이 좋지는 않네. 선생님에게 그런 식으로 말을 하면 안 돼. 네가 이렇게 화를 내는 걸 보니까 선생님도 마음이 안 좋아. 왜 그렇게 화가 났는지 말해 주면 고맙겠어."

이 경우, 교사는 학생의 입장을 다 들은 다음에 분노를 표현하는 적절한 방법을 알려주고 연습할 기회를 줘야 한다.

"욕을 하면 기분만 더 나빠질 뿐이야. 마음 안에 들어 있는 화와 짜증이 문제를 일으키는 거야. 욕을 한다는 건 마음 안에 화, 짜증이 가득 차 있다는 증거거든. 앞으로도 화나 짜증이 날 때가 있을 거야. 그럴 때는 눈을 감은 다음, 머릿속으로 너를 화나게 만든 사람을 떠올려봐. 하나, 둘, 셋을 세며 숨을 들이마신 다음 내뱉으면서 손 대신 콧바람으로 그 사람의 얼굴을 한 대 때린다고 상상해 봐. 숨을 크게 내쉬면 아무도 다치지 않고 아무 문제도 일어나지 않아."

트라우마

트라우마는 육체적, 성적, 언어적 학대를 비롯해 폭력, 영양실조 등 다양한 원인에서 비롯된다. 학생들은 부정적인 경험을 많이 할수록 가슴에 새겨진 트라우마를 극복하기가 어렵다. 트라우마가 있는 학생들은 일반적으로 전두엽(중요한 결정을 내리는 뇌의 중요 부분)이 정상적으로 성장하지 않고, 대신 과도한 투쟁 도피 반응(스트레스를 받는 상황에서 무의식적으로 나타나는 반응을 가리키는 개념이다. 예를 들어 원시인은 갑자기 동물과 맞닥뜨린 경우 그 동물이 자신보다 약하다는 판단이 들면 투쟁을 벌일 것이고 그렇지 않으면 도피할 것이다. -역자 주) 양식을 갖추게 된다. 전두엽이 미발달된 상태에서 투쟁 도피 반응에 익숙해진 학생들은 학교에서 스트레스를 받거나 과제를 수행해야 하는 경우 침착한 태도를 유지하지 못한다. 이런 학생들은 유예를 당하거나 중퇴를 할 가능성이 높고, 결국 삶에 대한 기대를 버리는 경우가 많다.

소셜 미디어

　소셜 미디어는 사람들과 정보를 공유해서 지식의 민주주의를 이루어낸다는 이점이 있다. 하지만 익명성을 이용해 학생들에게 마음의 상처를 주는 공간으로 활용될 수 있다는 점, 성범죄자들도 쉽게 이용할 수 있다는 점, 음란한 말들이 오가기도 한다는 점 등 단점도 뚜렷하다. 저자와 함께 근무했던 한 교장 선생님의 말에 따르면 학생들 사이에 일어나는 문제 중 80%는 온라인에서 불거진 것이라고 한다.

　학생들은 소셜 미디어를 사용할 때 다음 두 가지를 반드시 명심해야 한다. 먼저, 온라인상의 게시글은 손으로 눌러 짜낸 치약과 같다는 점이다. 치약은 한 번 밖으로 흘러나온 후에는 절대로 되돌려놓을 수 없다. 마찬가지로 인터넷에 글을 썼다면 곧바로 지운다고 하더라도 누군가가 이미 그 글을 공유했거나 다른 사람들에게 전송했을 가능성이 있다. 다른 하나는 소셜 미디어에 글이나 사진을 게시하기 전에 조금이라도 고민이 된다면 게시하지 말라는 것이다. 소셜 미디어에 글을 올렸다가 다른 사람이나 자기 자신이 해를 입지는 않을까 하는 걱정이 들어 조금이라도 주저하는 마음이 생긴다면 전송 버튼을 누르지 말아야 한다.

　소셜 미디어를 이용한 폭력은 이미 우리 사회에 널리 퍼져 있고 묵과할 수 없는 사회 문제가 되었다. 하나의 트윗이 단 몇 초 만에 수천만 명의 사람들에게 읽히지 않는가. 소셜 미디어가 하루아침에 사라지지 않을 것이 자명하고 얼마든지 좋은 목적에서 활용될 수 있다는 점은 인정해야겠지만, 소셜 미디어를 올바르게 사용하는 방법 또한 학생들에게 반드시 가르쳐야 할 것이다.

시민 의식의 결여

정치인, 국민의 지도자라는 사람들이 정치적 문제에 대해 의견을 나눌 때 상대편을 악으로 단정 지으면서 온갖 욕과 비방을 늘어놓는 것이 일상인 현실이 되어버렸다. 이런 추태가 지난 수년 동안 계속된 결과, 우리 사회는 정치적으로 분열되었고 사람들은 상대방을 존중하는 태도를 잃어버렸다. 이런 상황에서 학생들이 친구와 대화할 때 욕이나 업신여기는 말을 사용하는 것이 과연 놀라운 일이라고 할 수 있을까?

음악과 같은 대중문화 영역에서도 문제점은 쉽게 발견된다. 노래 가사를 자세히 살펴보면 혐오스럽고 사용해서는 안 될 말들이 버젓이 사용되고 있다는 사실을 금방 알 수 있다. 저질스러운 말들을 아무렇지도 않게 생각하는 경향이 있는데, 이런 현상은 우리 사회의 시민 의식과 도덕적 감수성이 퇴보했다는 확실한 징후이다.

텔레비전의 쇼 프로그램이나 여러 전자 미디어를 보면 화면이 지나칠 정도로 화려할 뿐 아니라 피가 낭자하게 흐르는 장면, 비속어, 보기에 따라서는 가벼운 포르노그래피라고 오해할 만한 야한 장면이 심심치 않게 등장한다. 심지어 뉴스에서도 충격적인 폭력 현장을 검열도 받지 않고 그대로 보여준다. 이와 같이 우리 사회를 오염시키는 자극적인 이미지들은 학생들의 언어 사용 방식, 친구와 의사소통하는 방식 그리고 교사를 대하는 태도 등에 부정적인 영향을 끼쳐 훈육을 더욱 곤란하게 만들고 있다.

특권 의식

청소년 스포츠클럽에서는 선수들이 대회에 참가하기만 해도 트로피를 주는 것이 관례이다. 이러한 경험을 통해 학생이 얻을 수 있는 것은 자기중심적인 태도뿐이다.

많은 학교에서 교사들은 학생들에게 수많은 상장이나 상점을 부여하면서 자신도 의식하지 못하는 사이에 학생들의 특권 의식을 키우고 있다. 학생의 입장에서 보자면 행동의 도덕적 가치를 따져 올바른 행동을 선택하는 것이 아니라 어떤 행동을 해야 스티커, 별, 상점을 얻을 수 있는지부터 계산하는 데에 익숙해지는 것이다. 이러한 환경에서 학생들은 '자신이 무엇을 얻을 수 있는가' 하는 문제가 '자신은 누구이며 어떤 행동을 해야 하는가'라는 문제보다 중요하다는 사고방식을 자연스레 익히게 된다.

현대 디지털 기술은 학생들이 무엇이든 쉽게 얻을 수 있다는 특권 의식을 키우는 데 어느 정도 영향을 끼쳤다고 할 수 있다. 요즘 사람들은 스마트폰 버튼을 누르기만 해도 전 세계 사람들과 대화를 나눌 수 있다. 단 몇 초 만에 수백 곡의 노래를 다운받을 수 있고, 음성으로 디지털 도구에 명령을 내려 온종일 오락거리를 즐길 수 있고, 현실과 거의 흡사한 그래픽으로 그려진 가상 현실에서 어떤 일이든 할 수 있다.

어른들은 학생들에게 가치 있는 것은 그냥 주어지는 것이 아니라 노력을 통해 얻어야 한다는 자명한 진리를 알려줘야 한다. 예컨대, 학교에서 받는 성적은 그냥 주어지는 것이 아니라 힘든 노력을 통해 얻어야 하는 것이며, 교과 내용이나 교과 특유의 사고방식은 교과의 고유한 개념을 제대로 이해해야만 학습할 수 있다는 사실을 알려줘야 한다.

대학을 졸업해야 돈을 벌 수 있는 경제 구조

최근 수많은 학부모들이 자녀를 대학에 보내는 데 따르는 경제적 부담을 호소하고 있다. 그러나 우리는 대학 졸업장이 없거나 특정 직종에 필요한 기술을 익히지 못하면 좋은 직업을 얻을 수 없는 작금의 현실을 정확히 직시해야 한다. 2016년 미국 노동부 통계국의 자료에 따르면, 2016년에 고등학교를 졸업한 취업자의 평균 연봉은 35,256달러인 데 비해, 대학교를 졸업한 취업자의 평균 연봉은 59,124달러였다. 또한 고등학교 중퇴자들은 고졸 취업자에 비해 일 년 동안 10,000달러가량 적게 버는 것으로 나타났다. 여기서 우리는 모든 고등학생들이 반드시 대학에 가야 하는 것은 아니라는 점을 분명히 인식해야 한다. 샐러리닷컴salary.com에 따르면, 배관공은 한 해에 평균 49,000달러를 벌고 전기기사는 58,000달러를 받는다. 이러한 직업은 우리 생활에 꼭 필요한 서비스를 제공하는 고소득 직종이다.

모두가 공부에만 집중해야 하는 것은 아니며 경우에 따라 특정 기술을 배울 수도 있다는 것을 학생들에게 알려주지 않는다면 교사는 자신의 직무를 유기한 것이라고 할 수 있다. 학교 수업에 적응하지 못하거나 학업 성적을 올리는 데 별다른 관심이 없는 고등학생이라면 자신의 적성과 흥미에 맞는 기술을 배워 많은 연봉을 받으면서 기술자로서의 경력을 쌓는 편이 낫다. 학습 능력이 부족한 학생이 공부를 통해 자신에게 맞는 진로를 찾지 못한다면 결국 삶에 대한 희망을 잃고 분노와 미래에 대한 두려움을 견디다 못해 교실에서 난동을 부릴 것이다.

불안정한 가정 환경

아이에게 가장 큰 영향을 끼치는 것은 다름 아닌 가정에서의 생활이다. 모두 알다시피, 요즘 우리 사회를 지탱해 온 가치와 전통은 급격하게 흔들리고 있다. 우리는 주변에서 한부모 가정, 맞벌이 가정, 재혼을 통한 혼합 가정 등을 쉽게 찾아볼 수 있다. 이처럼 가족의 형태가 계속 변하는 가운데, 아이들이 가정에서 걱정과 불안을 느낀 나머지 학교에서 문제를 일으키는 경우가 종종 있다.

1970년 한 해에 출생한 아이들 중 미혼모의 자녀는 12% 정도였으나 2014년에는 40%를 넘어섰다(Martin, Hamilton, Osterman, Driscoll, Mathews, 2017). 미국의 이혼율은 꾸준히 상승해서 어떤 주(州)에서는 결혼하는 커플보다 이혼하는 부부가 더 많은 것으로 나타났다.

일반적으로 이혼 가정의 아이들은 다른 학생들보다 학업 성취도가 낮다고 한다(Crow & Ward-Lonergan, 2003 ; Potter, 2010). 부모가 이혼하면 자녀가 학교에서 문제를 일으킨다는 말에는 어폐가 있지만, 실제로 이혼 가정의 학생들은 안정된 가정의 자녀들보다 불안정한 마음으로 학교에 다닐 가능성이 크다.

교사가 학생의 가정 형편을 자세히 알면 학생이 학교생활에 적응하도록 조금이나마 도움을 줄 수 있을 것이다. 따라서 교사는 학생을 유심히 관찰하고 일관된 행동 패턴을 찾는 것이 중요하다. 저자는 목요일마다 이혼한 아버지의 집을 찾아갔던 크리스티나라는 학생을 아직도 기억한다. 학생의 아버지는 좋은 사람이었지만 어머니에 비해 살림살이가 엉망이었다. 크리스티나를 가르쳤던 선생님은 이런 상황을 잘 알고 있었기 때문에 다음과 같이 말할 수 있었다.

"오늘이 금요일이니까 어제는 아버지 집에 다녀왔겠구나. 어제 저녁에 좋은 시간 보냈니? 뭘 하고 지냈어? 아버지의 새 여자 친구, 친구들과 좋은 시간 보냈어? 어제 조금 힘들었으면 선생님이 10분 동안 쉴 시간을 줄 테니까 한숨 돌렸다가 다시 10분 동안 선생님의 수업에 집중해 보는 게 어때?"

이 교사는 크리스티나가 금요일만 되면 유독 수업에 집중을 못하는 이유를 알고 있었기 때문에 그 학생을 적절히 지도할 수 있었다.

빈곤의 굴레

오랜 기간 동안 행해진 수많은 연구에 따르면, 사회경제적 지위와 성공적인 학교생활 사이에는 밀접한 관련이 있다고 한다. 일반적으로 말해서, 부유한 가정의 학생이 가난한 가정의 학생보다 학업 성적이 월등하게 뛰어나다(물론 가난한 부모의 능력을 비판하려는 것이 아니다).

미국의 어느 지역을 가더라도 학부모들은 자녀를 좋은 학교에 입학시키려고 애를 쓴다. 특히 사회경제적 지위가 낮은 학부모들은 자신의 가족들이 "보다 나은" 삶을 살게 하기 위해 하루에 두세 가지 일을 하거나 새로운 언어를 배우는 데 최선을 다한다.

가난한 부모들은 매일 땀 흘려 일한다 하더라도 자녀의 성공적인 학교생활을 뒷바라지하기에 역부족인 것이 사실이다. 물론 가난한 가정의 자녀들도 여느 학생들과 똑같이 교육에 관해서라면 최고의 지원을 받아야 마땅한 아이들이다. 그러나 손꼽히는 명문 학교들은 대부분 중산층 이상의 경제력을 지닌 백인 가족들이 모여 사는 교외에 자리 잡고 있기 때문에 가난한 가정의 자녀들은 이런 학교에 다닐 수가 없다.

소위 "명문 학교"라고 부르는 학교에는 학생들 사이에 성공은 좋은 것이라는 분위기가 형성되어 있다. 그러나 학력이 뒤떨어지는 학교에서는 학업적 성취를 하찮게 여기거나 배신의 증거로 치부하기도 한다. 심지어 그 학교에서 성적이 최상위인 학생들은 일부러 멍청한 척 굴어야 한다는 압박감을 느끼기도 한다.

주변 환경이 어려운 학교에 근무하는 교사라면 성공을 평가절하하는 분위기를 바꾸기 위해 올바르게 행동하는 것이 좋은 것이라는 인식을 학생들에게 심어줘야 한다. 예를 들어 한 학생이 좋은 모습을 보이면 학급 전체 학생들에게 보상을 주는 것도 한 가지 방법이 될 수 있다.

"선생님은 앤서니가 이처럼 잘해 줘서 너무 고마워. 앤서니가 잘한 기념으로 운동장에서 놀 시간을 20분 더 줄게."

저자 중 한 명은 지역 사회에 기반을 둔 멘토링 프로그램Big Brothers Big Sisters Program(저소득 가정이나 한부모 가정에서 어렵게 생활하는 6~12세의 학생들에게 멘토를 정해 주고 올바르게 성장할 수 있도록 지원하는 프로그램이다. 멘토는 20~34세의 성인이며 대부분 대학을 졸업한 엘리트들이다. – 역자 주)에서 멘토로 활동하면서 빅터라는 11살짜리 학생을 돕고 있는데, 빅터는 가족과 헤어지기 싫어서 절대로 대학에 가지 않겠다고 진심을 밝힌 적이 있다. 저자는 이 총명한 어린 친구에게 이웃 중에 대학에 다니는 사람이 있냐고 물었고 빅터는 대학에 다니는 사람을 단 한 명도 떠올리지 못했다. 수많은 학생들이 주변에서 교육을 잘 받은 결과로 성공적인 삶을 사는 사람들을 찾아볼 수 없는 탓에 성공에 이르는 길을 찾지 못하고 있으며 빅터도 그중 한 명이다.

최근 저자 중 한 명이 친구와 대화를 나눌 때에도 위와 비슷한 이야기가 나왔다. 그 친구는 퇴락해 가는 도시 안에서 아름답게 보존된 조그마한 소수 민족 거주지에 살고 있었는데, 그 도시에 사는 젊은 부부들은 자녀가 학교에 입학할 나이가 되자마자 인근 학교에 자녀를 입학시키기 싫어서 이사를 가버린다고 무덤덤하게 말했다.

오래전부터 이루어진 연구에 따르면 학생을 보살피는 멘토링 프로그램은 어려운 시기를 겪는 학생들의 회복탄력성에 큰 도움을 준다고 한다(Eliis, Small-McGinley, De Fabrizio, 1999 ; Werner & Smith, 1989). 그리고 성인이 학생과 진정한 멘토 - 멘티 관계를 맺으려면 학생에게 단지 교과 지식을 알려주는 것 이상의 노력이 필요하다. 한마디로 말해 학생을 속속들이 알아야 한다.

학생에게 질문을 해보자. 학생이 속마음을 보여주지 않으면 멘토가 먼저 자신의 이야기를 꺼내야 한다. 사실 교사들은 매일 학생들에게 따듯한 배려심을 베풀 수 있는 기회가 있다. 학생들은 교사의 배려를 통해 잘못된 행동을 개선할 수도 있고, 삶 자체를 바꿀 힘을 얻기도 한다. 여기서 꼭 명심해야 할 것은 진정한 관계를 맺는 데는 몇 달이 걸리지만 그 관계가 끊어지는 데는 단 몇 초면 충분하다는 것이다.

2. 훈육을 어렵게 만드는 학교 안의 원인

•
•

훈육을 어렵게 만드는 학교 밖의 원인들은 교사가 해결할 수 있는 범위를 넘어선 것들이 대부분이다. 따라서 교사는 시선을 학교 안으로 돌려 학기 중에 학생들을 정서적으로 지지해 주는 데 온 힘을 기울여야 할 것이다. 학생들이 문제행동을 일으키기까지는 학교 안팎의 여러 요인들이 원인으로 작용하는데, 한 가지 다행인 것은 교사가 학생의 훈육을 어렵게 만드는 학교 안의 원인에 대해서는 해결할 기회가 충분하다는 것이다. 교사는 학교 안에서 일어나는 일들에 대해 얼마든지 필요한 조치를 취할 수 있기 때문이다.

시험 주도적인 교육 환경

현재 학교에서는 교사와 학생 모두가 시험의 압박에 시달리고 있다. 교사는 너무나 많은 교과 내용을 가르치기 때문에 무엇을 가르쳤느냐보다 학생이 그 내용을 제대로 이해했느냐가 더 중요하다는 사실을 망각하기도 한다. 물론 시험 범위를 소화하기 위해 일단 진도부터 나가고 보는 현상을 두고 교사를 탓해서는 안 된다. 학교에 지원되는 교육적 자원, 자치단체의 지원, 인적 자원 등은 학생들의 시험 성적에 따라 결정되기 때문이다.

시험이 중시되는 교육 환경에서는 교사가 학생과의 갈등을 해결하고 학생들에게 올바르게 행동하는 법을 가르치는 문제가 중시되지 않는다. 또한 학교에서 시험 성적이 중시되면 학생들을 교육의 소비자가 아닌 생산물로 여기는 풍토가 조성된다.

경쟁적인 교육 환경

여전히 많은 학교에는 학생들이 인정받기 위해, 남보다 높은 점수를 얻기 위해 노력하는 매우 경쟁적인 분위기가 조성되어 있다. 학생들이 성적이나 등수를 놓고 벌이는 경쟁과 성인들이 일상생활에서 벌이는 경쟁은 종류가 다르다. 일반적으로 어른들은 자신이 선택한 분야에서 직업 생활을 하면서 많은 사람들과 경쟁한다. 설사 실패하더라도 다른 분야를 선택할 여지가 있다. 이에 반해 학교에서는 여덟 살 난 아이들을 1학년 교실에 앉혀놓고 경쟁을 부추긴다. 경쟁에서 낙오된 학생에게는 가차 없이 문제 학생이라는 낙인을 찍는다.

경쟁은 축구나 농구 같은 체육 활동을 할 때 혹은 학교 뮤지컬부의 신입 단원 오디션과 같은 취미 생활을 할 때 선의에서 이루어지는 것이 바람직하다. 자신이 좋아서 선택한 분야에서는 얼마든지 선의의 경쟁을 할 수 있지만, 누군가 경쟁을 강요할 때는 거부감을 느끼는 것이 인지상정이다.

학업성취도 향상 그리고 문제행동 개선을 위해 교사는 학생들을 서로 경쟁시킬 것이 아니라 학생이 자기 자신과 경쟁하도록 지도해야 한다. 학생 각각의 과제 수행도를 평가한 다음, 모든 학생들이 어제보다 오늘 더 발전할 수 있도록 개별적인 과제를 부여해 보자. 학생의 성장에 집중하자! 만약 한 학생이 자신의 능력만큼 과제를 수행하지 못했다면, 설사 그 학생이 학급에서 가장 우수한 학생일지라도 더 노력을 기울이도록 격려해야 한다.

대부분의 학교에서 성적을 기준으로 우등생을 뽑고 있지만, 오히려 우등생 제도를 없애야 학생들이 부담감을 느끼지 않고 학교생활을 더 잘할 수 있을 것이다. 그러나 이 오래된 전통을 혁신할 의지가 부족하기 때문에 교사는 오직 학생들의 발전 정도를 기준으로 학생들이 "계속 성장"하도록 지도하는 것이 바람직하다. 예를 들어, 지난주에 제니가 맞춤법 시험에서 40점을 받았는데 이번 주에는 62점을 받았다고 해보자. 전통적인 관점에서 보자면 제니는 두 시험 모두 낙제를 받은 것으로 판정될 것이다. 그러나 관점을 달리해서 보면 제니는 일주일 만에 자신의 점수를 50%나 올린 셈이다! 교사가 학생의 발전 정도를 인정해 주지 않으면 학습 능력이 부족한 학생들은 결국 학업을 포기하고 말 것이다. 하교할 시간에 제니와 같이 미약하나마 성장을 한 학생에게 발전상을 주면 어떨까.

문서화된 교육과정

교사는 교육과정의 내용을 문서에 적힌 것과 거의 동일하게, 때로는 한 치의 오차도 없이 실천에 옮겨야 한다. 교사가 학생들의 지적 능력이나 흥미와 상관없이 모든 학생에게 동일한 교과 지식을 가르치는 것은 이러한 이유에서다. 교사는 교육과정을 학생들의 개인적 특성에 맞게 운영할 권한이 없는데, 이런 상황에서 학습 능력이 부족한 학생들은 교육과정을 소화하지 못하는 심각한 문제에 부딪힌다. 문제행동을 일으키는 학생을 수업에 참여시키려고 교과 내용과 학생의 삶이 어떤 관계가 있는지 보여주려는 훌륭한 교사들도 교육과정을 수정할 수 없는 현실에 좌절한다. 교사가 교육과정과 수업 내용을 직접 결정하는 유연한 교육과정이 운영되지 않는 한, 교사들은 학생들의 삶과 연결되지 않는 교과서의 지식만 붙들고 있다는 공허한 느낌을 떨쳐내지 못할 것이다. 그리고 학생들은 학교에 다니는 것이 자신의 인생에 어떤 도움이 되는지 짐작조차 하지 못하게 될 것이다. 위와 같은 교육과정 운영을 통해 교사와 학생은 좌절감을 느끼게 되고 결국 갈등을 일으킨다.

학생이 느끼는 지루함

학생들 중에는 수업 시간에 등을 곧추세우고 앉아 선생님과 눈을 맞추고 고개를 끄덕이면서 수업이 조금 지루하게 흘러가도 집중력을 잃지 않고 어떻게든 수업을 따라가려고 노력하는 학생들이 간혹 있다. 그러나 대부분의 학생들은 수업이 지루하면 곧바로 따분한 티를 낸다. 이런 학생들 중 일부는 고개를 푹 숙이거나 모자를 눌러 쓰거나 이어폰을 끼는 등 수업을 포기하는 행동을 하면서 교사에게 지루한 표정을 짓는다. 혹은 문제행동을 하거나 나쁜 성적을 받으면 일어날 일 따위는 신경도 쓰지 않고 교장실이나 상담실로 태연스럽게 걸어가거나 교사로 하여금 집에 전화를 걸게 만든다.

무기력함

사람이라면 자신의 삶에 어느 정도 주도권을 가지고 영향력을 발휘하길 바라는 것이 당연한 이치이다. 그러나 학생들은 학교에서 주도권을 갖지 못한 경우가 많다. 일부 학생들이 학교에서 자기 주도적으로 생활할 수 없다는 사실에 화를 내면서 교사에게 반항을 하는 것은 이런 이유에서이다. 대부분의 학교에서 학생들은 매일 어느 교실에 언제까지 가야 하는지, 몇 분 안에 생리 현상을 해결해야 하는지, 자신의 생활과 관련된 교과목은 무엇인지, 무엇을 공부해야 하는지, 어떤 방식으로 평가받게 될 것인지 등 학교생활과 관련된 거의 모든 내용을 통보받는 형편이다. 뿐만 아니라 따라야 할 규칙이 무엇이며, 그릇된 행동을 하면 어떤 결과를 감내해야 하는지, 옷은 어떻게 입어야 하는지, 발표는 언제 해야 하는지 등에 대해서도 일방적인 교육을 받는다. 한 집단(성인)이 다른 집단(학생)이 따라야 할 규칙, 절차를 일방적으로 정하고 그 어떤 의견도 받아들이지 않는다면 두 집단 사이에 주도권과 힘의 균형을 두고 갈등이 일어나기 마련이다. 교사가 학생들에게 어느 정도의 결정권을 부여하지 않는다면 학생들은 무기력함을 느끼고 분노를 표출하면서 교사에게 반항할 것이 분명하다.

모호하고 일방적인 언행의 한계

교사가 언행의 한계를 정하는 것은 학생들을 훈육하고 문제행동을 개선하는 데 매우 중요한 역할을 한다. 따라서 교사와 관리자는 교내에서 허용되는 행동과 허용되지 않는 행동의 경계를 명확하고 구체적으로 정해야 한다. 이를 위해 교사는 교내에서 받아들여지는 언행의 한계를 학생들에게 설명할 때 학생의 의견을 존중해야 한다. 일반적으로 교사들은 이 점을 분명히 인식하고 있지만 바쁜 학사 일정에 허덕이다가 학생의 의견을 들어보지도 않고 교내에서 지켜야 할 언행의 한계를 일방적으로 공지한다.

특별한 학생만 즐거운 활동

대부분의 학교에서는 재미있는 체험 활동에 학생들을 그냥 참가시키는 것이 아니라 자격을 갖춘 학생에게만 참가할 수 있는 권리를 부여한다. 여기서 말하는 재미있는 체험 활동이란 현장체험학습, 피자 파티, 운동장에서 더 많은 시간 보내기, 즐거운 금요일(미국의 한 초등학교에서는 금요일이 되면 학생들이 체육, 음악, 미술 등의 예체능 교과에 어울리는 옷을 입고 등교한다. 폭우가 내리지 않는 상황이라면 약간의 비를 맞더라도 야외에서 체험 활동을 진행하기도 한다. – 역자 주), 교실에서 선생님과 즐거운 시간 보내기 등을 말한다. 문제는 정작 이러한 체험 활동이 절실히 필요한 학생들은 그 활동에 참여할 자격을 얻지 못한다는 데 있다. 그 결과 그 학생들은 자신이 버림받았다는 느낌을 받고 자신이 참여하지 못하는 활동을 "재미없다" 혹은 더 심한 말로 폄하한다. "모범적인" 학생들은 점점 더 많은 체험 활동에 참여해서 사회적 기술을 배우고 자신이 누군가에게 꼭 필요한 사람이라는 걸 깨닫는 데 반해, "불량한" 학생들은 자신의 행동을 개선할 기회를 얻지 못한다.

감정을 표출할 통로의 부재

저자 중 한 명은 한때 고등학생들에게 영어를 가르쳤던 기억이 아직도 생생하다. 어느 날, 타라라는 여학생이 학생들을 해칠 것 같이 굴면서 교실로 들어왔다. 저자는 따로 시간을 내어 그 학생에게 지금 기분이 어떻고, 왜 그런 감정을 느끼게 되었는지 글로 써보라고 했다. 그런 다음, 폭력을 쓰지 않고 안 좋은 감정을 표현할 방법을 써보라고 부탁했다. 저자는 타라와 머리를 맞대고 이 문제에 대해 대화를 나눈 결과, 누구에게도 상처를 주지 않고 문제를 해결할 수 있었다.

학생과 교사에게는 불편한 감정이 쌓이고 부정적인 생각이 들 때 안전하게 감정을 해소할 통로가 반드시 필요하다. 저자와 알고 지내는 한 중학교 교사는 속을 꽉 채운 "펀치" 베개를 교실에 늘 배치해 둔다고 한다. 그 교사는 화를 참지 못하는 학생이 있으면 베개를 마음껏 때려서 화를 풀도록 배려한다.

학생들이 부정적인 감정을 해소할 수 있는 통로를 마련해 보자. 교사는 학생들이 자신의 속사정을 어떻게 말하고 있는지에 집중하지 말고, 진짜 말하고 싶은 것이 무엇인지 알아내야 한다. "어떻게"라는 방법론에 집중하면 "무엇"이라는 본질을 밝히는 데 방해가 된다.

반항적인 학생이 느끼는 굴욕감

종종 교사는 반항적인 학생을 공개적인 자리에 세워놓고 굴욕감을 주면 다음부터 교사의 지도를 따를 것이라고 생각한다. 그러나 결과는 교사의 바람과는 다르다. 일부 학생들은 교사의 속마음을 간파하고 더 거친 행동을 한다. 또 다른 학생들은 학교에 앙심을 품고 학교를 졸업하고 나서도 분노에 가득 찬 생활을 계속한다. 이 경우 학생은 교사와 신뢰를 쌓을 수 없고 학업에 대한 열정을 찾지 못한다. 공개적인 자리에서 이루어지는 모든 훈육(학생의 이름을 칠판에 쓴다거나 학생이 특정 행동을 할 때마다 자석을 차트의 위아래로 옮기는 일 등)은 공개적으로 학생에게 굴욕감을 줄 위험이 있다.

성공 경험의 부족

만성적으로 문제행동을 일으키는 학생들은 자신이 학교에서 성공할 수 없다고 믿는 경향이 있다. 이러한 그릇된 인식을 가지고 있는 학생들은 어떤 일이든 시도도 해보지 않고 지레 포기한다. 이 학생들은 자신이 무엇인가를 해내서 주변의 관심이나 인정을 받을 수 없다고 단정 짓는다. 또한 자신을 패배자로 규정하고 교사의 지도를 거부한다. 이러한 태도를 보이는 학생들은 자기 자신에게 "나는 뭘 하든 실패하는 사람이니까 더 이상 상처받지 않으려면 나를 스스로 보호해야 해. 열심히 노력했다가 실패하느니 아예 아무것도 하지 않는 편이 나아. 그리고 바보라고 불리느니 차라리 문제아로 불리는 게 좋아."라는 메시지를 끊임없이 주입한다.

●
●

가정을 제외하면 학교는 학생들이 가장 많은 시간을 보내는 장소이다. 실제로 교사는 학생과 함께하는 시간 동안 학생들에게 상당히 큰 영향을 준다.

훌륭한 교사는 자신의 학생을 인격체로서 먼저 대우한 다음 미성숙한 학생으로 대한다. 훌륭한 교사는 학생들의 생활에 영향을 주는 결정을 내릴 때 반드시 학생의 의견을 반영하고, 학생의 삶에 도움이 되는 교과 지식을 너무 쉽지도 않고 어렵지도 않은 수준으로 제시하여 학생의 도전 정신을 자극한다. 또한 학생들이 무엇을 좋아하는지에 대해 진지한 관심을 보여줌으로써 학생들을 배려한다. 마지막으로, 늘 깊게 생각한 뒤에 학생의 잘못된 행동을 개선하는 동시에 학생의 노력에 감사의 마음을 표현하는 것으로 학생의 자존감을 신장시킨다.

Discipline with Dignity

Part 3
전통적인 훈육법은 왜 효과가 없을까?

책임감은 학생에게 반드시 가르쳐야 할 핵심적인 가치이다. 하지만 많은 교사들은 학생들이 규칙을 어기면 복종하는 태도를 갖추게 하는 데에만 집중하는 경향이 있다. 여기서 복종하는 학생은 선생님이 알려준 규칙을 아무 질문 없이, 말하자면 자신의 철학적 신념, 옳고 그름에 대한 믿음, 본능과 경험 또는 가치관이 어떠하든 조건 없이 따르는 학생으로 정의될 수 있다.

일반적으로 복종하는 학생은 규칙을 지켜야 하는 것으로 지도받았기 때문에 규칙에 따라 행동한다. 이때 옳은 행동과 그렇지 않은 행동을 구분하는 것은 학교 조직이다. 학생에게 주어진 선택권은 규칙을 따르거나 아니면 규칙을 거스르거나 둘 중의 하나이다.

학생이 복종하는 태도를 기르면 교사에게 어떤 이점이 있을까? 교사는 복종하는 학생들을 보면서 위안감, 자신이 훈육에 주도권을 가지고 있다는 느낌 그리고 반항적인 학생이 끊임없이 문제를 일으키는 상황에서 벗어나 지친 심신을 달랠 수 있다는 편안함을 얻을 수 있을 뿐이다. 그러나 학생의 복종하는 태도는 교사에게나 학생에게나 득보다

실이 크다. 교사가 학생에게 복종하는 태도를 가르치면 결국 학생은 미성숙하게 되고 책임감을 키울 수 없을 뿐 아니라 비판적으로 생각하는 능력을 기를 수 없다. 학생은 결국 무기력함을 느껴 더 이상 교사의 지시를 따르지 않고 반항적인 태도를 가져 교사와 힘겨루기를 할 수도 있다. 학생이 복종하는 장면을 자세히 살펴보면 주로 교사가 위협, 벌 그리고 보상이라는 세 가지 방법을 활용하는 모습을 볼 수 있다. 지금부터 이 세 가지 방법을 자세히 살펴보자.

1. 위협에 관하여

●

●

위협할 것인가, 선택권을 줄 것인가

잠시 눈을 감고, 여러분이 거리를 걷고 있는데 어딘가 위험해 보이는 사람이 다가오는 장면을 상상해 보자. 그 사람이 갑자기 권총을 여러분의 머리에 들이밀면서 이렇게 말한다고 가정해 보자.

"돈을 내놓을래 아니면 목숨을 내놓을래?"

이 무시무시한 질문에 여러분이 할 수 있는 답변은 아마 이 정도가 될 것이다.

"저는 교사입니다. 가진 돈이 별로 없어요. 그런데 앞으로 살 날도 그리 많은 것 같지 않네요."

총을 든 사람이 여러분에게 "돈을 내놓을래 아니면 목숨을 내놓을래?"라고 물을 때, 그는 여러분을 위협한 것인가 아니면 둘 중에 한쪽을 고를 수 있는 선택권을 준 것인가? 말로만 보면 그의 말에는 두 가지 "선택지"가 포함되어 있지만, 위의 질문은 분명한 협박이다.

보통 우리는 위협을 받으면 땀을 흘리며 안절부절못한다. 심장 박동이 빨라지고 체온이 상승한다. 아드레날린과 코르티손이 온몸에 분비된다(아드레날린과 코르티손은 인간이 스트레스를 받을 때 분비되는 호르몬으로, 전자는 극심한 스트레스를 받을 때, 후자는 보다 약한 스트레스를 받을 때 분비된다.–역자 주). 이러한 변화는 생리적인 것이지 사람이 의식적으로 조절할 수 있는 것이 아니다.

또한 위협을 받은 사람은 투쟁 도피 반응을 자주 보인다. 제자리에서 얼음처럼 굳어버리거나, 갑자기 말을 잘 듣거나, 핑계를 대며 다른 사람 탓을 하는 등의 행동도 위협을 받았을 때 사람들이 보이는 반응이다. 학생들이 투쟁 도피 반응을 보일 때는 공격성 혹은 두려움 또는 두 가지 감정을 모두 느끼고, 교사에게 말대꾸를 하거나, 버럭 화를 내거나, 욕을 하거나, 무시하거나, 수동적인 공격성Passive-aggressive behavior(겉으로 드러나는 행동으로 표현하는 공격성이 아니라, 소극적으로 교사의 지도를 따르지 않거나 일부러 느리게 행동하는 등의 수동적인 행동으로 표현하는 공격성이다.–역자 주)을 드러내면서 자신의 감정을 표출한다. 특히 수동적인 공격성을 표출하는 학생은 교사가 어떤 지도를 하든 무시하고, 마치 교사에게 "내가 화가 난 이유"를 알아맞혀보라는 듯이 비협조적으로 행동한다. 또한 눈을 부라리고, 뒤에서 쑥덕거리고, 고개를 푹 숙이거나 모자를 눌러쓰고 책상에 엎드리는 등의 행동을 하기도 한다.

수동적인 공격성을 표출하는 학생은 자신의 마음을 속 시원히 털어놓는 법이 없다. 그래서 교사와 다른 학생들이 그 학생의 속마음을 추측해야 하는 경우가 많다. 때로 수동적인 공격성은 문을 쾅 닫고 나간다거나, 일부러 물건을 세게 던진다거나, 물을 쏟는다거나, 귀를 막는다거나 하는 등의 행동으로 표출되기도 한다. 학생들은 교사가 자신에게 준 선택권이 사실은 위협에 지나지 않는다는 사실을 깨닫는 순간, 마치 강도에게서 "돈을 내놓을래 아니면 목숨을 내놓을래?"라는 말을 들은 사람처럼 행동하게 된다. 말하자면 학생들은 교사가 특정한 행동을 강요하며 위협하는 모습을 보면서 분노를 키우는 것이다.

다시 말하지만, 학생을 위협하는 것과 학생에게 선택권을 주는 것 사이에는 큰 차이가 있다. 여러분이 큰 사고를 당해 다리를 심하게 다쳤다고 가정해 보자. 의사가 여러분을 진찰한 후 이렇게 말했다고 하자.

"제가 부상당한 다리를 절단하면 당신을 충분히 살릴 수 있습니다. 그러나 다리를 치료한다면 곧 완쾌되겠지만 수술 중에 당신이 죽을 수도 있습니다. 이제 당신의 선택만 남았습니다."

치한이 총을 들이밀었던 상황에서 주도권은 치한에게 있었다. 이에 비해 환자와 의사가 상담하는 상황에서는 주도권이 전적으로 환자 편에 있다. 여기서 환자가 가지고 있는 선택권이 바로 "진정한 선택권"이다. 탐탁지 않은 선택을 할 수도 있다는 점에서 치한과 의사가 등장하는 두 상황은 얼핏 비슷해 보이지만, 주도권의 관점에서 보자면 두 상황은 전혀 다르다.

비록 학생이 교사의 눈살을 찌푸리게 만드는 선택을 하더라도 학생에게 선택권을 일임하는 것이 훈육의 핵심이다. 그리고 교사는 학생에게 진정한 선택권을 일임하기 위해, 선택지가 고를 만한 가치가 있는 것들로 구성되어 있는지 따져봐야 한다.

지금부터 선택의 주도권이 누구에게 있는지를 알아낼 수 있는 두 가지 질문을 소개하겠다. 첫 번째 질문은 이것이다.

"학생이 선택하기도 전에 이미 무엇을 선택해야 하는지가 정해져 있지 않은가?"

예를 들어 교사가 이렇게 말한다고 해보자.

"지금 네 자리를 정리하지 않으면 쉬는 시간에 못 쉴 줄 알아."

지금 교사는 학생이 청소하기를 바라고 있다. 즉 학생이 내려야 할 "선택"이 이미 정해져 있다는 것이다. 교사가 말끝에 "네가 선택해."라는 말을 붙인다고 해도 상황은 달라지지 않는다. 대신 교사가 이렇게 말한다고 해보자.

"쉬는 시간 전에 청소할 수 있는지 생각해 보면 정말 고맙겠어."

이 경우 교사는 학생을 위협하지 않고도 자신이 바라는 바와 행동의 한계를 명확하게 전달하고 있다. 교사는 이렇게 덧붙일 수 있을 것이다.

"혼자 청소할래 아니면 네가 좋아하는 친구랑 같이 할래?"

우리는 이 질문에 교사의 바람이 표현되어 있지 않다는 점에 주목해야 한다. 또한 교사는 학생이 청소를 하기도 전에 고맙다는 표현을 했다.

두 번째 질문은 이것이다.

"교사가 제시한 선택 사항 중에 학생이 '그릇된' 결정을 내릴 경우 받아
 야 하는 벌 또는 안 좋은 일이 포함되어 있는가?"

벌은 언제나 학생을 위협하는 기능을 하며 설사 교사가 학생에게 선
택권을 부여한 상황일지라도 벌의 속성은 달라지지 않는다.

"다시 한 번 그런 식으로 말하면 교무실에 보낼 거야."

단도직입적으로 말해서 이 말은 협박이다. 학생의 입장에서는 위의
말이 이렇게 들릴 것이다.

"선생님이 하라는 대로 하지 않으면 큰일 날 줄 알아."

이 말을 들은 학생은 공격적인 언행을 하거나 투쟁 도피 반응을 보
일 것이다. 다음은 학생이 위협감을 느낄 수 있는 말들이다.

"숙제 안 해 오면 부모님께 전화할 거야."
"한 번만 더 그런 말을 하면 상점을 빼앗을 거야."
"한 번만 더 친구에게 욕을 하면 수업 마치고 선생님과 상담할 거야."

위의 말들은 학생에게 위협감을 주는데, 그 이유는 두 가지 선택 사
항 중 하나는 교사가 바라는 행동이고 다른 하나는 교사가 바라는 행
동을 하지 않으면 받게 될 벌이기 때문이다. 이때 교사가 학생에게 선
택하라는 말을 덧붙인다 해도 학생이 받는 위협감은 조금도 줄지 않는

다. 학생들이 교사가 원하는 선택을 한다면 그것은 학생이 그 행동을 바라거나 그렇게 하는 것이 옳다고 생각해서가 아니라 오직 벌을 받지 않기 위해서이다.

때로 학생들은 교사의 지도를 따르지 않고 벌을 선택하는 경우가 있는데, 물론 이런 예외적인 사례에서만큼은 위협적인 벌이 선택 사항이 아니라고 단정 짓기 힘들다. 학생들의 입장에서는 교사가 제시하는 벌을 고려해 볼 만한 선택 사항이라고 여길 수도 있는 것이다. 몇몇 학생들이 교사의 입장에서는 선택하지 않기를 바라는 선택 사항을 고르고 만족스러워하는 것은 이 때문이다. 예를 들어 교사가 "지금 학습지를 끝낼래 아니면 점심시간에 할래?"라고 말한 경우, 일부 학생들은 심사숙고한 후에 어느 한쪽을 선택할 것이다. 특히 점심시간에 차분히 학습지를 마무리하길 바라는 학생들은 교사의 예상과 달리 후자를 선택할 것이다. 따라서 교사는 학생에게 선택권을 부여한 다음에는 학생이 어떤 결정을 내리든 인정해 줘야 한다.

학생들 중에는 교사가 제시한 벌을 무서워하지 않고 기꺼이 벌을 받겠노라고 말하는 학생도 있다. 이 경우 교사는 학생에게 주고 싶지 않았던 벌을 내려야 하고 학생의 행동을 개선하는 일은 실패하고 만다.

이처럼 교사가 학생을 위협하며 지도해도 별 효과를 거두지 못하는 경우, 학생들은 교사도 훈육에 실패할 때가 있다는 것을 깨닫는다. 일부 학생들은 교사가 자신을 위협하며 한 말을 그대로 반복하며 교사를 위협하기도 한다. 교사가 "크리스, 지금 당장 쓰레기를 줍든지 아니면 교무실로 내려가."라고 말했다고 하자. 크리스는 "까짓거 교무실에 가죠. 이런 교실에는 1초도 더 못 있겠어요.”라고 말할 것이다. 크리스와 같이 학생이 선택하지 않으리라고 여겨지는 선택 사항을 아무렇지도 않게 고르는 학생을 지도할 준비가 되지 않은 교사라면 애초부터 학생에게 벌을 선택 사항으로 제시하지 말아야 한다.

때로는 위협도 필요하다

학생의 안전이 위험해질 수 있는 상황에서는 학생을 위협하듯 지도하는 것도 적절한 방법이 될 수 있다. 자동차가 즐비한 도로를 위험하게 건너려는 학생을 지도할 때라면 교사는 학생의 팔 따위를 움켜잡을 수도 있을 것이다. 학생의 안전이 위험해질 수 있는 상황에서는 그 즉시 학생을 보호하는 것이 무엇보다 중요하기 때문에 학생을 강하게 다루는 것도 생각해 볼 만한 방법이다.

교사가 학생을 위협하려고 한다면, 자신이 학생을 위협할 것임을 인정하고 학생에게 선택권을 준다는 생각은 하지 말아야 한다. 학생을 위협할 때는 신중을 기하고, 무엇보다 아주 가끔 해야 한다. 하지만 학생과 좋은 관계를 유지하려고 한다면 위협 따위는 머릿속에서 지워버리자. 때로 교사들은 학생들을 무섭게 위협하면 훈육의 효과가 발휘될 것이라고 믿는다. 그러나 학생을 위협해도 효과가 없으면, 교사는 말로만 했던 위협을 행동으로 보여줘야 하는 곤란한 처지에 빠질 수도 있다.

선택권과 언행의 한계는 균형을 맞춰야 한다

학생을 위협하는 것보다 학생에게 선택권을 주는 것이 바람직한 이유는 학생에게 선택권을 부여할 때 교사가 학생의 자존감을 존중할 수 있기 때문이다. 특히 교사가 문제행동을 하는 학생을 훈육할 때 선택권을 주면 훈육에 큰 효과가 있다. 그러나 여기서 명심해야 할 것이 있다. 바로 학생에게 선택권을 주는 것이 학생이 하고 싶은 대로 내버려둔다는 뜻은 아니라는 점이다. 학생은 스스로 선택을 해봐야 자신의 선택에 대한 책임감을 기를 수 있지만, 이러한 선택에는 반드시 명확한 언행의 한계가 동반되어야 한다.

언행의 한계는 학생이 선택권을 가지고 생활할 때 넘어설 수 없는 일종의 경계선을 말한다. 학생의 선택권은 야구에서 타자가 서는 타석을 연상하면 이해하기 쉽다. 타석을 둘러싼 직사각형 모양의 박스는 타자가 움직일 수 있는 영역의 한계를 보여준다. 타석 안에서(한계) 타자는 투수에 맞춰 포수 쪽에 붙어 서기도 하고 떨어져 서기도 한다(선택). 일반적으로 권위적인 교사는 학생에게 선택권을 충분히 부여하지 않고, 너그러운 교사는 별다른 한계를 정하지 않은 채 지나치게 많은 선택권을 준다.

교사는 학생에게 책임감을 지도하면서 선택권과 언행의 한계를 반드시 함께 제시해야 한다. 일각에서는 선진국의 학생들은 너무 많은 선택권을 가지고 있지만 자신의 선택에 책임지는 능력이 부족하다는 말을 한다. 선진국 학생들의 언행에 한계가 없다는 것이 더 큰 문제라고 지적하는 사람들도 있다. 여기서 중요한 점은 선택권과 언행의 한계 간의 균형이 깨져서 어느 한쪽으로 무게 중심이 기울어지면 책임감을 기르는 데 큰 문제가 생긴다는 것이다.

학생이 선택권을 가지지 못하면 교사에게 반항을 하거나 의존적이게 되는데, 그 결과로 학생은 스스로 생각해서 현명한 결정을 내릴 수 없게 된다. 이에 비해 언행의 한계가 정해지지 않은 학생은 자신이 바라는 것은 무엇이든 할 수 있다는 생각 때문에 자기도취에 빠지게 된다.

2. 벌에 관하여

●

●

왜 벌을 주는가

속도위반 딱지를 떼어본 적이 있는가? 운전자라면 누구나 속도위반 딱지를 떼어본 경험이 있을 것이다. 여러분은 과태료 통지서를 받았을 때 "지금부터 운전을 똑바로 해야겠어!" 혹은 "제기랄, 과속 단속 카메라를 봤어야 하는데!"라고 말한 적이 있는가? 통지서를 받은 후에 한두 시간 정도 운전 속도를 줄이거나 도로에 카메라가 또 있는지 유심히 살핀 적이 있는가? 혹은 과속 단속 카메라의 위치를 알려주는 탐지기를 구입한 적이 있는가? 저자는 성인들과 모임을 할 때마다 이런 질문을 꼭 한다. 그러면 대부분의 성인들은 과속을 한 것보다 속도위반 딱지를 받은 것에 유감을 표시하는 편이다. 저자가 "왜 과태료 통지서를 받았다고 생각하나요?"라고 물으면 성인들은 "교통 법규를 어겨서", "과속은 위험하니까", "정부가 돈이 필요해서", "미처 제한 속도를 보지 못해서", "한창 바쁜 시간에 속도 제한을 한다는 게 어처구니없다"

정도로 대답한다. 위의 대답들은 모두 과태료 통지서와 관련된 것이기는 하지만, 그 어떤 대답도 질문의 요지에 맞지는 않는다. 가장 현실적인 답변은 "단속에 걸려서"이다. 운전자가 과속 단속에 걸리지만 않았다면, 위의 대답들은 모두 공허한 말이 될 것이다.

속도위반 딱지 이야기는 우리에게 많은 것을 시사한다. 그중에서 가장 일반적인 교훈을 고르라면 아마도 "걸리지 마라"가 될 것이다.

교사가 학생을 벌하는 상황에서도 우리는 동일한 교훈을 얻을 수 있다. 교사에게서 벌을 받은 학생들이 갖게 되는 "걸리지 마라"의 정신 상태를 주제로 교사들과 토론을 해보면, 교사들은 대부분 "음, 그러면 벌을 주는 대신에 또 다른 무엇인가를 해야겠죠."라고 말한다. 이 말은 그릇된 말이다. 교사는 올바른 일을 해야 한다. 의사가 무슨 일이라도 해야 한다는 이유를 들어 손목이 부러진 환자에게 무릎을 절단해야 한다고 진단을 내린다면 어느 누구도 그 의사를 찾지 않을 것이다.

벌을 주는 목적은 벌을 받는 사람의 행동을 통제하는 것이다. 특히 학생의 행동을 통제하기 위한 벌에는 네 가지 목적이 있다.

1 학생이 잘못된 행동을 했을 때 고통을 줌으로써 이후부터 학생이 그릇된 행동을 하려고 할 때마다 자신이 받았던 고통을 떠올리도록 하는 것이다. 즉 학생이 다시는 그릇된 행동을 하지 않도록 하기 위한 것이다.

2 학생들에게 경고 메시지를 전하기 위한 것이다. 그릇된 행동을

한 학생에게 벌을 주면 그 학생을 비롯해서 주위 학생들에게 그릇된 행동을 하면 안 된다는 메시지가 전파된다. 학생들은 자신의 친구가 벌을 받는 모습을 보면서 자신도 벌을 받게 될지 모른다는 두려움을 느끼게 된다.

3 교사에게 학생들을 통제할 힘을 주는 것이다.

4 교사가 실제로 주도권을 가지고 있든 그렇지 않든 간에, 교사에게 자신이 주도권을 가지고 있다는 인식을 심어주는 것이다.

흔히 교사는 학생에게 벌을 주면 자신의 시간을 절약할 수 있다고 오해한다. 학생에게 벌을 주는 행위는 짧은 시간 안에 끝나기 때문에 시간이 오래 걸리는 중재보다 벌을 선호하는 경향이 있다. 그러나 교사가 일 년 동안 학생에게 벌을 주는 시간과 그 후에 수업을 진행하기 위해 다시 학생들의 이목을 집중시키는 데에 걸리는 시간을 어림잡아 본다면, 벌을 주는 일이 얼마나 많은 시간을 소비하는지 깨닫게 될 것이다.

학생의 입장에서 생각해 보면, 교사에게 벌을 받는 것은 학급에서 의지할 사람 없이 고립되거나, 호되게 혼이 나거나, 억지로 사과를 하거나, 모욕을 당하는 것처럼 원하지 않는 일을 당하는 것이다. 또한 학생들은 벌을 받을 때 컴퓨터(핸드폰) 사용 시간, 휴식, 장난감, 책처럼 자신이 좋아하는 것을 빼앗기기도 한다. 벌을 받은 학생의 반응은 다양하지만, 한 가지 공통적인 반응이 있다. 바로 벌을 받은 학생은 책임감이 줄어든다는 것이다. 벌을 받은 학생은 학교생활을 자기 주도적으로 영위할 힘을 잃게 되고, 오히려 이 힘은 벌을 준 교사에게로 넘어간다.

벌의 가장 긍정적인 효과는 짧은 시간 안에 효과를 발휘한다는 것이다. 교사가 학생에게 적절한 벌을 주면 그 즉시 학생의 행동이 개선된다. 그러나 불행하게도 벌의 효과는 오래 이어지기 힘들고 장기적인 관점에서 보자면 더 큰 문제를 만든다.

교사가 학생의 안전이 우려되는 상황에서 이례적으로 학생에게 벌을 주면 위험한 상황에서는 교사가 정한 언행의 한계를 반드시 지켜야 한다는 메시지를 학생들에게 전달할 수 있다. 또한 교사와 학생이 서로 배려하는 관계를 맺은 경우 진심에서 우러난 벌은 교사가 의도한 대로 효과를 발휘한다. 그러나 교사가 계속해서 학생에게 벌을 주면 둘 사이의 신뢰가 깨지고 학생들이 거짓말이나 변명을 하기 시작한다. 학생들이 "안 그랬는데요", "쟤가 먼저 했어요", "전 아무 잘못 없어요"와 같은 변명을 하는 것은 평소에 교사로부터 과도하게 벌을 받았다는 신호이다.

억지로 하는 사과

종종 교사는 학생에게 "지금 당장 친구에게 사과해!"라고 다그친다. 물론 이러한 훈육은 학생들 사이에 일어난 문제를 해결하는 최선의 방법이 아니다. 특정 학생에게 사과를 강요하면 더 큰 문제가 일어나기 때문이다. 만약 학생이 교사의 지도를 따르지 않는다면 교사는 더 강하게 사과를 강요해야 할 것이다. 이때 학생이 마지못해 교사의 지도를 따른다면 친구에게 사과를 하겠지만, 엄연히 말해서 이때의 사과는 자신의 의지나 주도권에서 비롯된 것이 아니다. 그리고 앞으로 이 학생이 진심에서 우러난 사과를 할 가능성은 점점 줄어들 것이다. 학생이 교사에게 반항하거나 혹은 교사가 언성을 높이면 결국 교사와 학생 사이에 힘겨루기가 시작된다. 이 대결에서 누가 이기든 진정한 승자는 존재하지 않는다. 교사와 학생은 더 이상 미안한 마음을 사과로 표현해야 한다는 문제에 집중하지 않고 누가 주도권을 가지느냐 하는 문제로 다투게 된다.

어떤 식으로든 사과를 하는 것이 나쁜 것은 아니다. 실제로 진심에서 우러난 사과를 하는 것은 교사가 학생에게 가르쳐야 할 매우 중요한 사회적 행동 양식이다. 진심 어린 사과에는 상처를 치유하는 힘이 있다. 친구에게 상처를 준 학생들은 친구의 아픔을 공감하고 미안한 마음을 스스로 표현할 때 보다 성숙한 인간으로 성장한다. 따라서 교사는 학생에게 사과를 강요하기보다 제안하는 것이 바람직하다. 예를 들어 교사는 학생에게 이렇게 제안할 수 있을 것이다.

"방금 네가 한 행동이 친구에게 피해를 줬어. 너는 사과를 해야 한다고 생각하니? 미안한 마음이 들면 찰리에게 사과하는 것이 좋겠어."

만약 학생이 교사의 생각과 다르게 자신은 아무 잘못이 없고 사과를 할 필요가 없다고 생각한다면, 교사는 자신의 생각을 솔직하게 표현해야 한다.

"너는 찰리가 시비를 걸었다고 생각하는구나. 그래도 네가 찰리에게 한 말에 대해서 사과를 하면 그만큼 네가 성숙한 사람이라는 걸 보여줄 수 있는 거야.”

　이렇게 했는데도 학생이 여전히 교사와 다른 생각을 한다면 교사는 다른 방식으로 중재를 해야 할 것이다. 여기서 중요한 것은 사과를 강요받은 학생은 공감하는 능력을 기를 수 없다는 점이다. 또한 학생이 교사의 뜻대로 억지 사과를 한다고 하더라도 사과를 들은 학생은 오히려 더 화가 난다는 점이다. 여러분도 가식적인 사과를 받아본 적이 있는가? 그때 어떤 기분이 들었는가? 물의를 일으킨 정치인이나 운동선수가 텔레비전에 나와서 “진심으로” 사과문을 읽을 때 여러분은 어떤 생각을 했는가? 그 사람을 더 신뢰하게 되었는가 아니면 그 반대인가?

　교사가 학생에게 사과를 강요했을 때 일어날 수 있는 또 다른 문제는 학생들이 무슨 일을 저질렀든 간에 사과만 하면 그만이라는 그릇된 태도를 배우게 된다는 점이다. 학생들이 무슨 일을 저질렀든 간에 “미안해” 한 마디면 끝이라는 식의 태도를 배우기를 바라는 교사가 있을까? 학생들 사이에 문제가 일어났을 때 교사는 학생들과 상처받거나 폭력을 당한 느낌이 어떠한지 공유하고 진심 어린 사과를 하면 피해를 받은 친구의 상처가 치유된다는 점을 꾸준히 가르쳐주는 편이 훨씬 바람직하다.

특권 빼앗기

　여러분이 학생들로 가득한 중학교 또는 고등학교 교실에 학생으로 있다고 상상해 보자. 교사가 들어오더니 여러분이 평소에 꼭 가고 싶었던 곳으로 현장체험학습을 간다고 하자 학생들이 환호성을 내지른다.

그런데 교사가 수업이 끝난 후에 여러분을 한쪽으로 데리고 가서 단호한 목소리로 이렇게 말한다고 해보자.

"너는 평소에 선생님 말을 안 들었으니까 현장체험학습에 갈 수 없어. 선생님이 널 어떻게 믿겠니."

아마 여러분은 이 말을 듣고 다음과 같이 자신에게 되뇌거나 선생님에게 소리를 지를 것이다. "현장체험학습에 꼭 가고 싶어요. 저 좀 데리고 가세요." 혹은 "누가 가고 싶다고 했어요? 현장체험학습 같은 거 저도 싫어요. 처음부터 가기 싫었어요." 만약 여러분이 앞의 말을 했다면 얼마나 많은 특권을 더 빼앗기고 나서야 뒤의 말을 내뱉게 될까? 교사가 학생에게서 좋아하는 일을 빼앗아버리면 학생들이 학교생활에 의욕을 잃고 슬픈 기색을 감춘 채로 냉소적으로 행동하기 때문에 결국 교사의 권위는 무너져버리고 만다. 학생들은 특권을 빼앗겼다는 사실에 분개하기보다 애써 특권 자체를 폄하하려고 들 것이다. 일단 학생이 이런 태도로 학교생활을 하게 되면 그다음부터는 교사에게서 상처받지 않으려고 과장된 언행을 하고 그 어떤 것에도 관심이 없다는 듯 굴것이다. 이런 상황을 해결하는 가장 좋은 해결법은 교사가 아래의 지침에 따라 훈육 과정에서 학생의 특권을 보장하는 것이다.

- 일단 학생에게 특권을 부여한 다음에는 절대로 빼앗으면 안 된다(따라서 교사는 학생에게 특권을 주기 전에 심사숙고해야 한다).
- 학생을 위협하면서 특권을 빼앗겠다는 말을 절대로 하지 말자.
- 학생에게 벌을 준다며 교사 마음대로 학생의 특권을 빼앗지 말자.

집단 체벌

집단 체벌은 한 집단을 강하게 압박해서 몇몇 개인을 통제하기 위해 사용된다. 몇몇 사람들이 그릇된 행동을 하면 그 사람이 속한 집단 전체에게 벌을 주는 것이다.

교사가 학교에서 집단 체벌을 주는 사례는 다음과 같다.

> "리사가 책상 위를 제대로 정리하지 않으면 이번 시간에 영화를 보지 않을 거야."
>
> "리카르도가 어젯밤에 숙제를 하지 않았으니까 오늘 컴퓨터 수업은 하지 않을 거야."

교사가 집단 체벌을 가하면 문제행동을 한 학생은 상당한 압박을 받지만, 여기에는 몇 가지 문제가 있다.

- 한 학생 때문에 나머지 학생들이 절망감을 맛보았다면, 해당 학생에게 온갖 분노, 욕설, 비난이 쏟아질 것이다. 학생들은 단체 기합을 유발한 학생에게 싸움을 걸고 욕을 하거나 어쩌면 그 학생을 왕따시킬지도 모른다. 한 학생 때문에 학급 전체에 벌을 주는 행위는 교사가 오직 한 학생에게 다른 학생들의 학교생활을 좌지우지할 어마어마한 영향력을 주는 것이나 다름없다.

- 교사가 그릇된 행동에 모든 관심을 집중시키는 것은 본질적으로

나머지 학생들의 책임감 있는 행동을 도외시하는 것이나 다름없다. 집단 체벌은 학생들의 책임감을 신장시키는 데 아무런 도움이 되지 않고, 올바르게 행동하는 학생도 그렇지 않은 학생과 마찬가지로 벌을 받을 수 있다는 그릇된 인식을 심어준다.

• 예전에 자신이 억울하게 벌을 받았던 것에 앙심을 품고 몇몇 학생들에게 복수하려고 집단 체벌을 이용할지도 모른다. 이 경우 교사는 일부러 못된 행동을 한 학생의 대리인이 되어 학생들에게 고통을 주는 셈이 된다.

3. 보상에 관하여

●

●

뇌물의 성격을 띤 보상

교사가 학생들로 하여금 지도에 순순히 따르게 하려고 사용하는 가장 일반적인 방법은 보상을 주는 것이다. 수많은 교사들이 보상을 처벌의 반대 개념으로 생각하면서 즐겨 사용하고, 실제로 보상은 경우에 따라 긍정적인 효과를 내기도 한다. 그러나 이러한 가정은 상당히 잘못된 것이다. 사람들이 생각하는 것과 달리, 보상과 처벌의 목적은 동일하다. 보상과 처벌은 모두 학생의 언행을 조종하기 위해 쓰이는 방법이다. 학생들은 보상과 처벌을 경험하면서 우리가 생각하는 책임감과는 상반되는 사고방식을 배운다.

엄밀히 말해 보상은 뇌물이다. 보상은 사용하기가 간편하고 짧은 시간 안에 학생의 행동을 교정하는 효과를 내기도 한다. 그러나 학생의 행동은 보상이 계속해서 커지고 좋아지지 않으면 금세 이전대로 돌아간다. 게다가 보상에 익숙해진 학생들은 특권 의식을 가지게 된다. 또한 보상에 익숙한 학생들은 소위 힘을 가진 사람 앞에서는 올바른 행동을 하려고 노력하는데, 이것은 그렇게 행동하면 무엇인가를 얻게 된다는 걸 너무나 잘 알고 있기 때문이다. 그러나 훈육의 목적은 교사가 있든 없든 늘 올바르게 행동하는 학생을 길러내는 것이다.

훈육법의 효과를 따져보려면 그 훈육법을 사용했을 때의 긍정적인 효과와 기회비용을 비교해 보는 것이 바람직하다. 교사가 학생의 문제행동을 멈추게 하고 싶으면 말 그대로 수백 가지 방법을 동원할 수 있다. 그렇지만 그 방법들을 쓰지 않는 것은 그 뒤에 벌어질 결과, 즉 기회비용 때문이다.

우리는 주변에서 보상이 학생의 문제행동 개선에 효과가 있다는 것을 입증하는 연구 자료를 쉽게 찾아볼 수 있다. 지금 저자는 보상이 훈육에 효과가 있다는 주장에 비판을 가하려는 것이 아니다. 다만 저자의 질문은 이런 것이다. 보상이 수많은 위험 요소를 무릅쓰고 사용할 정도로 효과적인 훈육법인가?

지금부터 우리는 보상이 야기할 수 있는 위험 요소를 자세히 살펴볼 것이다. 여러분이 여전히 특정 학생에게 보상이라는 방법을 쓰고 싶다면, 단순히 "보상이 효과가 있는가?"라는 질문에 스스로 대답하는 것보다 지금부터 이어질 논의를 세밀히 따라가는 것이 현명한 결정을 내리는 데 도움이 될 것이다.

첫째, 보상은 내적 동기를 감소시킨다.

일부 부모들은 자녀가 좋은 성적을 거두면 돈, 옷과 같은 보상을 준다. 일부 교사들도 이와 비슷한 행동을 한다. 일부 학생들은 원하는 것을 가질 수 있는 기회가 주어지면 기꺼이 성적을 올릴 테지만, 이미 최선을 다해 생활하는 학생이라면 보상 따위를 받으려고 자신의 생활을 개선하지는 않을 것이라는 점을 명심하자.

학습은 지식의 획득, 능력의 발전, 이해의 성장 등 다양하게 정의될 수 있다. 학습에 관한 여러 정의에는 공통적으로 발전이라는 의미가 포함되어 있다. 보상은 학생의 발전을 촉진하는 기능을 하지만, 그 효과는 단기간에만 유효하다. 지금까지 여러분이 통과한 시험 중에 일주일 후에 재시험을 본다면 아무것도 기억이 나지 않아 애를 먹을 시험이 얼마나 많은지 생각해 보길 바란다. 뇌물에 익숙해진 학생은 배움의 즐거움을 아는 학습자가 되기보다는 '완성자(해야 할 일을 목록으로 만들고 하나씩 해치워나가는 사람)', 어쩌면 속임수를 쓰는 사람이 될지도 모른다. 뇌물을 주고받는 행위에는 바람직한 행동이란 돈으로 사고팔 수 있는 제품과 같은 것이라는 메시지가 들어 있기 때문이다.

또한 일부 학생들은 보상을 받고 싶어서 혼신의 노력을 다하지만 기대 수준을 충족시키지 못하고 그 결과로 아무리 노력해도 보상을 받을 수 없는 현실에 자괴감을 느끼게 될 것이다. 다음의 연구 자료(Watson,

2014)를 살펴보자.

예전부터 반복적인 업무를 처리하는 근로자들은 외적 보상을 받으면 일을 더 열심히 했다. 또한 보상을 받아도 내적 동기가 줄어들지 않는다는 점이 드러났다. 그러나 혁신을 이뤄내야 하는 직업군에서는 외적 보상이 내적 동기를 현저하게 감소시킨다고 한다. 직장 내에서 무기력함을 호소하는 직원들 때문에 성장이 더딘 기업체에게는 직원들의 내적 동기가 무엇이며 어떻게 내적 동기를 촉진해야 하는지를 알아내는 것만이 유일한 성장의 돌파구라고 할 수 있다.

이상의 논의는 교육에도 그대로 적용된다. 말끝마다 교사에게 "이거 하면 뭐 주는데요?"라고 묻는 학생이 있다면, 그 학생은 이미 너무 자주 뇌물이나 보상을 받은 학생이라고 할 수 있다. 학생에게 보상을 주는 행위는 학생에게 내가 하는 일보다 내가 가지고 있는 것이 중요하다는 그릇된 인식을 심어준다.

둘째, 보상은 비현실적인 기대를 품게 한다.

시간이 지날수록 학생들은 더 많은 보상을 원하기 마련이다. 한편 보상에 호의적인 사람들은 학생들에게 기술을 가르쳐야 할 때는 보상을 걸고 수업을 시작하는 것이 좋다고 주장한다. 일단 학생이 특정한 행동 양식이나 기술을 배운 다음부터는 아기가 젖을 떼듯이 보상으로부터 멀어진다는 것이다. 그러나 실제로 이런 일은 일어나지 않는다.

외적 보상에 의존하던 학생이 갑자기 "내가 이 행동을 하는 이유는 이렇게 행동하는 것이 옳기 때문이다."라는 인식을 가지게 될 것이라고 생각하는 것은 굳어진 습관을 고치는 것이 얼마나 어려운 일인지를 간과한 것이다.

저자 중 한 명은 간단한 학습 활동을 마친 학생에게 스티커를 주곤 했다. 어느 날 저자는 스티커가 동이 났다는 걸 확인하자마자 학생들에게 이 사실을 알려줬고, 잠시 후 교실에서는 폭동과 같은 소란이 일어났다.

"내가 받을 스티커는 어디 있어요?"

"스티커 받고 싶어요!"

"스티커 안 주면 아무것도 안 할 거예요!"

한 학부모는 그날 저녁 저자에게 전화를 걸어 자신의 자녀가 스티커를 받지 못해 몹시 화가 났다며 민원을 제기했다!

때때로 교사는 특정한 행동에 대한 보상이 아니라 순전한 사랑의 표시로 한 학생 또는 학급 전체 학생들에게 조그마한 선물을 주고 싶은 마음이 들기도 한다. 교사가 이런 의도로 선물을 준다면 이것은 교사의 세심한 그리고 학생들의 마음을 사로잡는 행동으로 볼 수도 있다. 그러나 여기에는 두 가지 위험이 감추어져 있다.

첫째, 학생들은 착한 행동 뒤에는 늘 보상이 따른다는 그릇된 생각을 할 수 있다. 선물이 교사의 의도와 상관없이 학생들의 마음을 그릇된 방식으로 조종하는 매개체가 되는 것이다. 학생들은 이렇게 생각할지 모른다. "지난번에 이렇게 행동하고 선물을 받았어. 한 번 더 똑같이 행동하면 또 선물을 받을 거야." 저자는 "공정한" 것이 늘 "공평할" 수는 없다고 생각하지만, 공평하지 않은 것은 절대로 공정한 것이 될 수 없다고 믿고 있다.

둘째, 올바른 행동을 하고도 선물을 받지 못한 학생은 앞으로 도덕적인 행동을 할 마음이 나지 않을 것이다.

사랑의 표시로 선물을 주는 것이 이러한 위험을 무릅쓸 정도로 가치 있는 행동인가? 선물이 진정한 가치를 발휘하려면, 선물을 주는 사람이 훈육의 맥락에서 벗어난 상태에서 진심을 표현하기 위해 "고마운 마음"을 전할 수 있는 것을 줄 때뿐이다.

셋째, 보상은 의존적인 태도를 조장한다.

스스로 결정하는 기회를 가지지 못한 학생들은 어른에게 의존하는 태도를 갖기 쉽다. 그리고 어려서부터 의존적인 태도를 가진 학생들은 인간 관계, 직업 선택, 대학 진학과 같은 중요한 결정을 내려야 할 때 스스로 아무것도 결정하지 못하는 심각한 지경에 이를 수 있다. 이러한 학생들은 주변 사람이 인정하지 않으면 어떤 것도 스스로 결정하지 못하는 사람이 될 가능성이 매우 높다. 엄연히 말해서 교사가 학생의 의존적인 태도를 전적으로 조장하는 것이다.

특정한 성과나 행동에 대해 보상을 바라는 학생이 있다면 자신의 목표를 구체화한 뒤 성과를 거두었을 때 스스로 자신을 칭찬하면 될 것이다. 교사가 자꾸 보상에 의존하기 시작하면 학생들은 결국 보상에 중독된다. 학생이 보상에 의존하면 할수록 보상이 없을 때 자신의 일을 해낼 가능성은 줄어들 것이다.

처벌의 탈을 쓴 보상

한 학생에게 시험지에 있는 모든 문제를 맞히면 사탕을 준다고 했는데 그 학생이 문제를 모두 풀지 못했다면, 여러분은 그 학생에게 사탕을 줄 수 없다고 말해야 할 것이다. 그 학생은 다음과 같은 생각, 즉 "나는 사탕을 먹을 자격이 없어." 또는 "나는 벌을 받고 있구나." 중에 어떤 생각을 할 가능성이 높을까?

교사는 학생에게 보상을 줄 힘을 가지고 있을 뿐 아니라 보상을 거두어들일 권한도 보유하고 있다. 사실상 보상과 벌은 동전의 양면 같은 관계이다. 교사만이 학생에게 어떤 면을 보여줄지 결정할 수 있다. 위의 교사는 학생이 사탕을 받지 못할 행동을 했을 뿐이라고 생각할지도 모른다. 교사가 사탕을 주겠다는 말을 꺼냈고 학생은 받지 못할 행동을 했기 때문에 교사의 생각에는 논리적으로 아무런 결함이 없다. 그러나 감정은 언제나 논리를 따라가지 않으며, 학생들의 경우에는 더욱 그렇다. 위 상황에서 보상을 받지 못한 책임이 자기 자신에게 있다고 생각할 학생은 별로 없을 것이다. 대부분은 자신이 벌을 받고 있다고 느낄 것이다. 자신이 꼭 갖고 싶었던 것 혹은 꼭 가져야 할 것을 교사가 빼앗아 갔다며 분노하는 학생도 있을 것이다.

조종하기 위한 보상

학생들이 선생님을 자신의 마음대로 조종하려고 하면 교사는 무척 불쾌해하지만, 정작 교사는 훈육 과정에서 학생들을 자주 조종한다. 이 과정에서 본의 아니게 교사는 학생들에게 사람을 조종하는 방법을 시범 보이게 된다. 만약 여러분의 배우자나 애인이 "사랑한다"고 말하며 여러분의 마음에 꼭 드는 선물, 예를 들면 아름다운 꽃다발을 준 다음 한 시간 정도 지나서 들어주기 힘든 부탁을 해온다면 여러분은 사랑과 배신감 중에 어떤 감정을 느끼겠는가? "가격표"가 뒤따라오는 모든 선물은 일종의 속임수라고 보는 것이 현명하다.

　학생도 교사에게서 멋진 선물이나 친절한 대우를 받은 다음, 교사가 이전에 베푼 호의를 언급하면서 하기 싫은 일을 하라고 하면 일종의 배신감을 느낀다. 평소에 여러분이 "학습지에 칭찬 스티커를 붙여줬잖아. 그러니까 얼른 네 담당 구역을 청소해."와 같은 말을 학생들에게 하고 있다면, 여러분은 학생들을 조종하고 있다는 것 그리고 시험지에 칭찬 스티커를 붙여줄 정도로 선생님이 나를 아끼는구나라고 생각하는 학생의 기쁜 마음을 짓밟고 있다는 것을 인정해야 한다. '네가 이러이러한 것을 하면 저러저러한 것을 받게 될 거야'라는 식의 말은 교사가 학생을 조종하려 한다는 분명한 징후이다. 이 점에서 교사는 학생에게 선물이든, 특권이든, 학생들이 좋아하는 활동이든 무엇인가를 준 다음에 어떤 일을 시켜서는 안 된다.

　교사는 칭찬과 보상을 다양한 방식으로 활용한다. 여러분이 다른 학생들도 모범적인 행동을 따라 하길 바라는 마음에서 올바른 행동을 하는 학생을 공개적으로 칭찬한다면("캐리가 의자에 앉아 있는 자세 좀 봐"), 학생들이 여러분을 똑같은 방식으로 대하더라도 놀라지 말아야 한다.

"로빈스 선생님은 5분 일찍 수업을 마친다던데요, 왜 우리는 그러면 안 돼요?"

선택권의 제한

교사가 학생에게 특정한 행동에 대한 보상을 약속할 때, 명백히 교사는 학생이 해야 할 일, 더 정확히는 교사가 바라는 일을 결정하는 셈이다. 물론 이러한 지도 방법이 전적으로 그릇되었다고 말할 수는 없다. 종종 교사는 학생을 위해서 학생이 해야 할 행동을 결정하는데, 특히 어린 학생에게 지대한 영향을 미치는 행동이나 안전과 직결된 행동의 경우에는 더욱 그렇다. 그러나 교사가 학생을 대신해 결정을 내릴 때 교사는 학생에게서 의사 결정 능력을 발휘할 기회를 빼앗는 것이며, 학생에게 의사 결정 능력을 가르칠 소중한 기회를 스스로 포기하는 셈이 된다.

훌륭한 교사를 판별하는 한 가지 방법은 교사가 학생에게 특정한 일을 하라고 지도하는 것과 학생이 스스로 결정을 내리도록 기회를 주는 것 사이의 균형을 얼마나 잘 유지하는지를 살펴보는 것이다. 이런 균형 감각을 늘 유지하는 교사는 매우 드물다.

교사가 학생의 선택권을 제한하는 것은 교사 주도의 수업과 깊은 관련이 있다. 교사가 보상과 뇌물을 사용하는 수업에서 주도권을 유지해야 할 필요성을 느끼는 것은 결코 우연이 아니다. 그러나 교사가 학생의 선택권을 제한하거나 박탈해 버리면 학생은 세상을 살아가는 데 필요한 경험을 쌓을 수 없다. 교사에게 뇌물을 받은 탓에 자신의 생활을 이끌어갈 주도권을 빼앗겨버린 학생이 건강한 마음을 가질 수 없는 것과 같은 이치이다.

하기 싫은 일을 억지로 하게 만드는 뇌물로서의 보상

교사가 학생들에게 "친구에게 문자를 보내면 선물을 줄게"라고 말하는 경우는 찾아보기 힘들다. 교사는 학생들이 스스로 하고 싶어서 한 일에 대해서는 보상을 주지 않는다. 스스로 하고 싶은 일은 누가 시키지 않아도 잘하기 때문이다.

교사가 학생에게 보상을 주는 것은 학생에게 하기 싫은 일을 시킬 때이다. 교사는 학생에게 선택권을 주면 교사가 바라는 일을 하지 않을 것을 알기 때문에 교사가 원하는 일을 하도록 만들려고 뇌물을 사용하는 것이다. 학생들은 교사가 보상을 건네는 순간 그 보상이 "이제 내가 하기 싫은 일을 하라"는 뜻이라는 것을 눈치챈다. 학생들은 보상을 받자마자 구체적으로 무엇을 해야 한다는 말을 듣기도 전에 "뭔가 안 좋은 일이 일어나겠구나"라는 메시지도 함께 받는다.

보상에 대한 그릇된 비유

학생들에게 보상을 줘야 한다는 주장에 대한 가장 일반적인 근거는 학생에게 보상을 주는 것은 직장인에게 임금을 주는 것과 다를 바 없다는 논리이다. 얼른 생각하기에는 일리가 있는 말 같지만 사실은 그렇지 않다.

학생은 특정한 행동이나 선택을 한 것에 대해 보상을 받는다. 한편 직장인들은 정해진 일을 한 것에 대한 대가로 임금을 받는다. 그러나 여기에 간과해서는 안 될 중요한 포인트가 있다. 직장인은 스스로 직장을 택한 만큼 직장에서 요구한 일을 꼭 해내야 하는 형편이다. 직장인은 누군가의 명령을 받고 직업을 가지거나 특정 장소에 가서 일을 하는 것이 아니다. 물론 시장 상황에 따라 성인이 선택할 수 있는 직업의 폭에 제한이 있는 것이 사실이지만, 기본적으로 직장인들은 자신이 선택한 직장에서 필요한 일을 한다. 만약 직장인이 자신의 일을 더 이상 하기 싫다는 생각이 들면 다른 직장을 찾으면 될 것이다. 이에 비해 학생은 특정한 교사의 지도를 따르고 싶지 않다고 해서 선생님 자체를 바꿀 수가 없다.

보상과 낮은 기대 수준

교사가 학생들에게 보상을 얻기 위한 수준을 알려주면, 학생들은 보상을 받는 데 필요한 수준 이상으로 노력하지 않는다. 그러나 내적 동기가 충만해지면 학업적인 면에 있어서나 생활 태도의 면에 있어서나 대단한 발전을 이루어낸다.

저자 중 한 명이 기말고사에서 추가로 시험 문제를 열 개 더 낸 적이 있다. 추가 문제를 맞힌 학생에게 추가 점수를 주는 것은 아니었다. 다만 저자는 학생들이 문제에서 요구하는 개념을 이해하고 있는지를 확인하려고 추가 문제를 낸 것이었다. 시험 결과, 소수의 학생들만 열 문제 중 일부를 풀었고, 많은 학생들이 열 문제를 모두 해결했다. 교사가 보상을 받는 데 필요한 수준 자체를 없애버리면 학생들은 교사가 예상한 것보다 훨씬 많은 것을 배우고 실천한다.

보상이 아닌 감사

아래의 지침은 교사가 어떻게 학생에게 감사의 마음을 표현하고 최대한 학생을 조종하지 않으면서 격려할 수 있는지를 보여준다.

- 진정으로 감사한 마음을 표현하는 것은 자연스러운 감정의 표현이어야 하지 훈육법이 되어서는 안 된다는 점을 깨달아야 한다. 몸과 마음이 미성숙한 학생들은 자신이 기울인 노력을 교사가 고마워하고 있다는 사실을 알 필요가 있다. 아이뿐 아니라 우리 모두는 자신이 존중받고 있다는 느낌을 받지 못하면 심리적으로 정상적인 생활을 할 수가 없다. 보상과 다르게, 교사의 격려는 학생을 조종하는 기능을 하지 않는다. 격려는 학생에게서 특정한 결과를 얻어내기 위한 것이 아니라, 오직 긍정적인 감정을 불어넣기 위한 것이다.

- 교사가 학생에게서 바라는 행동이 있다면 학생이 그 행동을 하기 이전이 아니라 한 이후에 말해야 한다. "선생님은 네가 잘 해낼 거라고 믿어."라고 말하기보다는 "네가 이러저러한 행동을 했다니 정말 대단하네."라고 말하는 편이 낫다.

- 고마운 마음을 표현할 때 조건을 달지 말아야 한다. 말끝에 조건

이 덧붙여져 있다면 그 말은 보상이지 학생과 진심으로 공유할 수 있는 감정의 표현이 아니다. 학생들은 교사가 조건을 달자마자 교사의 말 속에서 "만약 ~하면"이라는 문장 구조를 금세 찾아낸다. 다음 문장을 살펴보자.

"책상을 치지 않고 조용히 앉아 있으면 선생님이 칭찬해 줄게."

"수업 시간에 선생님을 방해하지 않으면 수업이 끝나기 전에 게임 시간을 줄게."

- 일단 교사의 감정을 솔직하게 표현해야 한다. 고마운 마음은 학생과 함께 나누는 것이 가장 중요하다. 학생에게 "이건 꼭 해야 해. 반드시 해(너는 이런 식으로 행동해야 해)."라고 말하는 대신 "선생님은 널 보면서 정말 감동받았어(선생님은 이런 감정이 들었어)."라고 말해 보자.

- 학생에게 고마움을 표현할 때는 불규칙하게, 모두가 예상하지 못한 때 해야 한다. 학생들이 교사의 칭찬을 기대하지 않는 상태가 된다면, 교사는 학생들이 더 이상 교사의 인정에 의존하지 않도록 훈육할 수 있다.

- 대가로 그 어떤 것도 바라지 않고 주는 것이 감사의 표현이라는 것을 깨달아야 한다. 여러분이 학생들을 얼마나 사랑하는지를 학생들에게 열정, 활기, 감정을 담아 표현해 보자. 슬픈 감정이 들거

나, 실망하거나, 화가 나면 솔직한 마음을 예의를 갖춰 표현해 보자. 감정은 오래 지속된다. 학생들에게 긍정적인 감정을 표현한다는 것이 도대체 무슨 뜻인지를 설명해 보자. 학생은 인정과 격려를 받을 필요가 있다.

- 진심으로 대하자. 학생에게 고마움을 표현할 때, 학생을 특정한 방향으로 이끌 생각을 버리고 학생과 진솔한 마음의 대화를 나눌 기회라고 생각하자.

- 학생의 보답을 기대하지 말자. 교사는 학생에게 이런 식으로 말하는 것을 지양해야 한다. "선생님이 어제 친구랑 이야기할 시간 줬잖아. 그러니까 집중 좀 하자."

- 선물이 바람직한 행동에 대한 보상이 아니라면, 교사가 학생에게 조그마한 선물을 주는 것은 얼마든지 좋다. 학생들은 자신이 무엇인가를 이루어내는 것이 교사에게 매우 중요하다는 것을 알 자격이 있다.

- 특정한 성취를 이루었을 때는 축하해 주자. 학교를 졸업할 때나 중요한 스포츠 경기에서 이겼을 때, 어려운 컴퓨터 문제를 해결했을 때와 같이 특별한 경우에는 학생들을 축하해 주는 것이 좋다. 학생에게 보상을 주는 것이 두려운 나머지, 학생에게서 축하

받는 기분까지 앗아가면 안 된다.

- 달콤하거나 짭짤한 과자나 피자를 보상으로 사용하면 안 된다. 대신 과일이나 채소같이 건강에 좋은 음식을 학생에게 나눠주자. 학생들이 건강에 좋지 않은 음식이 보상으로 주어질 수 있다는 것을 깨닫게 되면 이후 학교 밖에서 자신에게 보상을 주고 싶을 때마다 그런 음식을 찾을 것이다.

Part 4
학생을 어떻게 변화시킬 것인가?

저자는 세미나를 열 때마다 참가자들에게 지난 1~2년 동안 크든 작든 간에 자신에 관해 무엇인가를 바꾸려고 노력한 적이 있다면 손을 들어보라고 말한다. 그러면 사람들은 한 명도 빠짐없이 손을 드는 편이다. 다시 저자는 마음먹은 대로 변화를 이루어낸 사람에게 손을 들어볼 것을 제안한다. 이번에는 기껏해야 한두 명 정도가 손을 들고, 저자는 그들이 짧은 시간 안에 이룬 성과를 축하해 준다.

이 모습을 지켜보는 참가자들은 변화를 이루어내기 위해 꾸준히 노력하는 일이 얼마나 어려운지를 다시금 깨닫는다. 예를 들어, 우리는 한 시간 동안 식이요법을 실천하는 일이라면 누구든 해낼 수 있다고 생각한다. 그러나 온종일 식이요법을 지키려면 노력이 필요하고, 일주일이나 한 달 혹은 일 년 동안 식사를 조절하려면 대단한 인내력이 요구된다는 사실을 알게 된다.

이상의 요지는 사람들이 자기 자신을 변화시키려고 결심하더라도 실제로 변화를 이루어내거나 변화된 상태를 유지하는 것은 무척 어려운 일이며 때로는 거의 불가능에 가깝다는 점이다. 성인이 자신이 바라는 변화를 현실로 이뤄내는 데에도 이토록 어려움을 겪는데, 미성숙한 아이들이 자신이 바라지 않는 변화를 체득하는 일은 얼마나 어려울 것인가?

교사는 문제행동을 일으키는 학생을 어떻게 훈육할지 결정할 때, 행동이 변화되는 과정은 마치 롤러코스터의 운동과 비슷하다는 점을 먼저 이해해야 한다. 뿐만 아니라 교사가 학생의 변화를 촉진할 구체적인 방안을 마련할 때에도 롤러코스터의 운동을 염두에 두는 것이 좋다. 예를 들어, 한 학생이 월요일에는 얌전하게 굴다가 화요일에 난동을 부린다고 하더라도 교사는 조금도 놀랄 필요가 없다. 안타까운 일이지만 일부 학생들에게는 한 시간 동안은 잘 지내다가 다른 한 시간 동안 난동을 부리는 것이 지극히 자연스러운 일상이다.

교사는 롤러코스터처럼 시시각각 변하는 학생의 변덕에 단단히 준비해야 한다. 우리의 목적은 점진적으로 긍정적인 변화를 만들어내는 것이다. 그리고 이 변화는 아주 오랜 기간 동안 역경과 고난의 과정을 거친 후에야 만들어진다. 지금부터 교사가 반드시 명심해야 할 훈육의 진실과 핵심을 자세히 살펴보기로 하자.

1. 문제 해결을 위한 실마리

●
●

누구도 다른 사람을 바꿔놓을 수 없다

앞서 우리는 훈육의 근본적인 어려움을 질문으로 표현한 바 있다.

"우리가 자신의 행동을 고치고 싶어도 늘 성공하지 못하는데, 어떻게 다른 사람의 행동(그 사람은 고치기를 거부하는 행동)을 바꿔놓을 수 있을까?"

사실을 말하자면, 우리는 다른 사람의 행동을 개선시킬 수 없다. 이 점은 교사가 문제행동을 일으키는 학생과 상호작용하는 데 커다란 지침으로 작용한다. 학생이 "날 마음대로 하려고 들지 마세요!"라고 말하면, 교사는 제안을 하거나 위협을 할 필요가 없다. 자칫 그렇게 했다가는 교사와 학생의 힘겨루기가 시작될 것이다. 대신 교사는 학생이 맞는 말을 했다고 생각하는 편이 바람직하다. 진심과 열정을 담아 학생에게 이렇게 말해 보자.

"맞아. 세상에서 널 바꿀 수 있는 사람은 너뿐이고, 선생님은 네가 꼭 그렇게 하길 바라. 선생님은 널 믿어. 하지만 도움이 필요하면 언제든 말하렴."

이와 같은 말에는 교사가 학생의 힘과 주도권을 인정하고 존중한다는 메시지와 지금 협박을 하기보다는 자상한 대화를 모색한다는 뜻이

동시에 들어 있다. 훈육의 목적은 결국, 스스로 올바른 결정을 내리는 것이 자신에게 얼마나 큰 도움이 되는지를 학생 스스로 깨닫도록 하는 것이다.

문제행동의 원인이 무엇인지 파악하자

특정한 문제 양상을 보이는 사람들에게 일률적으로 적용할 수 있는 기술, 전략, 방법 혹은 철학이 있다는 생각은 오해이다. 가슴 통증은 단순히 소화 불량의 징후일 수도 있지만, 어쩌면 위산 역류, 심근경색, 종양 혹은 근육통의 증상일 수도 있다. 유능한 의사가 환자를 치료하기 위해 증상의 근원부터 파악하는 것과 마찬가지로, 교사도 적절한 훈육을 하려면 겉으로 드러나는 행동의 원인이나 기능을 이해해야 한다.

일반적으로 학생이 문제행동을 하는 주요한 원인은 관심, 유대감, 정체성, 효능감, 주도권, 재미와 같은 기본적인 욕구들이 충족되지 않았기 때문이다. 예를 들어 두 학생이 학습을 거부하며 겉으로 보기에는 동일해 보이는 행동을 하더라도, 한 학생은 속으로 자신이 아무것도 해낼 수 없다(효능감과 관련된 문제)고 생각할 수 있고, 다른 학생은 반항심을 표출(주도권의 문제)하는 것일 수 있다. 사정이 위와 같다면, 동일한 문제행동을 일으키는 두 학생은 전혀 다른 지도를 받아야 한다. 기본적인 욕구가 충족되지 못했을 때 사람들은 두려움, 좌절감 그리고 분노와 같은 감정을 표출하기 마련이다.

통제와 설득의 차이를 이해하자

저자 중 한 명이 폭력, 마약, 빈곤의 문제로 몸살을 앓는 중학교에서 상담사로 일할 때의 일이다. 저자는 교감 선생님과 교내를 걷다가 위험한 장면을 목격했다. 한 교사와 학생이 말싸움을 하고 있었던 것이다.

교사 선생님에게 그렇게 말하면 안 돼.

호세 알겠다고요. 이 거짓말쟁이야.

교사 그런 식으로 말하지 말라고 그랬지!

호세 거짓말쟁이.

교사 한 번만 더 그러면, 8학년에 진급 못 할 줄 알아.

호세 거짓말쟁이.

저자는 대화에 끼어들면서 그 교사에게 호세와 개인적으로 이야기를 나눌 수 있겠냐고 물었다. "누가 얘 좀 어떻게 해봐요." 교사가 씩씩거리며 말했다. 저자는 가슴이 두근거리기 시작했다. 당시 저자는 2년 동안 교사들에게 호세 같은 학생들을 훈육하는 방법을 강의하던 중이었다. 저자는 몇 시간 후면 저자의 긍정적인 영향력 덕분에 학생이 반항적인 마음을 고쳐먹은 이야기가 학교 전체에 퍼질 거라고 확신했다.

저자는 호세와 텅 빈 교실에 들어갔다. 당시에 나눈 대화의 요지는 다음과 같다.

저자 선생님에게 왜 이렇게 화가 났어?

호세 선생님이 모욕을 해서요.

저자 모욕하면 안 되는 거야?

호세 당연하죠.

저자 모욕은 늘 나쁜 거야?

호세 네.

저자 그런데 선생님에게 거짓말쟁이라고 하는 것도 모욕이야, 안 그래? 그건 모욕이 아니니?

호세 그건 경우가 다르죠.

우리는 긴 대화 끝에 선생님에게 거짓말쟁이라고 한 것을 사과하는 것이 불편한 감정을 털어내는 가장 좋은 방법이라는 데 의견을 모았다. 그러나 호세는 여전히 잘못은 교사에게 있다며 얼굴을 붉혔다. 우리는 잠시 사과하는 연습을 했고 마침내 호세는 자랑스럽게 말했다.

"이제 됐어요. 사과할 수 있어요."

우리는 교사를 찾아갔고, 아래와 같은 대화가 이어졌다.

저자 호세가 선생님에게 드릴 말씀이 있다네요.

호세 이 거짓말쟁이야.

저자 (충격을 받아서) 지금까지 그걸 연습한 게 아니잖아.

호세 당신이 뭔데 그래? 이 선생이 거짓말쟁이라는 내 생각에는 조금도 변화가 없어!

이 사례가 매우 충격적이라는 데에는 별다른 설명이 필요 없을 것이다. 또한 이 사례를 통해 우리는 교사의 역량과 노력 정도와 무관하게 학생들이 누군가에게 언행의 변화를 강요당하거나 영향을 받아서는 문제행동이 개선되지 않는다는 점을 알 수 있다. 여기서 우리는 학생의 행동을 변화시키는 기본적인 두 가지 방법, 즉 통제와 설득에 대해 살펴봐야 한다.

우선, 우리가 누군가를 통제한다는 말의 뜻은 우리가 가지고 있는 힘으로 다른 사람에게서 원하는 것을 얻어낸다는 것이다. 우리는 다른 사람을 통제할 때 주로 위협, 체벌 그리고 보상과 같은 전통적인 훈육 방법을 사용하는데, 그 이유는 통제하는 행위 자체가 실패 뒤에 따라오는 고통이나 성공이 가져다주는 즐거움에 의존하기 때문이다. 통제가 학생의 행동을 개선하는 데 효과를 발휘하려면 학생들이 하고자 했던 행동보다 교사가 제시한 보상(예를 들어 스티커)을 더 좋아하거나 자신이 하고 싶은 행동을 포기할 정도로 교사가 제시한 벌을 싫어해야 한다. 예를 들어 "타임아웃" 제도는 "타임 인"을 선호하는 학생에게만 효과를 발휘한다. 쉬는 시간에 휴식을 취하지 못하게 하는 벌이 효과를 발휘하려면 학생이 쉬는 시간에 휴식을 원한다는 조건이 충족되어야 한다.

통제는 다른 훈육법에 비해 사용하기가 무척 간단하고 시간도 적게 걸린다. 교사가 학생을 통제하는 데에는 두터운 사제의 관계가 거의, 아니 전혀 필요하지 않기 때문이다. 하지만 불행하게도 교사의 통제는 만성적으로 문제행동을 일으키는 학생에게는 전혀 효과가 없다. 그 학생들이 전통적인 처벌을 조금도 두려워하지 않기 때문이다.

이에 비해 설득은 교사가 제안한 대로 문제행동을 개선하면 학교생활을 하는 데 얼마나 큰 도움이 되는지 학생 자신이 이해하도록 도움을 주는 훈육 방법이다. 기본적으로 교사는 학생을 설득할 때 학생이 문제행동을 통해서 무엇을 하려고 하는지를 살펴보는 데 집중하며, 논리와 감정 그리고 유대 관계를 활용하여 학생의 이해를 돕는다. 문제행동을 일으키면 어떤 문제가 일어날 수 있는지, 어떤 감정을 느끼게 될지를 학생이 사전에 파악하도록 돕는 것이다. 다음 예를 살펴보자.

"아무리 선생님이 학생들을 불공평하게 대한다 하더라도 네가 홧김에 책을 집어던지거나 소리를 질러대면 더 큰 문제가 생길 수 있어. 어떤 선생님이든 받아들일 수 있을 만한 다른 표현 방법을 생각해 볼까?"

교사가 학생의 언행에 진정한 영향력을 끼칠 수 있는 것은 오직 학생들이 교사를 신뢰하고, 교사의 인정을 바라고, 교사를 실망시키고 싶지 않아 하는 등 교사와 좋은 관계를 맺고 있을 때로 국한된다. 예를 들어 교사가 부적절한 언어를 사용한 학생에게 실망감을 표현한다고 하자. 이때 학생이 평소에 교사와 좋은 관계를 맺고 있고 교사가 지금 자신에게 애정 어린 관심을 쏟고 있다는 것을 느끼며 거친 말을 쓰지 않고도 자신의 생각을 표현할 방법을 알고 있을 때에만 교사의 설득은 효력을 발휘할 것이다.

교사가 학생을 설득하는 목적은 자신의 행동을 개선하길 바라는 학생에게 실질적인 도움을 주기 위해서이다. 학생이 성공을 거두느냐 하는 문제는 학생 자신이 보다 나은 생활이 가능하다는 희망이나 믿음을 얼마나 가지고 있느냐에 달려 있다. 이처럼 내적 동기에 변화를 일으키기란 좀처럼 쉬운 일이 아니지만 분명히 가능한 일이다.

만약 교사가 학생과 문제행동을 개선해야 할 이유나 가치에 대해 아무런 대화도 나누지 않고 일방적으로 특정한 행동을 명령한다면 기껏해야 짧은 기간 동안만 효과를 볼 것이다. 또한 행동을 개선하는 것이 여러 사람에게 두루두루 도움이 된다는 식으로 막연하게 말하기보다는 학생 자신에게 구체적으로 어떤 도움이 되는지를 상세히 설명하는 편이 바람직하다. 학생은 자신이 합당한 노력을 기울이면 성공을 맛볼 수 있다는 점을 확실히 깨달은 후에야 과제를 완성하려고 노력할 가능성이 높다.

또한 문제행동을 개선하면 자신에게 도움이 된다고 생각한 이유를 학생들에게 직접 물어보는 것도 훈육에 큰 도움이 된다. 이와 관련하여 저자가 살펴본 학급 운영 게임 중에 '더 좋은 이유를 말해줘'라는 게임이 있다. 일단 규칙으로 정해진 일련의 행동을 종이에 일목요연하게 적어보자. 그리고 학생 각자 또는 전체 학생들에게 종이에 적힌 행동들을 실천하는 것이 실천하지 않는 것보다 좋다고 생각한 이유를 물어보자.

- 숙제를 해야 할까?
- 친구를 도와줘야 할까?
- 자신의 학용품을 정리해야 할까?
- 자신의 잘못을 인정해야 할까?
- 좋은 것이 있으면 친구와 나눠야 할까?

- 정해진 시간에 교실에 와야 할까?
- 자신이 한 일을 솔직하게 말해야 할까?
- 화가 나면 대화로 해결해야 할까?

문제행동을 개선하기 위한 두 가지 접근법

 학생의 행동을 개선하는 방법에는 크게 '안에서 밖으로The inside out 의 접근법'과 '밖에서 안으로The outside in의 접근법'이 있다.

 '안에서 밖으로의 접근법'은 학생을 문제의 근원으로 보고 학생이 자신의 문제행동을 개선해 학교가 요구하는 규칙을 지켜야 한다는 입장이다. 이러한 접근법을 따르면 학생이 문제행동을 개선할 수 있다는 전제하에 일련의 훈육이 학생을 대상으로 혹은 학생과 함께 이루어져야 한다. 이때 학교의 시스템에는 아무런 변화도 일어나지 않는다. 교사가 할 수 있는 훈육 방법에는 상담, 규칙 상기시키기, 경고, 보상, 타임아웃, 행동 규칙 정하기, 방과 후에 남기기 등이 있다. 이는 학교 시스템을 조금도 변경하는 일 없이 학생의 문제행동을 개선하기 위한 목적으로 사용된다.

 '밖에서 안으로의 접근법'은 교사의 행동, 다른 학생들, 부모 그리고 교육과정과 같이 학생의 행동에 변화를 일으킬 수 있는 요소에 주목하는 방법론이다. 아래의 예를 살펴보자.

 드션은 수업 시간에 좀처럼 집중하지 못하고 자리에서 일어나 다른 학생을 방해하는 학생이었다. 교사가 드션을 나무라면 드션은 교사가 늘 자신만 혼낸다며 반항했다. 드션은 교사와 언성을 높이며 싸우다가 교실에서 뛰쳐나오는 일이 빈번했다. 결국 학교에 근무하는 상담사가 드션과 대화를 나눴고, 수업 시간에 "SLANT"(Meier, 2013)라는 방법을 사용하면 앞으로 교실에서 쫓겨나는 일이 줄어들 거라고 알려줬다. SLANT란 똑바로 앉아 미소를 짓고Sit up straight/Smile, 교사의 말을 귀 기울여 듣고Listen, 한 가지 구체적인 질문을 하고Ask one specific question, 관심을 표현하기 위해 고개를 끄덕이고Nod to show interest, 마지막으로 교사의 수업 진행을 따라간다Track the teacher는 수업 규칙의 앞 글자를 따서 만든 행동 규칙이다. 상담사는 드션에게 SLANT의 방법을 구체적으로 알려준 뒤 같이 연습을 했고 마침내 드션은 수업 시간에 SLANT를 활용하기 시작했다. 결국 드션은 교사에게서 긍정적인 말을 듣게 되었고 문제행동을 덜 일으키게 되었다.

이러한 일화는 드션이 자신의 행동을 개선하기 위한 방법을 배우고 사용했기 때문에 '안에서 밖으로의 접근법'이 적용된 사례라고 할 수 있다. 이에 반해 드션을 훈육하는 데 '밖에서 안으로의 접근법'이 적용되면 어떨까? 교사가 드션과의 관계를 개선한다거나, 공개적으로 드션을 꾸짖기보다는 개인적으로 대화를 나눈다거나, 드션의 장점을 살릴 수 있는 방법으로 교육과정을 재구성한다거나 하는 등 드션의 행동에 영향을 끼칠 수 있는 학교 시스템을 일정 부분 바꿔야 할 것이다. 그리고 교사가 효율적인 훈육을 통해 오랫동안 기대하는 효과를 거두기 위해서는 '안에서 밖으로의 접근법'과 '밖에서 안으로의 접근법'을 동시에 사용해야 할 것이다.

2. 학생을 변화시키는 열쇠

●
●

낡은 습관은 한 번에 버려지지 않는다

교사는 학생들이 새로운 행동 양식을 배우고 연습해서 완전히 체득하기 전까지는 몸에 밴 낡은 습관을 버릴 것이라 기대해서는 안 된다. 새로운 행동 양식을 체득하는 데에는 시간이 걸리기 때문에 교사는 학생들이 새로운 습관을 익히는 동안에는 앞서 말한 롤러코스터와 같은 학생의 변덕에 미리 대비해야 한다. 여기서 중요한 점은 교사가 학생들에게 새로운 행동을 요구하지 말고 다음과 같이 제안하는 편이 훨씬 효과가 좋다는 것이다.

"남들에게 강해 보이려고 하는 건 이해해. 그래야 남들이 널 얕보지 않을 테니까 말이야. 넌 이미 충분히 강해. 그렇다고 해서 친구와 싸움을 하다가는 네가 어려움을 겪게 될 거야. 이를테면 교무실이나 상담실에 가게 되겠지. 결국 너는 학교생활에 실패하게 될 거야. 네가 폭력을 휘두르면 네가 피해를 입게 된다는 말이야. 너 자신을 위해서, 강해 보이게 행동하면서 학교 규칙을 어기지 않는 방법이 있는데, 한 번 배워볼래?"

이미 필요한 능력이 있음을 알려주자

영화배우 리차드 드레이퓨즈Richard Dreyfuss는 한 인터뷰에서 약물 중독에서 벗어난 경험담을 소개하며 이렇게 말했다.

"자기 자신을 철저하게 되돌아보는 건 조금도 이상한 일이 아닙니다. 유능한 의사의 도움을 받아 자신을 되돌아보면 하루 동안 한 일 중에서 미약하나마 무엇인가를 이루어낸 것을 찾을 수 있을 것입니다. 우리는 이 티끌 같은 성취를 발판 삼아 다시 일어설 수 있습니다. 생활에 차이를 만들어내는 것은 먼지와도 같은 사소한 성취입니다."(PBS, 2016).

드레이퓨즈가 말한 되돌아보기에서 우리는 이전에 없던 것을 만들어내는 것보다 이미 가지고 있는 능력을 활용하는 것이 훨씬 쉽다는 점을 확인할 수 있다. "유능한 의사"와 마찬가지로 교사는 학생들의 생활 모습을 면밀히 관찰하고 난 뒤 학생들에게 보다 나은 생활을 하는 데 필요한 능력이 이미 갖추어져 있다는 점을 인식시켜야 비로소 학생의 변화를 촉진할 수 있다.

한 학생이 칭찬을 들을 만한 행동을 했다면 교사는 학생에게 자신이 중요한 능력을 가지고 있다는 점을 인식시켜야 한다.

"마티, 오늘 오전에 선생님이 자세히 살펴보니까 앤이 널 짜증나게 해도 너는 신경도 쓰지 않더구나. 누가 일러주지 않아도 수업 시간에 할 일도 척척 해내고 말이야. 선생님은 네가 요즘 열심히 한다는 걸 잘 알고 있어. 어떻게 하면 그렇게 학교생활을 잘할 수 있니?"

위의 말에서 우리가 눈여겨봐야 할 것은 교사가 학생의 발전에 대한 고마움과 격려를 표현하면서 학생에게 "어떻게 하면?"이라는 질문을 제기함으로써 학생이 스스로 자신을 되돌아보게 만들었다는 점이다.

영원한 이별을 요구하지 말자

문제행동을 멈추려고 노력하는 태도를 물가에 들어가는 사람의 자세에 비유해서 말하자면, 물에 첨벙 뛰어드는 유형과 발가락 끝부터 천천히 담그는 유형으로 나눌 수 있다. 물에 뛰어드는 사람은 단번에 행동을 바꾸려는 사람과 같다. 이에 비해 조심스럽게 발가락부터 담가보는 사람은 조금씩 행동을 바꿔나가는 사람이라고 말할 수 있다. 물에 뛰어드는 유형은 예컨대 금연을 하기 위해 가지고 있는 담배를 모두 던져버리면서 다시는 담배를 입에 물지 않으리라 다짐하는 타입이다. 불행하게도 이러한 자세로 금연에 도전하는 사람들은 대부분 며칠 못 가서 의지가 꺾이고 만다. 그 이유는 바로 절대로 흡연하지 않겠다는 생각이 마치 오랜 친구를 어느 날 갑자기 잃었을 때와 유사한 감정을 자아내기 때문이다.

"두 번 다시 안 하겠다"라는 생각에서 벗어나 "하루만"이라는 생각을 가지게 되면 무엇을 고치려고 결심하든 한결 어깨가 가벼워진다. 수많은 습관 개선 프로그램에서 사용하는 "하루만"이라는 태도는 만성적으로 문제행동을 일으키는 학생이 행동을 개선할 때에도 가져야 할 훌륭한 마음가짐이다.

스미스 교사는 자신의 학생 알렉스에게 다음과 같이 말했다.

"네가 조용히 앉아서 책을 읽기 힘들다는 건 선생님도 너도 너무나 잘 알고 있어. 그러니까 일단 10분 동안만 앉아서 책을 보다가 자리에서 일어나는 건 어떻겠니?"

정확히 10분 후에 교사가 말했다.

"알렉스, 잘했어. 해냈구나. 더 이상 못 참겠으면 자리에서 일어나 몸을 좀 풀어줘. 그런데 5분 더 앉아 있으면 정말 멋질 것 같은데, 신기록을 세우는 거잖아! 도전해 볼래?"

학생의 문제행동이 반복되는 걸 막기 위해 교사가 점진적인 훈육을 시도하려면, 교사는 학생이 해야 할 일을 가능한 세부적으로 나누고, 학생이 스스로 실천할 수 있는 과제로 바꾼 다음, 문제행동을 일으키지 않는 지속 시간을 목표로 정한 수준까지 점진적으로 늘려나가는 것이 좋다. 예를 들어 교사는 숙제를 해오지 않는 학생에게 숙제를 다 해오라고 말하는 대신 이렇게 말하는 것이 바람직하다.

"오늘 저녁에 한 문제만 풀어봐. 문제를 푼 다음에 학교에 와서 선생님이 알려주는 정답이랑 비교해 볼까?"

시작과 끝을 명확히 정하자

여러분은 연착된 비행기나 진찰 시간을 넘긴 의사를 하염없이 기다려본 적이 있는가? 기다린다는 행위 자체가 유쾌한 일은 아니지만, 정작 기다림보다 힘든 것은 언제 비행기가 출발할지 혹은 언제까지 기다려야 의사가 여러분을 부를지 모른다는 사실 자체이다. 아마 사람들은 비행기 출발 시간을 모르는 채로 한 시간을 기다리느니 정확한 출발 시간을 아는 상태에서 두 시간을 기다리는 편을 선호할 것이다.

칙센트미하이Csikszentmihalyi(1990)는 이러한 심리가 일상의 모든 영역에 적용될 수 있다고 주장하였으며, 마찬가지로 우리는 이 심리 현상을 학생들의 문제행동 개선에 적용해 볼 수 있다. 일테면 교사가 학생들에게 특정한 시간 혹은 횟수를 정해 두고 행동을 개선해 보라고 격려하는 것이다. 예를 들어 교사가 끊임없이 질문을 제기하는 학생을 훈육할 때는 정해진 시간 동안 일정 횟수의 질문만 해볼 것을 제안하는 것이 바람직하다. 교사의 적절한 지도를 받는다면 많은 학생들은 자신의 연령과 능력에 적합한 수준으로 행동의 기준, 즉 횟수를 스스로 정해 볼 수도 있다.

변화를 격려하려면 도전감을 이용하자

학생의 도전 정신을 활용하면 행동을 개선하는 데 큰 도움이 된다. 사람들은 도전에 맞닥뜨리면 다양한 반응을 보인다. 여기서 중요한 것은 도전하는 사람과 과제의 수준이 잘 맞아야 한다는 점이다. 도전을 게임에 비유하면 이해가 쉬울 것이다. 학생들이 어떻게 게임을 선택하는지 살펴보자. 너무 쉬운 게임을 고르면 승리를 거둬도 성취감을 느낄 수 없고 패배를 했을 때는 수치스러운 감정에 빠지게 된다. 쉬운 게임은 금방 질리게 된다는 단점도 있다. 너무 어려운 게임을 고르면 대부분 금세 포기하고 만다. 최고의 게임은 승리하기가 불가능하지 않으면서 승리했을 때 뿌듯함을 느낄 수 있을 정도의 난이도를 가지고 있어야 한다. 학생들은 게임 속 다양한 레벨 중에 자신의 수준에 맞는 레벨을 찾는 데 매우 익숙하다.

위의 이야기는 문제행동을 일으키는 학생에게 도전감을 불러일으키는 데에도 그대로 적용될 수 있다. 교사는 바람직한 행동을 도전 과제로 바꾸어 학생의 도전감을 자극하고 자긍심을 고취할 수 있다. 교사가 학생의 도전감을 활용해서 문제행동의 개선을 격려하는 몇 가지 예를 들어보겠다.

"화가 났을 때 주먹을 휘두르지 않으려면 대단한 용기가 필요하단다. 네가 얼마나 용기가 있는지 궁금한데?"

"옆에서 친구가 담배를 피우는데 흡연하지 않는 건 정말 어려운 일이 야. 친구한테 담배 안 피울 거라고 말할 수 있겠어?"

"네가 어제 푼 것보다 두 문제 더 풀 수 있는지 궁금한데?"

"지금 이 문제는 세 가지 방법으로 해결할 수 있어. 그건 바로 가, 나, 다의 방법이야. 여기에 몇 가지 해결책을 더 보탤 수 있겠니?"

"너는 지난 여름에 두 권의 책을 읽었어. 선생님은 네가 이번 여름에 세 권을 읽을 수 있을지 궁금해."

"사람이 자신의 감정을 솔직하게 말한다는 건 대단히 용기있는 행동이 야. 그런 점에서 선생님은 네 행동을 존중해. 그런데 선생님과 둘이서 이야기할 수 있을 때까지 기다렸다가 선생님의 입장을 들어보는 건 더 용감한 행동이란다."

"지금 네 나이의 학생들 중에 선생님의 부탁을 들어줄 학생은 아마 거의 없을 테지만, 너는 선생님의 부탁을 들어줄 수 있을 정도로 성숙하다고 생각해. 선배가 돼서야 할 수 있는 일에 한번 도전해 볼래?"

위의 예문들은 큰 소리로 읽어보며 연습할 가치가 있다. 교사의 목소리 톤, 몸짓, 친밀도와 같은 것들이 학생에게 큰 영향을 끼치기 때문이다. 요지는 학생들이 자신의 문제를 새로운 방식, 즉 도전감을 불러 일으키는 과제로 대하도록 교사가 상황을 조성하는 것이다.

학생들이 도전감을 느끼는 과제는 연령과 자부심이라는 두 가지 요소와 밀접한 관련이 있다. 학생들에게는 자신이 선배들이나 할 수 있는 일을 해낼 수 있을 정도로 성숙하고 용감하다는 것을 증명하고 싶은 심리가 있다. 이 점에서 교사는 학생들에게 일방적으로 바람직한 행동을 강요하기보다는 그 행동을 도전 과제로 바꾸어 제시함으로써 학생들의 도전 정신을 자극하는 것이 바람직하다. 도전 과제를 무사히 수행했다면 그들은 자신이 해냈다는 자부심과 함께 심리적으로 즐거움을 만끽할 것이다. 자부심은 성공에서 비롯되는 대표적인 감정이다.

한편 교사가 학생들에게 특정 과제가 쉽다는 말을 하는 것은 반드시 삼가야 한다. 예를 들어 교사가 이렇게 말한다고 가정해 보자.

"얘들아, 시험 본다고 하니까 기분이 별로라는 거 선생님이 잘 알아. 그런데 말이야, 이번 시험은 그리 어렵지 않아."

교사가 학생들에게 특정 과제가 쉽다고 공언하면 학생들은 과제를 수행해도 별다른 자부심을 느끼지 못한다. 한마디로 얻는 것이 없는 것이다. 한편 쉽다고 말한 과제를 실패하게 되면 학생들은 부끄러움, 좌절감, 수치스러움 같은 부정적인 감정을 느끼게 된다. 특정한 과제에 "쉽다"는 딱지를 붙이면 얻는 것보다 잃는 게 더 많다는 점을 명심하자. 교사가 해야 할 말은 예컨대 이런 것이다.

"열심히 노력하면 네 자신이 자랑스럽게 느껴질 거야. 성공하느냐 실패하느냐 하는 문제는 신경 쓰지 마. 노력한다는 것 자체가 중요한 거니까. 그리고 실패는 성공으로 가는 길의 일부라는 걸 알아둬. 하지만 중간에 멈추면 아무것도 얻을 수 없어!"

교사가 학생들을 이렇게 격려한다면 학생들은 과제를 수행하면서 아무것도 잃는 일 없이 많은 것을 얻을 수 있을 것이다.

다섯 번, 혹은 3주 정도는 지속하자

교사들에게는 자신의 훈육 방법이 바라는 효과를 거두고 있는지 확인하는 것이 무척 중요하다. 주위를 둘러보면 많은 교사들이 너무나 자주, 다른 방법을 찾지 못해서 혹은 그냥 습관적으로 효과가 없는 훈육 방법을 고집한다. 분명히 말하지만, 교사는 한 가지 훈육법을 최소한 다섯 번 혹은 3주 정도 지속하는 것이 바람직하다. 예컨대 교사가 과제를 해오지 않는 학생에게 연속해서 다섯 번이나 0점을 줬는데도 그 학생이 아무런 변화를 보이지 않는다면 0점을 주는 전략은 그 학생이 숙제를 하도록 만드는 데 아무 효과가 없다는 점을 반드시 깨달아야 한다.

롤러코스터의 움직임을 떠올리자. 학생이 올바르게 행동하다가도 문제행동을 일으키면 서둘러 훈육법을 바꾸지 말고 일단 기다려봐야 한다. 학생이 아무런 변화를 보이지 않는 경우에는 기존의 훈육법을 버릴 것이 아니라 일정 부분 수정해야 할 것이다. 학교에 근무하는 상담사 등 훈육에 전문성을 갖춘 사람들과 대화를 해서 훈육의 목표가 합리적으로 정해졌는지 살펴보는 것도 좋다.

불편해질 것을 예상하자

일반적으로 사람들은 익숙한 상황에서 편안함을 느낀다. 우리가 익숙한 방법으로 성공이나 행복을 얻는다면, 우리는 그 결과에 만족할 것이 분명하다. 그러나 익숙한 방법으로 기대하는 결과를 얻지 못할 때, 예를 들면 문제행동을 일으키는 학생의 행동이 개선되지 못할 때 우리는 좌절감을 느낀다. 문제행동 개선이 지지부진한 경우 학생과 교사 모두 새로운 방법을 적용할 의지가 없다면 결국 좌절감이 커져서 교사와 학생의 관계에 금이 가고 말 것이다. 이런 경우에는 고착된 상황에서 벗어나기 위해 누군가가 과감히 나서서 변화를 일으켜야 한다.

어느 경우에나 자기 자신을 바꾸는 것이 가장 간단한 방법이기 때문에 우리는 자신에게서 문제 해결의 실마리를 찾아야 한다. 우리가 새로운 방법을 시도할 때 느끼는 불편함은 고착된 상황에서 벗어나기 위해 새로운 길을 모색하고 보다 나은 결과를 얻기 위한 대가라고 보아야 한다. 이와 더불어 교사는 학생들이 새로운 행동 양식을 익히려면 상당한 정도의 연습과 인내심이 필요하다는 사실을 늘 염두에 둬야 한다.

저자 중 한 명은 대부분의 십대 청소년들이 적절한 사회적 기술을 익히지 못한 채 들어오게 되는 소년원에서 상담사로 활동하던 시절, 청소년들이 "꺼져"라고 욕을 하거나 가운뎃손가락을 들이밀 때마다 겁에 질려 상담을 진행할 수가 없었다. 저자는 '가운뎃손가락'을 들고 거울 보기를 수차례 연습한 뒤에야 '둔감해지는 법'을 익힐 수 있었고, 청소년들이 중지로 욕을 해도 감정에 휩쓸리지 않고 문제에만 집중할 수 있었다. 만약 현재 사용하고 있는 훈육법이 별 효과를 가져다주지 못한다면 자신의 익숙한 영역에서 과감히 벗어나 학생을 대하는 태도, 전략, 혹은 양자 모두를 바꾸는 편이 기대하는 결과를 얻는 데 도움이 될 것이다.

꾸준히 익히고 연습해야 한다는 진리를 명심하자

교사와 마찬가지로 학생들도 평소에 행동하고 말하던 방식을 바꾸라는 요구를 들으면 불편함을 느끼기 마련이다. 또한 성인과 마찬가지로 학생들도 새로운 행동 양식을 익히려면 많은 기회가 필요하다. 종종 교사는 학생들에게 바람직한 행동을 시범 보이고 난 뒤 구체적으로 연습할 기회도 주지 않은 채 이런저런 요구를 한다.

문제행동 개선과 관련한 첫 번째 규칙은 학생에게서 무엇인가를 앗아갈 때마다 교사는 그것을 대체할 수 있는 무언가를 제시해야 한다는 것이다. 복도에서 미친 듯이 질주하는 학생에게는 복도에서 걷는 법을 배우고 연습할 기회를 줘야 한다. 갑작스레 화를 내는 학생에게는 마음을 진정시키고 분노를 순화된 방식으로 표현하는 연습을 시켜야 한다. 그러나 학교 현장을 자세히 살펴보면 학생이 문제를 일으키면 교사가 학생에게 수준에 맞는 대안을 제시하거나 연습할 기회를 보장하지도 않은 채 다짜고짜 특권을 제한하거나 옴짝달싹할 수 없는 상황에 가두어버리는 경우가 너무 많다.

교사는 다툼을 벌이는 학생들을 보면 그만두라는 말을 하기 전에 합리적인 대안을 마련하고 새로운 행동 방식을 학생들에게 연습시켜야 한다. 교사가 학생에게 연습할 기회를 보장하지 않는 것은 훈육의 성공과 관련된 중요한 요소를 제 발로 차버리는 것과 같다. 농구 코치가 선수에게 이렇게 말한다고 상상해 보자.

"지금까지 게임 중에 슛 실수를 너무 많이 했으니까, 슛 성공률이 좋아지기 전까지는 슛을 하지 마."

혹은 음악 감독이 피아니스트에게 이런 말을 한다고 생각해 보자.

"피아노 솜씨가 변변치 않으니까 실력이 늘 때까지는 피아노에 손도 대지 마."

분명 이 말은 모순덩어리이다. 아마 이 말을 들은 농구 선수와 피아니스트는 이구동성으로 대답할 것이다.

"연습을 안 하고 어떻게 잘하라는 말이에요?"

우리가 어떤 일에 능통해지는 단 한 가지 방법은 많이 해보는 것뿐이다. 위의 예에서 우리는 배우고 연습할 기회 없이는 무엇인가를 잘할 수 없다는 단순하지만 중요한 진리를 확인할 수 있다. 어느 누구도 반복 연습 없이는 실력을 기를 수 없다는 원칙을 생각할 때, 우리는 바람직한 행동 양식을 연습할 기회를 주지 않는 일반적인 교실의 훈육 방식에 의심을 가져야 마땅하다.

바라는 대로 말하고 행동하자

한 대안학교의 교장 선생님은 저자에게 다음과 같은 일화를 들려준 적이 있다. 한 학생이 하도 친구들과 싸움을 해서 하는 수 없이 학생의 어머니를 학교로 불렀다. 학생의 어머니는 아무렇지도 않게 자녀에게 뚜벅뚜벅 걸어와 뺨을 힘차게 내리갈기며 이렇게 고함을 질렀다.

"주먹 휘두르라고 누가 가르쳤어?"

교사가 학생에게 바라는 언행을 직접 시범 보일 필요가 있다는 데에는 대부분의 교사가 동의하겠지만, 실제로 실천에 옮기는 경우는 드물다. 아마 교사의 시범은 오직 교사만이 할 수 있는 가장 효과적인 훈육법일 것이다. 좋든 싫든, 학생들은 교사가 난처한 상황에서 어떻게 행동하는지를 꾸준히 관찰한다. 학생들은 교사의 언행을 스펀지처럼 흡수하고, 어린아이처럼 모방하고, 다양한 상황에서 교사처럼 반응한다.

학생들을 가만히 관찰해 보면 그들의 교사처럼 행동하는 학생도 있고, 일부러 교사와는 다르게 행동하는 학생도 있다. 교사 중 어느 누구도 학생들에게 완벽한 모습을 보여줄 수는 없는 것과 마찬가지로 학생 역시 교사 앞에서 완벽할 수 없다. 일반적으로 교사가 학생들에게 언성을 높이면 학생들도 고함을 지를 것이다. 교사가 학생들을 필요 이상으로 간섭한다면 학생들도 똑같이 교사를 귀찮게 할 것이다. 시험지를 채점하고 되돌려주는 데 게으른 교사는 학생들이 수업 시간에 할 일을 제때 마치지 않더라도 놀라지 말아야 한다. 교사가 학생들에게 냉소를 보낸다면, 그 교사는 냉소적인 학생을 길러내는 셈이 된다.

학생들이 "부탁할게", "고마워", "안녕하세요"와 같은 말들을 사용하길 바란다면 교사 역시 매일 학생들에게 그런 말을 해줘야 한다. 마찬가지로 학생들이 수업 시간을 지키길 바란다면, 교사는 수업이 시작되자마자 학습 활동을 전개할 수 있도록 늘 준비해야 한다. 교사는 한번 약속을 하면, 반드시 그 약속을 지켜야 한다.

성인이 학생보다 많은 특권을 가지고 있다는 사실은 분명하다. 성인은 운전, 투표, 음주, 결혼을 할 수 있고, 밤이 늦도록 깨어 있을 수도 있다. 그러나 교사가 성인이라는 이유만으로 학급에서 교사에게는 성인에게 허락된 모든 특권을 규칙으로 보장하고, 학생에게는 제한된 규칙을 정해서는 안 된다. 학생들이 교실에서 과자를 먹거나, 음료를 마시거나, 껌을 씹을 수 없다면, 교사도 학생과 똑같은 규칙을 따라야 한다. 학생이 친구에게 친절하게 대하고 남을 무시하면 안 된다는 규칙을 따라야 한다면, 교사도 동일한 규칙을 지켜야 한다. 만약 교사가 학생이 따라야 하는 규칙 중 어느 하나를 어겼다면, 그 즉시 부득이했던 상황을 설명하거나 그 어떤 변명이나 남을 탓하지 않고 사과를 해야 한다.

이상의 논의에서 교사가 얻을 수 있는 메시지는 무엇인가? 그것은 바로, 도덕적 가치와 관련하여 교사의 실천이 백 마디 말보다 훨씬 강력한 영향을 끼친다는 것이다. 독서를 중시하는 교사라면 학생들에게 책 읽는 모습을 보여야 한다. 교사는 아무리 불편한 기분이 들더라도, 특히 사소한 문제에 대해서라도 학생에게 사실만을 말해야 한다. 학생들에게 가르치려는 도덕적 가치와 교사의 언행이 모순되어서는 안 된다.

교사의 모델링은 훈육과 관련하여 일종의 점검 장치와 같은 역할을 할 수 있다. 교사는 학생들을 훈육할 때 이런 질문을 해보는 것이 바람직하다.

- 나는 내가 행동하듯이 학생들이 행동하기를 기대하는가?
- 나는 내가 평소에 자주 쓰는 말과 말하는 방식을 학생이 그대로 사용하기를 바라는가?
- 나는 학생에게 지도한 것과 모순되는 행동을 하는가?

학생들이 문제행동을 일으키면 교사는 우선 자신이 평소에 학생들을 어떻게 대했는지부터 생각해 봐야 한다. 여러분은 누군가에게서 피해를 입은 학생이 여러분의 언행을 그대로 따라 하기를 바라는가? 여러분이 평소에 학생들에게 "당장 그만두지 못해!" 등의 고함을 치는 편이라면, 여러분은 학생들이 자신의 친구에게 여러분처럼 말하기를 바라는가?

자기반성은 학생을 훈육할 때 큰 도움이 되는 기술이다. 만약 학생들이 난처한 상황에 처한 교사가 잠시 숨을 고르고 앞뒤 사정을 따져 보는 모습을 자주 접한다면, 학생들은 장차 다른 사람과 어울리다 문제가 생겼을 때 교사가 한 것처럼 상황을 해결하려고 할 것이다.

학생들은 어른이 되고 싶어 한다. 학생들은 자신에게 큰 영향을 끼치는 주변 어른들을 관찰하고 모방하며 어른으로 성장한다. 교사가 평소에 꾸준히 올바른 시범을 보이면 학생들은 상당한 교육적 영향을 받아 특정한 문제에 부딪혔을 때 자신의 앞에 놓인 수많은 선택지 중에서 도덕적으로 올바른 것을 선택할 것이다.

세상은 너무나 빠르고 복잡하게 변해서 우리는 어느 길을 선택하는 것이 가장 현명한 선택인지 확신할 수 없는 상황이다. 그러나 감사한 것은 교사의 시범은 기술, 경제, 정치의 영향을 받지 않는, 학생이 믿고 선택할 수 있는 올바른 길이라는 점이다. 교사의 올바른 모범은 세상이 어떻게 변하든 간에 언제나 학생에게 효과를 발휘한다.

Discipline with Dignity

Part 5
문제행동을 어떻게 예방할 것인가?

일년 내내 학생들을 잘 훈육한 결과, 학생들이 수업 시간에 맞춰 자리에 앉아 과제를 해결하고, 친구들과 사이좋게 어울려 지내고, 갖은 충동을 스스로 제어하고, 의견이 다른 경우에 예의를 지키면서 반대 의견을 표현하도록 하는 데 성공하는 교사는 아마 별로 없을 것이다.

이 책에는 교사가 학교에서 일어나기 마련인 수업 방해나 문제행동들을 해결하는 데에 도움이 되는 다양한 방안이 소개되어 있다. 그러나 이보다 중요한 것은 역시, 문제가 일어난 다음에 해결하려고 하기보다 문제가 발생하지 않도록 사전에 일련의 조치를 취하는 예방에 초점을 두고 학교 환경을 조성하는 것이다.

1. 충족되지 않은 기본 욕구

문제행동 예방은 기본적인 욕구가 충족되지 않은 학생들 그리고 사회적 기술이 심각하게 부족한 학생들이 학교에 오면 부득이하게 부적절한 행동을 하게 된다는 점을 이해하는 데서부터 시작된다. 문제행동을 일으키는 주요한 원인으로서 충족되지 않은 욕구들에는 다음과 같은 것들이 있다.

- 정체성
- 관심
- 유대감
- 효능감
- 주도권
- 재미

문제행동을 예방하려면 교사는 이러한 학생들의 충족되지 않은 욕구들을 해소하여 그 결과로 문제행동의 근원에 다다를 수 있도록 다양한 전략과 중재 방안을 준비해야 한다. 기본적인 욕구와 관련된 문제들을 해결하고 예방하는 가장 좋은 방법은 학생들이 바라는 욕구가 정당한지 따져보는 것이 아니라 욕구를 충족시킬 방법을 찾아내는 것이다. 훈육과 관련하여 교사의 목적은 항상 문제가 일어나지 않도록 예방하는 것 혹은 이미 일어난 문제가 더 이상 악화되지 않도록 하는 것이다.

정체성

정체성은 자신이 생각하는 자기 자신의 모습과 자기 자신에 대한 감정을 아울러 가리키는 개념이다. 우리 모두는 자신에 대한 이미지를 가지고 있다. 학령기 학생들의 경우, 자아 이미지는 무척 변하기 쉽고 실제로 자주 변한다. 교사가 따로 시간을 내어 학생들이 자기 자신에 대해 어떤 감정을 느끼고 있으며 이 감정을 어떻게 표현하는지 알아본다면 많은 문제행동을 사전에 예방할 수 있다. 예를 들어 한 학생이 '앞으로 넘어져도 코가 깨지는 날'을 보내고 있다면, 교사는 지금까지 자신도 만사가 꼬이는 날들을 무수히 보냈다는 말을 해주면서 그 학생에게 이 늪과 같은 상황에서 빠져나올 수 있는 해결 방안을 알려달라고 부탁할 수 있다. 이 경우, 학생은 교사에게 도움을 주는 과정에서 자기 자신에 대한 이미지를 개선할 수 있을 것이다.

이처럼 학생들이 자신이 어떤 사람인지 받아들이고 자신에게 도움이 되는 방식으로 행동하거나 자신의 행동을 개선할 필요를 깨달으면 학생들은 스스로 자신의 욕구를 충족시키려고 노력할 것이다. 학생들이 현재의 문제에 집착한 나머지 진정한 자신의 모습을 보지 못하는 우를 범하지 않도록 교사는 다양한 말을 해줄 수 있다. 예를 들면 다음과 같은 것들이다.

"여드름은 평생 가지 않아."
"놀림을 받는 사람이 나중에 대중에게 웃음을 선사하는 사람이 될 수도 있어."
"몸무게 때문에 고민하는 사람이 교실에 너 혼자뿐인 것은 아니야."

교사는 학생들이 어려움을 겪고 있을 때 자신을 바라보는 사고방식을 바꿔줌으로써 건전한 자아관을 갖도록 하는 데 도움을 줄 수 있다. 일테면 친구가 없는 학생에게 친구를 사귈 수 있도록 도움을 줄 수도 있지만, 어느 시점에서는 혼자일 때가 좋은 이유를 세 가지 정도 생각해 보라고 격려할 수도 있다.

관심

관심은 우리 자신이 중요한 존재라는 느낌이 들 수 있도록 다른 사람에게서 인정을 받고 싶어하는 욕구이다. 정신과 의사이자 작가였던 롤로 메이Rollo May(1969)는 다른 사람들에게 무시당하는 것보다 나쁜 평가를 받는 편이 언제나 낫다고 주장했다.

학급에 유난히 관심을 받고 싶어 하는 학생이 있다면 교사는 그 학생의 이름을 더 자주 불러주고, 토론을 할 때 다른 학생의 의견에 대한 자신의 생각을 밝힐 기회를 주고, 교실 문을 열고 들어오자마자 반갑게 인사를 해주고, 궤간순시할 때 웃어주는 등 학생에게 진정한 관심을 보여주는 것이 바람직하다.

유대감

유대감은 우리가 중요하다고 생각하는 그룹에 소속되어 있다는 감정을 느끼려는 욕구를 말한다. 때로 문제행동을 일으키는 학생들은 비슷한 문제를 겪고 있는 학생들이 속해 있는 그룹에 큰 유대감을 느끼는 경우가 있다. 교사는 특정 학생이 문제행동을 일으켰을 때 그 학생을 교실에서 배제시키지 않는 방향으로 지도함으로써 그 학생이 더 큰 문제행동을 일으키는 집단에 유대감을 느끼지 않도록 해야 한다. 대신 문제행동을 일으키는 학생들이 스포츠, 연극, 음악 동아리와 같은 생산적인 집단에 유대감을 느끼도록 지도하는 것이 바람직하다.

성인과의 유대감이 필요한 학생이 있다면 교사가 그 학생과 개인적인 관계를 맺는 것도 좋은 방법이다. 교사는 학생과 친구가 되지 않고서도 얼마든지 개인적인 관심사를 공유하면서 학생을 보호할 수 있고 평소 학생의 학교생활을 파악하기 위한 정보를 얻을 수도 있다.

효능감

효능감은 우리가 무엇인가를 해낼 수 있는 능력과 기술을 가지고 있다는 느낌을 가리킨다. 우리가 성취를 성공의 가장 중요한 판단 기준으로 삼는다면, 아마 많은 학생들이 효능감을 기를 수 없을 것이다. 이 책에서 성공의 주요한 요인으로 노력을 계속해서 강조하는 것은 이러한 이유에서이다.

주도권

주도권은 중요한 결정을 내리고, 여러 안 중에서 선택을 하고, 주변 환경을 통제하길 바라는 욕구이다. 성인과 마찬가지로 학생들도 무기력함을 느끼면 참지 못하고 몸부림을 친다. 학생들이 "선생님이 뭔데 그래요?", "선생님 말대로 안 될걸요."와 같은 말을 할 때, 학생들은 자신이 충분한 주도권을 가지고 있지 않은 상황에 대해 불만을 표현하는 것이다.

자신이 주도권을 가지고 있지 않다고 느끼는 학생들은 자주 친구들 앞에서 대장 노릇을 하려고 하고 권력을 쟁취하려고 힘겨루기를 벌이는 경향이 있다. 주도권이 있다는 말은 일정한 범위 안에서 여러 선택지 중 어느 하나를 선택할 수 있는 힘이 있다는 뜻이다. 따라서 교사가 학생들에게 선택권을 많이 주면 줄수록 학생들은 문제행동을 덜 일으키기 마련이다.

학생들에게 학업 면에서나 학교생활 면에서나 가능한 많은 선택권을 보장하자. 교사는 수업 시간에 학생이 일어나 있으면 당장 앉으라고만 할 것이 아니라 이렇게 선택권을 주는 것이 바람직하다.

"지금 당장 앉든지 아니면 수업에 방해되지 않도록 교실 뒤에서 잠시 시간을 보내든지, 둘 중에 하나를 선택하렴. 어느 편이 더 현명한 선택 같아?"

재미

재미는 모든 사람들이 가지고 있는 엄연한 욕구이다. 학교가 재미있어질수록 교사를 힘들게 하는 어려운 문제들이 줄어든다.

많은 교사들은 공부가 어떻게 매번 재미있을 수 있느냐고 입을 모은다. 말인즉, 학생들은 공부가 재미없을지라도 참고 해야 한다는 것이다. 하지만 저자는 이 생각에 동의하지 않는다. 교사들의 말대로 공부가 매번 즐거울 수만은 없다. 그러나 교사가 수업 내용에 집중할 때만큼의 노력을 수업 방법에 기울인다면 모든 수업이 학생들이 바라는 재미있는 시간이 될 것이다. 교사가 학생들에게 사칙연산이나 복잡한 대수학을 가르친다고 할 때 칠판에 '3+4=7'과 같은 수식을 쓰면서 수업을 운영할 수도 있지만, 몇몇 학생을 일으켜 세운 뒤 한 학생에게 친구들을 움직여 칠판에 적힌 수식을 표현해 보라고 도전적인 과제를 제시할 수도 있다. 두 수업 방법은 동일한 수학 공식을 다루고 있지만, 오직한 가지 수업 방법만이 학생들에게 재미를 선사한다.

●
●

교사가 학생의 문제행동을 사전에 예방하려는 태도는 자존감 훈육법이 지속적으로 효과를 발휘하는 데에도 매우 큰 도움이 된다. 일반적으로 학생이 올바른 행동을 하는 경우는 아래와 같다.

- 교사나 다른 사람 그리고 교육과정에 유대감을 느낄 때
- 과제에 합당한 노력을 기울이면 성공을 거둘 수 있다고 느낄 때
- 자신의 의견이 사람들에게 받아들여져 자신이 존중받고 있다고 느낄 때, 선생님이 개인적으로 관심을 가진다고 느낄 때
- 책임이 주어졌을 때, 특히 친구를 돕는 일에 자신이 책임감을 느낄 때
- 매일 학교에서 웃고 즐길 시간을 기다릴 때
- 수업 내용이 자신이 평소에 중요하다고 생각하는 것과 관련이 있다고 생각할 때

2. 예방을 위한 지침

●
●

〈표1〉은 훈육의 문제를 예방하는 데 도움이 되는 교사의 자기 점검표이다. 이 자기 점검표를 통해 교사는 현재 자신이 잘하고 있는 것이 무엇이며, 앞으로 어떤 방면에 더 노력을 기울여야 하는지 알 수 있다. 자기 점검표에 제시된 모든 문장들을 종합하면 교사가 문제행동을 예방하기 위해 실천해야 할 여섯 가지 지침으로 요약된다. 아래 표를 살펴보자.

표1. 문제행동 예방을 위한 자기 점검표

스스로 답해 봅시다. 아래의 항목 중 잘하고 있는 것은 무엇인가요?
문제행동을 예방하기 위해 앞으로 더 노력해야 할 항목은 무엇인가요?
(잘하고 있는 항목에는 ○표시, 더 잘해야 하는 항목에는 ×표시)

체크	점검 항목
( )	나는 학생의 자존감을 존중하는 방식으로 문제행동을 해결한다.
( )	나는 학생들이 자기 주도적으로 학습 과제를 해결하도록 격려한다.
( )	나는 미운 짓만 골라서 하는 학생들을 좋아할 방법을 어떻게든 찾아낸다.
( )	나는 학생들이 학급 운영 방식과 관련된 규칙 등을 직접 결정하도록 허락한다.
( )	나는 학생들이 공개적으로 나에게 반대 의사를 표현하도록 여건을 조성한다.
( )	나는 늘 학생들을 반갑게 맞이한다.

( )	나는 교실에서 많이 웃는다.
( )	나는 문제행동을 일으키는 학생들과 개인적인 시간을 보내며 학생의 관심사를 주제로 대화를 나눈다.
( )	나는 학생들이 학업 성취도를 올릴 수 있도록 과제를 다시 해결하고, 재시험을 치르고, 스스로 자신의 과제를 수정하도록 기회를 보장한다.
( )	나는 학생과 갈등을 겪으면, 갈등이 일어난 것에 나 자신이 어느 정도 기여했다는 점을 인정한다.
( )	나는 문제행동을 일으키는 학생의 부모님에게 도움을 청하려고 전화를 걸기 전에 적어도 두 번 정도는 자녀의 긍정적인 면을 칭찬하기 위해 통화를 한다.
( )	나는 교실에 의견함을 두고 학생들이 교실을 보다 나은 곳으로 만들 수 있는 의견을 건의하도록 여건을 조성한다.
( )	나는 학생들 각각에 대해 교사로서 좋아하는 면을 말해 주고, 학생들에게도 친구나 교사에 대해 좋아하는 점을 말할 기회를 준다.
( )	나는 수업 내용에 대해 학생들이 자신의 생각을 표현할 기회를 보장한다.
( )	나는 학생들과 함께 학급의 가치, 규칙, 행동의 결과를 정한다.

• 자신이 더 노력해야 하는 항목을 하나만 선택하고, 원하는 바를 이루기 위한 세 가지 구체적인 단계들을 적어보세요.

1.

2.

3.

학생과의 관계를 최우선순위로 정하자

교사가 학생의 일거수일투족, 즉 주변 환경, 학생이 몸담고 있는 문화 그리고 가정환경에 대해 자세히 알면 알수록 학생은 교사에게 유대감을 느끼게 된다. 일전에 한 학교의 중급 과정을 담당하고 있는 다섯 명의 교사들이 학급에서 문제를 일으키는 학생을 보조해 달라며 저자에게 도움을 요청한 적이 있다. 저자는 수업 시간에 교실에 직접 들어가 수많은 문제행동, 예를 들어 키건이 수업 시간에 어슬렁거리며 교실을 돌아다닌다거나, 칼톤이 책상에 엎드려 있다거나, 샤리샤와 루이자가 연필 때문에 다툼을 벌이거나, 매니가 이상한 소리를 내는 것과 같은 행동들을 관찰했다. 저자는 각각의 교사들을 만나 염려되는 점과 해결 방안에 대해 이야기를 나눴다. 여기서 놀라운 점은, 그 교사들은 학생들의 문제행동에 대해서는 장황한 설명을 할 수 있을 정도로 잘 알고 있었지만 정작 그 학생들이 학교 밖에서 무엇에 관심이 있는지, 취미는 무엇인지, 좋아하는 활동이 무엇인지에 대해서는 단 한 마디도 하지 못했다는 점이다.

이제 교사가 문제행동을 예방하기 위해 학생들과 무엇을 해야 하는지는 명확해졌다. 예컨대, 교사는 학생들에게 개인적인 관심사를 물어봐야 한다. 학생들이 대답하지 않는다면, 교사가 자신의 예상을 말해주면 된다. 교사의 대답을 들은 학생들은 교사의 그릇된 예상을 기꺼이 수정해 줄 것이다. 여기서 나온 학생의 대답은 교사가 학생과 친밀한 관계를 맺는 데 소중한 밑거름이 될 것이다.

물론 위의 사례를 일반화하여 교육계 전반의 교사와 학생의 관계를 단정 짓는 오류를 범해서는 안 된다. 저자가 보기에 적어도 위 교사들은 학생들 때문에 잠시 좌절하기는 했지만 평소에 학생들을 무척 사랑하는 교육자였다. 그러나 교사가 학생을 사랑하는 마음과 교사가 실제로 학생과 맺고 있는 관계의 친밀도는 엄연히 다른 문제이다. 학급에서 가장 말썽을 많이 부리는 학생과 어떤 관계를 맺고 있느냐는 저자의 물음에 다섯 명의 교사 모두 좋은 개인적 관계를 맺고 있다고 대답했다. 저자는 교사의 속을 썩이는 학생들에게도 같은 질문을 했다. 놀랍게도, 다섯 명 중 네 명의 학생들이 교사가 자신에게 관심을 기울이지 않는다고 대답했다.

2014년에 피어슨 재단Pearson Foundation이 6~12학년 학생들을 대상으로 실시한 설문 결과를 보면, 교사가 자신을 사랑으로 지도하고 있으며 어려움을 겪을 때 교사의 문제 해결 방식에 편안함을 느낀다고 답한 학생들은 절반에도 미치지 못했다. 학교생활에 문제를 겪는 학생들만을 대상으로 설문 조사를 했다면 긍정적인 응답을 한 학생의 비율이 더욱 낮아질 것이다. 그러나 저자가 교사들을 대상으로 비형식적인 조사를 했을 때 거의 모든 교사들은 자신의 학생을 사랑으로 지도한다고 응답했다.

이러한 입장의 차이는 왜 생겨나는 것이며, 우리는 어떻게 이 간격을 좁힐 수 있을까? 이 문제에 대한 실마리를 찾기 위해 저자는 〈표2〉 학생 정보 목록표를 활용할 것을 추천한다.

표2. 학생 정보 목록표

왼쪽에는 선생님이 제일 좋아하는 학생의 이름을 적고
오른쪽에는 가장 마음이 가지 않는 학생의 이름을 적어봅시다.
두 학생을 떠올리며 아래의 질문에 정성껏 답해 봅시다.

	내가 좋아하는 학생	좋아하지 않는 학생
학교에서 제일 좋아하는 활동		
취미		
좋아하는 텔레비전 프로그램		
좋아하는 아이돌 그룹 또는 게임		
친한 친구		
학생이 생각하는 학급의 좋은 점		
학생이 생각하는 학급의 안 좋은 점		
단기 목표		

장기 목표		
특기		

Question

1. 나는 어느 학생에 대해 더 많은 내용을 알고 있는가?

2. 나는 평소에 어느 학생과 더 즐거운 시간을 보냈는가?

3. 내가 좋아하지 않는 학생과 보다 친밀한 관계를 맺으려면 어떤 구체적인 단계를 밟아야 할까?
   - 나는 _____
   - 나는 _____
   - 나는 _____

4. 내가 좋아하지 않는 학생의 장점을 알아내려면 나는 어떤 행동을 덜 해야 할까?
   - 나는 _____
   - 나는 _____
   - 나는 _____

• 일주일 동안 위의 여섯 가지 "약속"을 얼마나 잘 지켰는지 점검해 봅시다. 그리고 어떤 변화가 일어났는지 살펴봅시다.

기대했던 변화

긍정적인 변화 _____

_____

부정적인 변화 _____

_____

기대하지 않았던 변화

긍정적인 변화 _____

_____

부정적인 변화 _____

_____

출처 Discipline with Dignity, 3rd Edition: New Challenges, New Solutions(pp. 56-57), by R. L. Cuirwin, A. N. Mendler, & B. D. Mendler, 2008, Alexandria, VA: ASCD. Copyright 2008 by ASCD.

학생들이 교사를 어떻게 생각하는지 알아내기 위해서는 "두 가지 질문" 방법을 활용하는 것이 좋다. 우선 학생들에게 작은 종이를 한 장씩 나눠준다. 한쪽 면에는 "선생님이 좋은 점 두 가지"를 적게 한다. 다른 면에는 "선생님의 아쉬운 점 두 가지"를 적게 한다. 본격적으로 활동을 시작하기 전에, 지금 이 활동을 하는 것은 선생님이 보다 좋은 선생님이 되는 데 큰 도움이 되기 때문이고, 이 점에서 여러분이 적는 대답은 무척 중요하다는 말을 해주는 것이 바람직하다.

한 아이가 올바르게 성장하는 과정에서 인간적인 유대 관계가 차지하는 중요성은 아무리 강조해도 부족하지 않다. 특히 정신적으로 상처가 많은 학생들은 무엇이든 빨리 배우는 총명한 두뇌를 가졌거나 학교생활을 든든하게 뒷바라지하는 성인의 지원이 없는 한, 주변 사람들과 끈끈한 유대 관계를 맺지 못한다면 절대로 학교생활을 잘 해낼 수 없을 것이다. 교사는 퇴근 후에는 호감이 가는 사람들과 어울려 지내고 호감을 느끼지 못하는 사람과의 만남은 최소화하거나 피하며 생활할 수 있다. 그러나 적어도 "근무 시간"에는 자신이 호감을 느끼지 못하는 학생과 적극적으로 관계를 맺어야 하며, 그 학생과의 관계에서 빚어지는 좌절감, 실망, 분노와 같은 부정적인 감정을 어떻게 해서든 흥분, 희망, 두근거림과 같은 긍정적인 감정으로 바꿔야 한다. 이것이 가능하려면 자신의 감정을 잘 다스려야 한다. 그렇지 못하면 결국 교사는 문제행동을 일으키는 학생과 친밀한 관계를 맺는 데 실패하고 문제행동을 예방하지 못할 것이다.

교사가 "매사에 반대하며 반항하는" 학생을 정신적으로 강인한 "집요한 지도자" 정도로 생각한다면 반항하는 학생을 종전과는 다른 방식으로 대할 수 있을 것이다. 예를 들어 다음과 같이 해보자.

"조이, 선생님이 억지로 네게 이것저것 시킬 수 없다는 걸 잘 알고 있어. 넌 강인한 마음을 가지고 있으니까 말이야. 그래도 나는 네 선생님이니까 수업 시간에 몇 문제 정도는 풀어보라고 제안할 수 있어. 지금처럼 네가 수업 시간에 아무것도 안 하고 있으면 선생님이 지금 널 잘 가르치고 있는지 알 수가 없거든. 네가 한번 생각해 보렴."

이 말을 남기고 뒤도 돌아보지 말고 자리를 떠나자. 교사는 학생이 순응의 표시를 보일 때까지 서서 기다리는 행동만큼은 하지 말아야 한다.

교사가 학생을 보살피려는 마음으로 훈육에 임하면, 다루기 힘든 학생도 순순히 교사의 지도를 따르기 마련이다. 다음 질문들은 교사가 학생을 얼마나 잘 알고 있는지를 확인하는 데 도움이 된다.

- 학생은 무엇을 무서워하는가?
- 학생은 무엇을 자랑스러워하는가?
- 학생은 무엇에 대해 말하기를 꺼리는가?
- 학생은 요즘 무엇에 관심을 가지고 있는가?
- 학생의 꿈은 무엇인가?
- 학생은 요즘 무엇에 실망하고 있는가?
- 마음을 터놓고 학생들에게 교사 자신을 소개했는가?

위의 질문에 적절한 대답을 하지 못한다면, 학생들은 여러분을 힘을 행사하는 사람, 맞서 싸워야 할 수많은 어른들 중 한 명으로 생각할 가능성이 높다.

많은 폭력 집단의 조직원들과 소년원에 수감된 청소년들은 충성을 최고의 가치로 여긴다. 진정한 친구를 배신할 바에야 차라리 죽음을 택하는 것이 낫다고 생각하는 부류도 있다. 문제행동을 일으키는 학생들이 교사에게 충성을 다해야겠다고 다짐하면 학생들은 순식간에 교사에게서 유대감을 느낄 것이다. 학생이 교사에 대해 느끼는 충성심은 교사가 사실을 말하기 힘든 상황에서 진실을 말할 때, 학생들이 터무니없는 주장을 할 때 예의를 지키며 반대 의견을 제시할 때, 그리고 학생이 자기 자신을 포기한 상황에서 교사가 끝까지 학생을 포기하지 않을 때 마음속에서 자라난다. 특히 학생들은 어려운 일을 겪는 과정에서 교사가 묵묵히 자신의 곁을 지켜줄 때 교사에게 충성심을 느낀다.

예전에 한 고등학교 교사가 말해 주기를, 자신은 아침마다 4H의 방법으로 지도가 힘든 학생들을 맞이한다고 했다. 4H는 "안녕Hello", "기분은 어때How are you?"라는 인사와 악수Handshake, 하이파이브High Five를 말한다. 그 고등학교 교사는 4H를 실천한 이후 학생들이 보여준 긍정적인 변화에 깜짝 놀랐다고 한다. 그리고 학생들이 수업 시간에 말썽을 부릴 때마다 4H를 실천하리라 다짐했다고 한다.

교사가 명심해야 할 것들은 무척 간단하다. 학생과 친밀한 관계를 유지하자. 많이 웃자. 학생이 말할 때는 고개를 끄덕이며 경청하자. 칭찬을 자주 하자(예를 들어 "셔츠 새로 샀구나. 그 색이 너랑 진짜 잘 어울리는데.", "귀걸이 새로 산 거니?", "그거 어디서 샀어?" 등). 학생이 어려운 일을 겪을 때 진심으로 공감하자. 학교 이야기가 아니더라도 하고 싶은 말이 있으면 언제든 선생님과 대화할 수 있다는 것을 학생들에게 인식시키자. 학생들에게 희망("단 한 사람과 오랜 시간을 보낼 수 있다면, 누구와 시간을 보내고 싶니?")과 꿈("선생님은 어렸을 때 뮤지션이 되고 싶었어, 너는 어때?")을 심어주자. 학생들에게 지금까지 살아오면서 겪었던 성공과 실패의 경험담을 들려주자.

교사가 학생과 친밀한 관계를 맺는 일은 마치 은행 계좌에 조금씩 입금을 하는 것과 유사하다. 처음에는 소액을 입금하는 것이 별것 아닌 것처럼 보일지 몰라도 시간이 지나면 티끌 모아 태산이라는 말처럼 돈이 불어날 것이다. 돈이 궁할 때 여유 자금이 있다는 것처럼 안심이 되는 일도 없다. 마찬가지로, 교사가 학생과 꾸준히 친밀한 관계를 맺으려 노력한다면 언젠가는 끈끈한 사제지간이 되어 이를 바탕으로 학생의 문제행동을 예방하고 개선할 수 있을 것이다.

교사의 단점까지도 모두 알리고 표현하자

마음의 벽을 허물고 학생들에게 인간적인 모습을 낱낱이 드러내는 교사들은 학생들을 훈육할 때나 수업 시간에 동기를 유발할 때나 문제를 겪을 가능성이 무척 낮다. 자신을 드러내는 교사들은 자신의 솔직한 모습을 편안하게 받아들이고 실수를 했을 때에도 기꺼이 인정한다. 그 교사들은 자신의 불완전함을 인정하는 데 두려움을 느끼지 않고 자신의 미숙한 점을 깨끗하게 인정하며, 모든 학생과 개인적 관계를 무척 잘 맺는다. 다음 대화를 살펴보자.

"딜런, 어제는 선생님이 큰 실수를 했어. 네게 사과할게. 어제 선생님이 흥분을 참지 못하고 친구들이 보는 앞에서 너를 꾸짖었잖아. 선생님이 하지 말아야 할 행동을 한 거야. 앞으로는 흥분하지 않도록 노력할게. 지금 네 기분이 어떤지 알아. 선생님과 계속 좋은 관계를 맺을 수 있도록 너도 할 일이 있을까?"

교사가 이처럼 자신의 단점을 인정하는 모습을 보인다면, 언행이 거친 학생들도 모든 일에 반드시 완벽할 필요가 없다는 점을 깨닫고 학교생활을 영위하는 데 큰 도움을 받을 것이다.

교사는 따로 시간을 내서 학생들에게 교사 자신이 학교 밖에서 추구하는 관심사가 무엇이고, 어떤 일에 열정을 쏟고 있는지, 무엇을 좋아하는지 등을 생생한 예를 들어 들려주는 것이 바람직하다. 고등학교 교사인 제이슨은 교실 여기저기에 학생들의 사진뿐 아니라 교사의 가족 사진, 친구 사진도 붙여놓는다고 하는데, 이 때문인지 제이슨은 평소에 학생들을 지도하는 데 별다른 어려움을 겪지 않는다고 한다. 또한 그는 스타워즈의 광팬으로서 포스터, 캐릭터 피규어, 기념품들을 교실 곳곳에 놓아둔다. 그리고 한 학기에 최소한 세 번 정도는 개인적 경험담을 교육과정에 녹여서 수업을 한다.

학교생활에 적응하지 못하는 학생들은 교사도 감정이 있고 걱정되고 불안한 일이 생기면 힘들어한다는 것을 알아야 한다. 교사도 여느 사람과 마찬가지로 화가 나고, 그 화를 표출하고, 이런저런 일에 가슴 아파한다는 사실을 알 필요가 있다는 것이다. 따라서 교사는 학생이 문제행동을 하면 직접적으로 자신의 감정을 드러내서 교사의 감정이 어떤지 알려줘야 한다. 이때 "그렇게 말해 주니 선생님이 정말 기쁘다.", "그렇게 말하면 선생님이 너무 가슴 아파." 등의 "나 전달법"은 학생의 행동 때문에 교사가 어떤 감정을 느끼는지를 알려주는 데 도움이 된다. 학생들에게 교사의 감정(물론 여기에도 일정한 정도가 있을 것이다)을 직접적으로 표현하는 대화를 조금 더 살펴보자.

"적극적으로 발표하려는 자세가 정말 보기 좋긴 한데, 손을 들고 차례를 기다리면 어떨까."

"수업 시간에 선생님을 쩨려보거나, 문을 쾅 닫고 나가거나, 아무것도 하지 않기보다는 지금 기분이 어떤지 선생님에게 자세히 말해 주면 좋을 것 같아. 수업 마치고 선생님이랑 이야기 좀 할까?"

"지금 선생님은 무척 화가 났어. 너도 마찬가지고. 방금 선생님이 네게서 떨어졌던 건, 예전에 선생님이 화가 나면 그 자리를 떠나라고 말했었기 때문이야. 이거 참, 선생님이 직접 해보니 쉽지가 않네."

"네가 예의 없게 행동해서 선생님은 지금 무척 화가 났어. 지금 당장 폭발해 버릴 것 같지만 꾹 참고 있어. 왜냐하면 네가 버릇없이 행동한 것을 무척 후회하고 있다고 생각하기 때문이야. 수업이 끝나면 네가 자초지종을 자세히 말해 주면 좋겠어. 그리고 선생님은 네가 남은 수업 시간 동안 떳떳하게 행동하길 바라."

저자가 이 책에서 기술하고 있는 학생들이 단 하루 만에 그런 예의 없는 모습을 갖추게 된 것은 아니다. 마찬가지로 교사는 학생들이 단 하루 만에 개선되기를 바랄 수 없다. 교사는 학생과 190여 일 동안 마라톤을 한다고 생각하는 것이 바람직하다. 경우에 따라서는 학생들이 교사가 자신에게 준 영향을 깨닫는 데에 몇 년이 걸릴 수도 있을 것이다.

모든 학생들이 매일 성공을 거두도록 지도하자

학생들은 학교에 등교할 때 적절히 노력하면 성공이 내적 보상으로 주어진다는 희망을 가지고 있어야 한다. 학생들은 계속해서 실패하거나 아무리 노력해도 좀처럼 성과를 거두지 못할 때 자신의 무능함을 감추기 위한 방어 기제로 일부러 문제를 일으키거나 만사를 포기하기 마련이다. 이러한 부정적인 태도를 개선하기 위해 교사가 할 수 있는 일은 무척 많다.

- 학생들이 시험, 퀴즈, 과제 등을 다시 해결하고, 재시험을 치르고, 수정해서 보다 나은 학업 성취도를 거둘 수 있도록 기회를 보장하자.

- 공개적으로 교사가 질문하고 학생이 답변하는 수업을 할 때 학업 능력이 부진한 학생에게 문제에 대한 답이나 힌트를 줘서 그 학생이 정답을 맞혀 친구들에게 인정을 받을 수 있도록 하자.

- 학생들에게 직접 시험 문제를 출제하도록 격려하고, 적어도 전체 문항의 25%는 학생들이 출제한 문제를 사용하자.

- 모든 시험 혹은 과제에 적어도 하나의 "와일드카드" 문제를 포함시키자. 즉, 시험을 치를 때 학생들에게 풀고 싶지 않은 문제를 하나 선택할 수 있는 권리를 보장하자. 대신 학생들이 풀 수 있는 문제를 직접 내서 해결하게 하자. 이런 시험 방식을 통해 학생들은 시험에 주인 정신을 느끼고 부분적으로나마 성공을 거둘 수 있을 것이다.

- 숙제를 반드시 해야 할 것이 아니라 일종의 혜택으로 만드는 방법을 고려하자. 일상적인 숙제를 없애면, 숙제를 하지 않고도 우수한 학업 성취도를 거둘 수 있는 학생들이 의무적으로 숙제를 하지 않아도 된다. 실제로 연구 결과에 따르면 숙제는 학업 성취도를 향상시키는 데에 별다른 효과가 없고, 효과가 있다고 하더라도 그 정도가 매우 미미한 것으로 드러났다(Maltese, Tai, & Fan, 2012).

- 학생들이 숙제를 해오면 포인트를 지급해서 부진한 성적을 높일 수 있도록 하자.

- 학생들에게 매일 자신이 새롭게 알게 된 점과 자신의 개선점을 일기로 적게 하자. 그리고 다음의 세 가지만 지키면 성공할 수 있다는 점을 학생들에게 알려주자.

- 제시간에 제자리에 앉기
  - 미리 준비하고, 계획하고, 연습하는 과정을 꾸준히 실천하기
  - 오늘에 집중하기(학생들에게 어제는 지나갔고 내일은 아직 오지 않았다는 것을 강조하기)

• 부정적인 생각은 말끔히 지워버리자. 학생들이 "못 해", "난 안 돼", "너무 어려워"와 같은 부정적인 말을 하려고 하면 말 앞에 "아직", "지금까지는"이라는 말을 꼭 붙이도록 지도하자.

• 매일 조금씩 발전하는 것이 제일 중요하다는 점을 학생들에게 강조하자. 말하자면 교사는 학생들이 다른 사람이나 모든 사람들과 비교해서 뛰어날 필요는 없지만 과거의 자신과 비교했을 때 나아진 점이 있어야 한다는 점을 학생들에게 알려줘야 한다. 학생들에게 과제를 제시할 때는 학생의 수준에 맞는 과제를 부여하자. 어제 학생들이 두 문장을 완성했다면, 오늘은 세 문장을 제시하자. 성적을 산출할 때는 다른 학생과 비교해서 상대평가를 하지 말고, 개별 학생들의 발전 정도에 초점을 맞추자.

• 성공에 이르는 길을 가다 보면 자주 실패와 마주치게 된다는 점을 학생들에게 알려주자. 여기서 중요한 것은, 학생들이 실패를 경험할 때마다 교사가 옆에서 격려를 해주는 것이다. 예를 들어 교사는 이렇게 말할 수 있다.

"상심이 크겠구나. 너는 읽기를 어려워하잖아. 특정한 기술을 유난
히 어려워하는 학생들이 있기 마련이야. 자신이 그런 경우에 해당
되면 실망감이 크지. 선생님도 예전에 포기하고 싶은 마음이 자주
들었단다. 선생님은 생물과 지리를 정말 어려워했거든. 그래도 너
는 다른 일에 소질이 많잖아. 선생님은 네가 훌륭한 독서 능력을
갖추게 될 거라 믿어. 절대로 선생님 말을 흘려듣지 마. 선생님도
너를 포기하지 않을게."

- 실수를 배움의 기회로 정의하자. 아래와 같은 말들은 학생을 격
  려하는 데 큰 도움이 된다.

"네가 왜 실수를 했는지 이해했다니 다행이다. 이번 경험이 나중에
  문제를 해결할 때 큰 도움이 될 거야."
"정말 수고했어."
"다른 세 개는 부족한 점이 많은데, 제일 먼저 한 거는 정말 잘했네."
"이번 과제는 정말 어려웠어. 과제 하느라 정말 수고했어."
"이 어려운 일을 해내다니 정말 용기가 대단하구나."
"과제를 다 끝마치지는 못했지만, 정말 열심히 노력했다는 거 잘
  알아."
"잘 하고 있어. 계속 힘내자!"
"선생님은 네가 정말 자랑스러워."

- 학생의 노력에 아낌없는 격려를 보내자. 학생들은 오직 노력을 통해 자부심과 희망을 키울 수 있다. 속임수를 써서 성공을 거둔 경우에는 "성공이 성공을 낳는다"라는 말을 해서는 안 된다. 시험 문제가 너무 쉽거나 누군가로부터 너무 많은 도움을 받아 성공한 경우에도 마찬가지이다. 물론 별 힘을 들이지 않고도 해결할 수 있는 문제는 쉽게 포기하는 학생들에게 성공의 기쁨을 일깨워주는 용도로 필요할 것이다. 그러나 학생의 마음속에서 "성공할 수 있다는 믿음"이 자라나려면 교사는 점점 더 어려운 문제를 제시해야 하고, 이에 따라 학생도 문제를 해결하기 위해 점점 더 많은 노력을 기울여야 한다.

교실을 동기가 솟아나는 장소로 만들자

교과 내용은 그 자체로 중요하지만, 교사가 학생이 무엇에 흥미를 느끼고 있으며, 무엇을 더 배우고 싶은지를 아는 것은 학생의 학습 동기가 최고조로 살아나는 수업을 계획하는 최선의 방법이다. 이러한 정보를 빨리 얻을 수 있는 방법은 학생들이 직접 〈표3〉 '학생의 마음을 알려주는 목록표'를 작성하도록 지도하는 것이다.

학생들은 종종 이렇게 묻는다.

"이거 배우면 언제 써먹을 수 있어요?"

교과 내용과 자신의 삶을 관련 짓지 못할 때 학생들은 지루함을 느끼고 학습에 흥미를 잃는다. 자신이 열심히 공부하면 성공할 수 있다고 생각하거나 부모님이 높은 성적을 요구하는 학생들은 어쨌든 학교를

표3. 학생의 마음을 알려주는 목록표

• 이 교과를 공부할 때 나는

_____ (을/를) 좋아한다.

_____ (을/를) 싫어한다.

_____ (을/를) 배우고 싶다.

_____ (을/를) 할 때 공부가 잘 된다.

_____ (을/를) 해보고 싶다.

_____ (을/를) 하지 않았으면 좋겠다.

• 학교 밖에서 나는

_____ (을/를) 하는 것을 좋아한다.

_____ (을/를) 잘한다.

_____ (을/를) 하는 데 시간을 많이 보낸다.

_____ (텔레비전 프로그램의 이름)(은/는) 놓치지 않고 꼭 본다.

_____ (을/를) 할 때 행복하다.

_____ (을/를) 해보고 싶다.

중요하게 생각하고 수업이 지겨워도 참고 공부할 것이다. 한편 학교에서의 일상이 미래의 성공과 어떤 관계가 있는지를 파악하지 못하는 학생들에게는 교과 내용을 먼 미래의 목표와 관련 짓기보다는 현재의 삶과 연관 짓는 편이 현명하다. 요즘처럼 모든 것이 빨리 변하는 세상에서는 미래라는 것이 멀리 보이는 안개처럼 종잡을 수가 없어서 동기유발 요인으로 작용하기 어렵다. 요즘 학생들은 인터넷 창을 불러오는 데 일 초 이상 걸리면 견디지 못하지 않던가! 오늘날 존재하는 직업 중 상당수가 미래에는 사라져버릴 것이라는 점도 학생들이 학교 공부와 자신의 미래를 관련 짓는 데 어려움을 더하는 요인이다.

학생의 학습 동기를 불러일으키는 수업을 계획할 때는 수업이 시작되고 나서 첫 5분이 가장 중요하다는 것을 명심해야 한다. 교사는 매 수업을 시작할 때마다 학생들의 마음을 사로잡는 것, 즉 흥미진진한 이야기, 실존적인 질문(상담자가 내담자의 행동의 변화를 이끌어내는 질문을 말한다. 본문에서는 학생의 수업 참여를 유도하는 질문이라는 뜻으로 쓰었다. - 역자 주), 농담, 실험, 신기한 사진 등을 제시하는 것이 바람직하다. 이 기법은 연예 프로에서 시청자의 흥미를 유지하기 위해 흔히 사용되기도 한다.

수업을 학생의 생활과 관련 짓는 것이 어렵다면 최소한 단 몇 초간만이라도 학생이 근래에 관심을 기울이는 것과의 연관성을 강조하라. 학생들은 음악, 운동, 게임, 돈과 같은 것에 늘 관심을 갖는다. 따라서 교사는 다방면에 얕은 지식을 가질 필요가 있다. 예를 들어 "마라, 선생님이 어제 5분 동안 계속해서 스눕독Snoop Dogg 음악을 들었거든. 그런데 도대체 무슨 말을 하는 건지 도통 모르겠단 말이야. 네가 나 같은 아저씨들이 스눕독 음악을 이해하도록 도와줄 수 있겠니?"와 같이 할 수 있다.

교사는 학생들이 자신의 끝없는 가능성을 믿도록 지도하는 것이 중요하다. 〈USA Today〉에 소개되었던 아리조나 주의 메사 지역에서 고등학교 수학 교사로 재직 중인 제프 루이스의 놀라운 경험담(Fisher, 2007)은 교사에게 많은 점을 시사한다. 그는 28년 동안 수학을 가르치다가 패혈증에 걸려 생명이 위태로운 지경에 이르렀다. 결국 제프는 사지를 절단하고 의수와 의족을 착용하게 되었다. 기사에 따르면 제프는 사지를 절단한 상황에서도 4.2마일 달리기 코스를 완주하고, 자주 볼링을 치러 다니며, 종종 학생들에게 의수와 의족이 어떻게 생겼는지 보여주려고 일부러 반팔과 반바지 차림으로 출근한다고 한다. 기사에는 학생의 인터뷰 내용이 다음과 같이 소개되어 있었다.

"그 선생님은 유쾌해요. 정말 유쾌한 사람이에요. 선생님들 중에는 늘 뚱한 표정을 짓는 선생님도 있는데, 루이스 선생님은 그렇지 않아요. 다른 사람들은 몰라도 루이스 선생님은 절대로 역경에 무너지지 않을 거예요 … 루이스 선생님은 기하학을 정말 재미있게 가르쳐요. 루이스 선생님은 늘 우리의 상상을 뛰어넘는 행동을 하기 때문에 수업 시간에 무슨 일이 일어날지는 아무도 몰라요."

루이스는 제자와 주변 지인들에게 이런 조언을 한다고 한다.

"아무것도 하지 않는 방관자가 되어서는 절대로 안 돼. 인생은 자신의 뜻과 상관없이 일어난 사건이 1할을 이루고, 그 사건에 대한 자신의 반응이 9할을 이루거든."

책임감과 배려심을 가르치자

자존감 훈육법은 학생의 비판적 사고력과 의사 결정 능력의 신장을 목표로 하며, 이러한 능력은 책임감, 배려심과 더불어 신장된다. 학생들에게 책임감을 길러주려는 교사는 다음과 같은 격언을 따라야 한다.

"진정한 힘을 얻고자 한다면, 그 힘의 일부를 다른 사람에게 건네줘야 한다."

학생들은 스스로 선택하고 실수하면서 배우는 경험을 겪지 않는 한 책임감을 배울 수 없다. 학생의 책임감을 신장시키는 최선의 방법은 가능한 많은 의사 결정 상황에 학생을 참여시키는 것이다. 다음은 학생들에게 책임감을 가르치는 방안들이다.

학생에게 친구들을 돕는 역할을 주자.

교실에 "내가 잘하는 것" 보드를 만들자. 학생들에게 자신이 잘한다고 생각하는 일을 한두 가지 정도 보드에 적도록 하자. 어린 학생들의 경우에는 자신이 잘하는 일을 그림으로 표현하는 것도 좋다. 질문, 걱정거리, 문제를 가지고 있는 학생들은 "내가 잘하는 것" 보드를 살펴본 후 선생님에게 도움을 청하기 전에 친구에게 먼저 도움을 요청할 수 있을 것이다.

과제나 특정 행동을 수행할 때 선택권을 부여하자.

앞에서 논의한 대로, 교사는 학생의 과제, 시험, 퀴즈, 이 밖의 교내 활동과 관련하여 학생들에게 선택권을 부여할 때 기대 이상의 성과를 거둘 수 있다. 예를 들어, 교사는 시험 문제를 열 개 낸 뒤에 학생들에게 자신의 이해 정도를 가장 잘 보여주는 문제를 다섯 개 고르라고 선택권을 부여할 수 있다.

시험과 관련하여 학생들에게 선택권을 부여하면 세 가지 이점이 생긴다. 첫째, 교사가 채점해야 할 문제의 수가 줄어든다. 둘째, 일부 학생들은 가장 쉬운 문제를 찾다가 결국 열 문제를 모두 풀 것이다. 셋째, 학생들이 자신이 풀 수 있는 다섯 개의 문제를 찾으려면 어쨌든 열 개의 문제를 모두 꼼꼼하게 살펴봐야 한다.

학생이 학급의 일을 책임지게 하자.

학급에서 "학생 대사student ambassador" 프로그램을 운영해 보자. 학생 대사들의 역할은 전입생이 오면 환영을 하고, 함께 학교를 구석구석 돌아다니며 소개를 하고, 학교와 학급의 각종 절차와 규칙을 알려주는 것이다. 종종 지도하기 힘든 학생들이 대사의 역할을 훌륭하게 소화하기도 한다. 학생 대사들은 완벽한 학교생활을 하지는 못하더라도 모든 면에서 타의 모범이 되어야 한다. 고등학교에서는 2, 3학년 학생들이 신입생을 대상으로 학생 대사와 비슷한 역할을 할 수도 있다. 학생 대사 이외에도 학생이 책임지고 할 수 있는 일들은 다음과 같다.

- 소음 감시하기(교사가 신호를 주면 감시단이 교실 주변의 학생들에게 조용히 하라고 일러주는 역할을 한다)
- 교실에 들어온 손님 환영하기

- 친구들이 준비물을 깜빡 잊었을 때 빌려주기
- 심부름하기
- 간단한 쪽지 시험이나 퀴즈 내기
- 학교폭력 감시하기

학생들이 의견을 낼 수 있도록 하자.

비교적 편안한 시간에 학생들이 의견을 개진할 수 있는 기회를 제공하자.

"금요일 11시부터 11시 45분까지 협동학습을 할 계획입니다. 그 시간에 원하는 학생은 누구나 5분 동안 선생님과 개인적으로 대화를 나누며 불평을 해도 좋고, 제안을 해도 좋고, 선생님에게 반대 의견을 제시해도 좋습니다."

학생들이 교사에게 이런저런 의문이나 제안을 제기할 때는 경청하면서 메모를 하자. 학생의 제안이 합리적인 경우에는 학급 학생들에게 대화의 결과를 알려주고 계획을 세워 학급 운영 방식을 바꿔보자.

"많은 학생들이 선생님이 시험지와 과제를 빨리 채점하지 않고 피드백도 늦다고 말해 줬어요. 여러분의 말이 맞아요. 매번 약속을 지킬 수는 없겠지만, 앞으로는 여러분이 과제를 내면 3일 이내에 채점을 해서 나눠줄게요."

Discipline with Dignity

Part 6
공식적인 훈육 방법

학교는 아이가 여덟 살 때 들어갔다가 열아홉 살이 되어서 나오는 실험실과 같다. 이 성숙의 과정에는 두 가지 중요한 의미가 있다. 첫째, 이 과정을 통해 학생들은 직업을 가지거나, 대학 또는 대학원에 진학하거나, 교양을 갖춘 민주 시민이 되는 데 필요한 능력, 지식, 소양을 갖추게 된다. 둘째, 이 과정에서 학생들은 친구들과 상호작용하는 법, 갈등을 해결하는 법, 현명한 결정을 내리는 법 등을 배우게 된다.

이 두 가지 목표 중에 어느 것이 더 중요한가를 두고 많은 사람들이 갑론을박을 벌여왔다. 저자는 두 가지 목표가 우열을 가릴 수 없을 정도로 중요하며, 사실상 밀접하게 관련되어 있다고 생각한다. 학교 교육이 잘 이루어진다면 학생들은 교과 학습을 통해 사회화 과정을 거칠 수 있고, 마찬가지로 사회적 기술을 배우면서 동시에 교과 내용을 습득할 수 있다.

많은 교사들은 훈육을 문제행동을 교정하는 것으로 협소하게 정의한다. 그러나 저자는 훈육이 사회화 과정의 핵심에 해당한다고 생각한다. 학생들이 학교에서 배우는 모든 사회적 기술은 직간접적으로 훈육과 관련되어 있기 때문이다. 교사가 학생들을 위협하고 벌하고 보상을 하는 대신 진정한 훈육을 한다면 학생들은 성숙한 어른이 되는 데 필요한 사회적 기술을 배울 수 있을 것이다.

학생들은 두 가지 경로로 사회적 기술을 습득할 수 있다. 그것은 바로 공식적인 훈육과 비공식적인 훈육이다. 이상적인 학교에서는 이 두 가지 훈육 방법이 서로 긴밀하게 연관되어 있고, 그 결과로 학생들은 동일한 사회적 기술을 전혀 다른 두 가지 방법을 통해 익히게 된다. 이에 반해 훈육의 효과를 거두지 못하는 학교에서는 두 가지 훈육 방법이 대립하고 충돌하는 경우가 많다.

1. 공식적인 훈육법의 구성 요소

공식적인 훈육 방법은 세 가지 요소로 구성되어 있다. 가치, 규칙(혹은 기대치), 행동의 결과가 그것이다. 일반적으로 공식적인 훈육 방법은 그 구체적인 내용이 학교에 의해 문서화되는데, 안내서, 행동 규범 책자, 학부모를 위한 편람의 형태 혹은 다른 형식적인 매체를 통해 학교 구성원들에게 공유된다.

가치는 주로 학교의 비전, 미션, 법규에 그 내용이 담겨 있다. 가치는 왜 교사가 학생들에게 특정한 행동을 바라는가라는 질문에 대답할 때 대답의 근거로 쓰인다. 그리고 가치는 명료한 규칙, 행동의 결과로 구체화되어야 한다. 일부 교사들은 기대치라는 말이 내포하는 긍정적인 의미 때문에 규칙이라는 용어보다 기대치라는 말을 더 선호한다. 이러한 교사들은 기대치가 학생들이 무엇을 해야 하는지를 드러내는 반면, 규칙은 무엇을 하지 말아야 하는지를 다룬다고 생각한다. 저자는 이 두 용어 모두 어느 한쪽이나 양쪽 모두의 의미로 사용될 수 있다고 생각하기 때문에 문맥에 따라 적절히 선택해서 사용할 것이다.

규칙은 학교에서 학생이 어떤 행동은 하면 되고 어떤 행동은 하면 안 되는지를 규정한다. 최소한 학교 규칙은 학교가 추구하는 가치에 정면으로 위배되는 행동들을 제재하는 기능을 해야 한다. 폭력, 음주, 기물 파손과 같은 행동들이 여기에 해당한다. 또한 규칙은 학생들이 복도나 식당에서 그리고 쉬는 시간에 어떻게 행동해야 하는지를 다룬다. 학급 규칙은 학급의 가치에 반하는 주요한 행동들을 다루며, 교실에서 효과적인 교수 학습이 이루어지기 위해서 반드시 필요하다. 수업에 방해가 될 수 있는 행동들에 대해서도 그러하듯이, 학생의 안전을 위협할 수 있는 모든 행동들은 공식적인 규칙에 의해 제지되어야 한다.

학생들은 모든 학교 규칙을 준수해야 한다. 그렇지 않으면 학교의 가치가 아무런 제재 없이 훼손되고 말 것이다. 학교의 가치를 망가뜨리는 행동과 관련하여 교사는 위협, 벌, 보상을 매우 제한적인 방식으로 사용해야 한다.

행동의 결과는 학생들의 두려움과 절망감에 의존하는 벌과는 다르게 학생들에게 보다 현명한 결정을 내리는 방법을 가르치기 위한 목적으로 사용되어야 한다.

학교에서 일어나는 모든 행동에 상응하는 규칙을 정하기는 사실상 불가능하다. 만약 교직원들이 교내에서 일어나는 모든 행동들을 규칙과 행동의 결과로 다루려고 한다면 결국 수많은 규칙과 행동의 결과 목록들이 어지럽게 뒤섞여 훈육다운 훈육을 할 수 없을 것이다. 모범적인 학생들은 수많은 규칙들을 접하고 마치 감옥에 갇힌 듯한 느낌을 받을 것이고, 비행을 저지르는 학생들은 규칙의 틈새를 파고들어 이전에는 생각하지 못했던 새로운 문제행동을 저지르려고 할 것이다. 규칙이 지나치게 많으면 교사가 학생들에게 행동의 결과를 예측하게 하면서 훈육하기가 어려워진다.

학생들과 사회적 계약 맺기

훈육 문제로 어려움을 겪고 있는 학교들을 살펴보면 학생들이 규칙을 제대로 지키지 않는다. 교사가 학생들에게 문제행동을 하면 어떤 일이 일어날지를 예상해 보게 하지만, 문제행동의 근본 원인을 해결하지 않음으로써 학생들이 더 많은 문제를 일으키는 모습을 볼 수 있다.

이에 대한 해결책으로 저자는 가치, 규칙, 그리고 행동의 결과가 조화롭게 기능을 발휘하는 훈육 방법을 소개하고자 한다. 그것은 바로 '사회적 계약'이다. 사회적 계약을 간략하게 설명하자면 교사와 학생이 가치, 규칙, 행동의 결과에 대해 맺은 합의를 말한다.

사회적 계약을 맺는 효과적인 방법은 다음과 같다.

• 학급의 가치를 명확히 정하기

- 효과적인 학급 운영을 위해 필요한 규칙이 무엇인지 알아보기
- 규칙과 가치를 긴밀하게 관련 짓기
- 학생들에게 의견을 물어 학생들이 학교생활을 성공적으로 영위하기 위해 교사에게 바라는 점, 친구들에게 바라는 점이 무엇인지 알아내고 규칙에 반영하기
- 명확하고 구체적으로 규칙 정하기
- 규칙과 밀접하게 관련된 행동의 결과 생각하기
- 행동의 결과를 사용하는 목적이 학생들이 절망감을 느끼는 대신 훈육의 목표를 달성해서 행동이 개선되도록 지도하는 데 있는 것임을 명심하기
- 규칙을 위반했을 때 학생이 책임져야 할 행동의 결과를 최소한 세 가지 선택 사항으로 정리하기
- 만약 학생이나 학부모가 문제행동을 개선하기 위해 교사가 제시한 방안 대신 특정한 방법을 사용하고 싶다고 주장하면, 그 의견을 받아들일지 진지하게 고려하되 그 방법을 적용해도 문제행동이 개선되지 않으면 학생이 자신의 행동을 어떻게 책임져야 할지 물어보기
- 학생들이 규칙과 행동의 결과를 따름으로써 보다 현명한 결정을 내리는 법을 배우고 있는지 확인하기
- 정기적으로 사회적 계약을 살펴보고 갱신하기(한 달에 한 번 정도가 바람직한데, 필요한 경우에는 더 자주 할 수도 있다)

가치와 규칙의 관계

사람들이 비행기에 탑승하면 승무원들은 "우리는 승객 여러분의 안전을 최우선으로 생각합니다. 중요한 안내 사항을 알려드리오니 잠시 귀 기울여주시기 바랍니다."라는 말을 가장 먼저 한다. 안전은 가치이지 규칙이 아니다. 안전은 규칙이라고 하기에는 너무 모호하기 때문이다. 기내에서 안전과 관련하여 승객이 꼭 지켜야 하는 세 가지 규칙은 "안전벨트 착용하기, 전자 기기 끄기, 테이블과 등받이를 원래대로 놓기"이다. 이러한 규칙은 승객들에게 구체적으로 무엇을 할지를 알려준다.

특정한 규칙을 왜 따라야 하는지를 이해할 때 우리는 비로소 자기 주도적으로 규칙을 준수할 수 있다. 이때 우리의 행동에 근거를 제공하는 것이 바로 가치이다. 모든 학교에서 반드시 추구해야 할 중요한 가치들을 살펴보자.

- 학교에서, 버스 안에서 그리고 온라인 세상에서 모든 사람은 안전함을 느낄 권리가 있다.
- 모든 학생들은 다른 사람을 방해하거나 다른 사람에게서 방해받지 않고 학습할 권리가 있다.
- 모든 학생들은 학습을 해야 한다.

다음은 학교의 가치에 포함시켜도 좋을 내용들이다.

- 다른 사람을 돕자.

- 학교의 소중함을 알고 자기 자신과 다른 사람을 존중하자.
- 책임감 있게 행동하자.
- 다른 사람을 배려하자.
- 다른 사람의 자존감을 존중하자.
- 자신이 이룬 것에 자긍심을 느끼자.
- 다르다는 것을 업신여기지 말고 존중하자.

〈표4〉는 중요한 가치와 이에 상응하는 규칙의 사례를 보여준다.

표4. 코너 선생님 학급의 가치와 규칙

가치 교실에서 나는 행복할 권리, 친절하게 대우받을 권리, 자존감을 존중받을 권리가 있다.
규칙 따라서 어느 누구도 나를 비웃거나, 무시하거나, 나의 감정을 해칠 수 없다.
——
가치 교실에서 나는 내 모습 그대로 생활할 권리가 있다.
규칙 따라서 어느 누구도 내가 뚱뚱하거나 말랐다는 이유로, 잽싸거나 느리다는 이유로, 남자나 여자라는 이유로 나를 부당하게 대우할 수 없다.
——
가치 교실에서 나는 안전함을 느낄 권리가 있다.
규칙 따라서 어느 누구도 나를 때리거나, 차거나, 밀거나, 꼬집을 수 없다.
——
가치 교실에서 나는 내 생각을 표현할 권리가 있다.
규칙 따라서 나는 적절한 시간에 방해받거나 억압받는 일 없이 자유롭게 발언할 권리가 있다.

2. 효과적인 규칙을 정하는 방법

●
●

앞서 설명한 대로, 규칙은 가치에 근거하여 사람들에게 구체적인 행동이나 행위 지침을 안내하는 역할을 한다. 쉽게 말해, 학생과 교사는 규칙을 통해 허용되는 행동과 허용되지 않는 행동을 알게 된다. 또한 학생과 교사는 규칙을 통해 자신이 구체적으로 어떤 행동을 해야 하는지를 알게 된다. 훌륭한 규칙에는 세 가지 특징이 있다.

첫째, 기억하기 쉽다.

지나치게 길고 복잡한 규칙의 예를 들어보겠다.

"교실은 작은데 학생 수는 많다 보니 책상을 다닥다닥 붙여 놓을 수밖에 없어. 따라서 너희들은 수업 종이 울리면 선생님께 서 있어도 좋다는 허락을 받지 않은 한 자리에 앉아야 해."

이 규칙을 알맞게 수정하면 다음과 같이 된다.

"안전이 제일 중요하니까 수업 종이 치면 바로 자리에 앉아주세요."

이 첫 번째 규칙에는 해당 규칙이 필요한 근거가 제시되어 있으므로 학생들이 규칙의 필요성을 물어본다면 교사는 쉽게 규칙의 근거를 설명할 수 있을 것이다.

둘째, 간결해서 누구나 지킬 수 있다.

훌륭한 규칙에는 누군가 이의를 제기할 논쟁거리나 회색 영역이 존재하지 않는다. 다음은 지나치게 구체적이거나 모호한 규칙과 이를 간결하게 바꾼 규칙의 예다.

너무 모호한 경우 학생들은 다른 학생의 학습을 방해해서는 안 됩니다. (이 문장은 훌륭한 가치를 표현하고 있지만, 규칙이 될 수는 없다.)
너무 구체적인 경우 다른 학생의 눈을 손가락으로 찌르면 안 됩니다.
올바른 예 다른 사람에게 폭력을 휘두르면 안 됩니다. 손과 발을 함부로 쓰지 마세요.

너무 모호한 경우 다른 사람의 학습을 방해하면 안 됩니다.
너무 구체적인 경우 다른 사람이 이야기할 때 끼어들면 안 됩니다.
올바른 예 발표하고 싶으면 먼저 손을 드세요.

셋째, 금지하는 행동보다 장려하는 행동에 초점이 맞추어져 있다.

예를 들어 "늦지 마세요."라는 규칙보다 "제시간에 오세요."라는 규칙이 좋은 규칙이다.

시야를 넓히면, 규칙은 학교가 학부모, 지역 사회와 의사소통하는 중요한 도구로 기능한다는 것을 알 수 있다. 예외적인 경우지만 학교가 소송을 당했을 때, 학교가 변호사와 법리를 다투는 과정에서 명료하고 합리적인 규칙은 학교와 관리자들을 보호하는 방패 역할을 한다. 따라서 학급, 학교의 규칙과 행동의 결과는 학부모와도 공유되어야 한다.

규칙의 종류

일반적으로 규칙은 영역에 따라 다섯 가지 종류로 나누어진다.

1 학습에 관한 규칙 : 과제, 수업 참여, 커닝 그리고 수업 방해와 같
   이 학업과 관련된 규칙이다.

2 사회적 규칙 : 대화 방법, 감정 표현 방법, 순서 지키기, 협동하기,
   예의 바르게 반대 의견 표현하기와 같이 다른 사람을 대하는 방
   법과 관련된 규칙이다.

3 절차적 규칙 : 제시간에 오기, 줄 서기, 필요한 경우에 부모님께
   확인 사인 받아오기, 규칙에 맞게 옷 입기(학교에서 정하는 경우),
   교실을 드나드는 방법, 학급 토의에 참여하는 방법, 과제를 제출
   하는 방법, 친구가 준비물을 잊은 경우 해야 할 행동, 전자 기기를
   사용하는 방법과 같은 문제들을 다룬다.

4 문화적 규칙 : 종교, 인종, 성적 지향성, 장애와 관련하여 소수 집
   단을 대하는 방법을 다룬다.

5 안전 규칙 : 학교를 안전하고 평화로운 곳으로 만들기 위해 교내
   에 위험한 물건을 반입하거나, 폭력 조직을 상징하는 특정 색상
   의 의상을 착용하고 액세서리를 하고 문신을 하거나, 학교폭력을

일삼거나, 복도에서 뛰거나 하는 등의 위험한 행동 등을 다룬다.

물론 이러한 분류가 절대적인 것은 아니다. 다만 이 분류는 학교에서 규칙을 정할 때 가이드라인으로 활용할 수 있다. 특히 학교에서 지도가 어려운 문제들을 어떤 규칙으로 다루어야 할지를 생각할 때 위의 분류를 통해 보다 구체적인 사고를 할 수 있을 것이다.

학교 규칙을 정하는 방법

학교 규칙은 복도, 급식실, 도서관과 같은 공공장소에서 중요한 기능을 한다. 지금부터 학교 규칙을 정하는 구체적인 절차를 소개해 보겠다.

1 규칙과 가치의 차이점을 분명히 한다.

2 관리자가 결정한 혹은 학교 구성원 전체 회의를 통해 결정된 학교의 가치를 게시한다. 때에 따라서는 학교의 가치가 정해지지 않은 경우가 있는데, 이 경우에는 학습, 사회, 절차, 문화, 안전과 같이 영역별로 학교의 가치를 정하는 것도 바람직하다. 학교의 미션에 대해 토론을 하는 것도 학교의 가치를 정하는 데 도움이 된다.

3 교사와 관리자가 머리를 맞대고 각각의 가치와 관련된 구체적인 규칙을 정하고 토의한다. 이때 학생이 제안한 규칙 중에 합리적

인 것이 있다면, 의제에 포함시켜 적절성을 검토한다.

4 각각의 규칙에 대해 투표를 실시해서 75% 이상의 교직원이 찬성한 규칙은 학교 규칙으로 선택한다.

5 최종적으로 학교 규칙을 결정한다.

위의 각 단계를 수행하는 데는 얼마간의 힘과 시간이 소요되고 때로는 뜨거운 논쟁이 일어날 수도 있다. 따라서 각 단계를 세분화하고 교직원을 몇 그룹으로 나누어 위의 과정을 진행한다면 힘과 시간을 많이 절약할 수 있을 것이다.

학생과 함께 규칙 정하기

자존감 훈육법에는 학교에서 학생들이 따라야 할 규칙을 정할 때 학생들이 적극적으로 의견을 개진해야 한다는 독특한 특징이 있다. 규칙을 정하는 과정에서 학생들이 자신의 의견을 낸 경우에는 그 규칙을 따를 가능성이 높기 때문이다. 물론 학생들이 모든 규칙 제정에 관여할 필요도 없고, 학교의 규칙, 절차, 기능에 역행하는 규칙을 정해서도 안 될 것이다. 그러나 학생들의 의견을 하나도 빼놓지 않고 경청하는 것은 최종적으로 학생의 의견을 채택하든 그렇지 않든 간에 학생들의 욕구(특히 주도권)를 충족시키는 데 매우 도움이 된다.

실제로 확인한 바에 따르면, 교사와 학생을 따로 떼어놓고 필요하다고 생각되는 규칙을 정하라고 했을 때 놀랍게도 90%가 넘는 내용이 서로 일치했다. 학생들은 주인 정신을 가질 때 비로소 동기를 부여받고 존중받고 있다고 느낀다. 학생들에게 어떤 교실에서 생활해야 안전하다고 느끼고 학습이 잘 될지 물어보자. 학생들의 의견을 나열한 뒤 그중 어떤 것이 교사의 의견과 일치하는지 살펴보자. 교사는 자신의 학급 학생이나 다른 학급 학생들이 제안한 규칙을 바탕으로 구체적인 학교 규칙을 만들어낼 수 있을 것이다. 또한 필요한 경우 교사는 학생들의 의견을 바탕으로 결정된 규칙이 학생들이 일삼는 "방해 행동"과 얼마나 큰 차이가 있는지도 알려줄 수 있을 것이다.

학생의 개인적 안전에 관한 규칙은 학생의 의견을 바탕으로 정하는 것이 매우 중요하다. 실제로 학교가 모든 구성원에게 안전한 장소가 되려면 교사는 학생들의 힘을 빌리는 수밖에 없다. 구체적인 예를 들자면, 교사는 학생들에게 "위험한 장면을 목격하면, 반드시 신고하라."고 강조해서 가르쳐야 한다. 사이버 폭력처럼 주변에 어른이 없을 때 일어나는 위험한 일을 가장 먼저 목격하고, 가장 먼저 대처해야 하는 사람이 학생이기 때문이다. 교사는 학생들이 보복에 대한 공포심을 느끼지 않는 상태에서 자신이 목격한 위험한 사건을 신고할 수 있도록 안전하고 확실한 방법을 마련해야 한다. 학생들이 직접 교사에게 신고하기를 꺼리는 경우를 대비해 교내 긴급 신고 전화, 신고함, 학교 계정의 소셜 미디어와 같은 대안도 마련해야 한다. "어른에게 반드시 신고해야 할" 위험한 행동에는 아래와 같은 것들이 있다.

- 약물을 팔거나 훔치는 것과 같은 불법 행동
- 남에게 피해를 줄 수 있는 사진, 트윗, 글 등을 인터넷에 게시하는 행동
- 무기가 될 수 있는 위험한 물건을 교내에 반입하거나 가저오라고 명령하는 행동
- 학교 안팎에서 사람이나 기물을 파손하려고 계획하는 행동

학생 개인의 안전과 관련된 규칙을 정하는 과정에 학생들을 참여시키는 방법은 다양하다. 몇 가지 예는 다음과 같다.

- 모든 학급에서 학급회의를 열어 학생의 안전을 지킬 수 있는 방안을 마련하게 한다. 이때 과거에 문제행동을 일삼았던 학생들은 꼭 회의에 참여시켜야 한다. 비행을 저질렀던 학생이 자신이나 친구의 안전에 책임감을 가지게 되면 학생들의 안전을 지킬 수 있는 좋은 아이디어를 내기 때문이다.
- 학생의 안전을 주제로 한 포스터를 제작해서 교내에 게시한다.
- "목격하면 신고하라"는 행동 방침을 주제로 캠페인을 하도록 격려한다.
- 학생들이 직접 소셜 미디어 이용 에티켓을 주제로 수업을 하고 학부모에게도 적극적으로 알려서 동참하게 한다.

학교의 규칙을 마련하는 과정의 마지막 단계로 학생들에게 교사가 지켜야 하는 규칙을 정하게 하는 것이 바람직하다. 이 과정은 학생들

을 모둠 단위로 구성했을 때 활발하게 이루어진다. 학생의 의견을 존중하는 의미에서 최소한 한두 개 정도의 규칙을 받아들이자. 물론 도저히 받아들일 수 없는 규칙이나 결과는 수용하지 말자. 교사가 지켜야 할 규칙을 예로 들면 아래와 같다.

- 학생들이 제출한 과제는 3일 이내에 되돌려준다.
- 학생들이 "부탁인데"와 "고마워"라고 말해야 하는 것과 마찬가지로, 교사도 이 말을 사용해야 한다.
- 교사는 제시간에 교실에 도착해서 수업 종이 치면 바로 수업을 시작할 준비를 해야 한다.
- 학생들이 수업 시간에 음식을 먹을 수 없는 것(껌을 씹거나 음료수를 마실 수 없는 것)과 마찬가지로 교사도 먹을 수 없다.
- 학생들이 교실에 도착하면 반갑게 인사해야 한다.

학교의 가치와 규칙이 마련되면 학부모들에게 자세히 그 내용을 알려주는 것이 바람직하다. 학부모에게 규칙을 자세히 소개하면 학생들이 규칙을 존중하고 따르도록 지도하는 데 도움이 되기 때문이다. 그리고 학급 SNS나 학교 홈페이지를 통해 규칙을 정하는 데에 학생들이 적극적으로 참여했다는 사실을 알리자. 학부모가 중요하다고 생각하는 규칙이 빠지지 않았는지를 확인하기 위해 학부모의 의견을 물어보는 것도 중요하다. 학부모 총회를 통해 학교의 가치와 규칙을 공유하고 자세히 안내하면서 학부모의 의견을 묻는 것도 좋은 방법이다.

3. 행동의 결과 선택하기

●

●

행동의 결과와 벌의 차이점 파악하기

행동의 결과Consequence에 대한 전통적인 개념은 "우리가 우리 자신에게 하는 일"이다. 쉽게 말해, 행동의 결과는 우리가 내린 선택의 결과이다. 만약 우리가 공항에 늦게 도착한다면 우리는 비행기에 탑승하지 못할 것이다. 우리가 스마트폰을 충전하지 않는다면 배터리가 다 닳을 것이다. 교사가 학생들에게 매번 소리를 지른다면 학생들은 귀를 닫고 말 것이다.

일반적으로 학생의 문제행동을 개선하는 가장 효과적인 행동의 결과는 규칙과 직접적으로 연관이 있다. 예를 들어, 학생이 자리를 어지른다면 학생은 자기 자리를 깨끗이 청소해야 한다.

행동의 결과는 우리가 올바른 훈육이라는 목적지로 가기 위해 이용하는 차량에 비유될 수 있다. 일부 교사들은 학생 때문에 분노에 휩싸인 경우 학생이 보다 나은 행동을 선택할 수 있도록 지도하는 것이 훈육의 목적이라는 사실을 망각한 채 학생에게 자신이 느낀 것과 같은 절망감을 안기려고 든다. 물론 이것은 올바른 훈육이 아니다. 행동의 결과를 통해 올바른 훈육을 하기 위해서는 행동의 결과에 반드시 학생의 적극적인 행동이 포함되어야 하며, 필요하다면 언제든지 다른 행동의 결과로 대체될 수 있어야 한다. 그러나 올바른 행동이라는 훈육의 목적만큼은 절대로 바뀌어서는 안 된다. 예를 들어 어떤 학생이 화를 다스리지 못해 폭력을 휘두른다면 분노가 치밀어도 주먹을 휘두르지 않도록 지도하는 것이 훈육의 목적이다. 이 경우 그 목적지로 이동하기 위해 사용되는 차량(즉 행동의 결과)은 집에 전화를 하는 것, 수업을 마친 뒤 5분 동안 상담하는 것, 학교에서 한 시간 동안 특별한 활동을 하는 것, 교사와 학생이 미리 정한 활동 등이 될 수 있다.

행동의 결과는 학생이 특정한 선택을 내린 결과로 주어지는 것이기 때문에 반드시 학생이 스스로 실천에 옮길 수 있는 것이어야 한다. 간단히 말해 행동의 결과는 학생이 하는 행동이다. 모든 행동의 결과는 학생이 특정한 행동을 실천함으로써 자신의 문제행동을 개선하는 것을 골자로 한다.

행동의 결과는 학생에게 수치심을 줘서는 안 된다. 어떤 경우에도 교사는 행동의 결과와 벌을 혼동해서는 안 된다. 행동의 결과와 다르게 벌은 학생에게 일방적으로 행해지는 것이며, 학생이 스스로 자신의 행동을 개선하도록 도움을 주는 행위가 아니다. 벌은 학생에게 절망감만 안겨준다. 우리는 사람들에게 고통을 가하면 그다음부터는 사람들이 고통을 불러일으킨 그 행동을 하지 않으리라 기대한다. 그러나 훈육이 무척 어려운 학생들의 경우에는 자신의 삶을 통해 이미 큰 고통을 받고 있기 때문에 교사가 더 지독한 벌을 내리는 것이 불가능하다. 학생을 훈육하는 데 벌이 별다른 효과를 거두지 못하는 이유는 여기에 있다. 벌은 다음과 같은 특징이 있다.

• 규칙과 관련이 없다.

- 학생에게 수치심을 안겨준다.
- 학생을 위협하며, 벌이 두려움을 자아내는 경우에만 문제행동을 그만두게 만든다.
- 학생에게 선택권을 허용하지 않는다.
- 이미 일어난 일에 초점을 맞출 뿐, 장차 일어날 일에는 관심을 두지 않는다.
- 학습 동기를 위축시킨다.
- 책임감을 키우는 데 방해가 되고, 오히려 의존심만 키운다.

교사의 훈육이 벌인지 행동의 결과인지 알아보려면 교사가 학생의 입장이 되어 해당 행동을 했을 때 어떤 반응을 할지 생각해 보는 것이다.

학생과 함께 행동의 결과 정하기

많은 교사들이 학생과 함께 행동의 결과를 정하기를 꺼린다. 이 책의 초판이 나왔을 때만 하더라도 저자 역시 같은 입장이었다. 저자는 학생이 규칙을 정할 수는 있을지언정 행동의 결과를 정하는 데는 반대했다. 그러나 시간이 흐르면서 생각이 바뀌었다. 학생들은 규칙뿐 아니라 행동의 결과에 대해서도 적극적으로 자신의 목소리를 낼 수 있고 그렇게 하는 것이 더 좋은 효과를 거두기 때문이다. 아래에서 학생이 행동의 결과를 정하는 사례를 살펴보자.

학생 방과 후에 남아서 선생님과 앞으로 어떻게 행동을 개선할지를 생각하기는 싫어요.

교사 네가 그렇게 말하니 선생님이 정말 당황스럽네. 뭘 어떻게 해야 할지도 모르겠고 말이야. 좋은 아이디어가 있으면 말해 주렴. 네가 만약 선생님이라면 어떻게 할 것 같니?

학생 앉는 자리를 바꿀 것 같아요.

교사 자리를 바꾸면 뭐가 좋은데?

학생 선생님이랑 수업할 때 제 옆에 앉은 여학생 두 명이 계속 제게 말을 걸면서 재미있는 이야기로 저를 웃겨요. 그 애들은 제가 재미있는 아이라고 생각하는 것 같아요. 어쨌든 그 애들은 제 친구예요. 제가 자리를 옮기면 수업 시간에 그 애들을 웃겨야 한다는 생각을 안 하게 되겠죠.

교사 어디로 자리를 옮기면 이 문제가 해결될까?

학생 선생님 바로 앞자리요.

교사 좋아. 바로 자리를 옮기고 이번 주가 끝날 즈음에 문제가 해결됐는지 살펴보자.

기억하자. 학생이 자신이 선택한 행동의 결과를 수행하는 것은 보다 나은 행동 방식을 배우기 위해서이다. 만약 학생이 새로운 행동의 결과를 제시한다면 그 아이디어가 효과를 발휘하는지를 학생이 직접 증명하도록 기회를 부여하자. 말하자면 학생이 스스로 행동을 개선할 수 있다는 것을 교사와 자기 자신에게 입증하도록 기회를 주는 것이다. 여기서 중요한 것은 행동의 결과가 구체적으로 어떤 것이냐 하는 문제가 아니라, 학생이 올바르고 생산적인 방향으로 행동하는 방식을 배우게 하는 것이다.

또한 연속적으로 나열된 행동의 결과를 수행하게 하는 것은 좋지 않다. 이런 경우 행동의 결과나 벌은 1번부터 5번까지 차례대로 번호가 매겨져 있고 학생에게 일정한 순서로 제시된다. 아래에 제시된 일련의 징계 사항을 살펴보자.

- 첫 번째 폭력 : 경고
- 두 번째 폭력 : 부모님께 전화하기
- 세 번째 폭력 : 교사와 상담, 방과 후에 남기
- 네 번째 폭력 : 교내 정학(교내 정학을 당하면 교실에 들어올 수 없고 상담실에서 학습을 해야 한다. 쉬는 시간이나 점심시간에도 친구를 만날 수 없다.), 상담사와 상담하기
- 다섯 번째 폭력 : 교외 정학

학생들이 문제행동을 계속해서 일으켰을 때 따라야 할 행동의 결과들이 목록으로 정해져 있다면, 문제를 일으킨 학생에게 그 행동의 결과들을 수행하게 하는 대신 다른 훈육 방법을 사용하는 것이 현명하다. 예를 들어 교사는 학생들에게 이렇게 말할 수 있다.

"너희들이 규칙을 어기면 이런 이런 행동들을 해야 해. 너희들이 이 행동들 중 하나를 실제로 하게 될지도 모르지만, 정해진 순서 같은 건 없어. 그리고 너희들은 이 중에 어떤 행동도 하지 않을 수도 있어. 앞으로 선생님과 너희들이 대화를 해서 각자에게 가장 도움이 되는 행동의

결과를 선택하게 될 거야."

학생에게 일련의 행동의 결과를 수행하도록 지도하는 것은 효과 없는 일을 강제하는 것이나 다름없다. 예를 들어 일부 학생들의 경우에는 문제행동의 원인이 학부모에게 있다. 어떤 학생들은 자신의 부모에게 모든 잘못의 책임이 교사에게 있다고 설득하기도 한다. 이런 경우 집으로 전화를 하는 것은 시간 낭비라고 할 수 있다. 또한 평소에 상담실처럼 안락하고 짜임새 있는 환경을 접하지 못한 학생들은 오히려 교내유예를 반길 것이다.

학생들이 수행할 행동의 결과에 대해 교사가 명심해야 할 것은 행동의 결과가 언제나 예측이 가능하면서도 변경이 가능해야 한다는 것이다.

모두가 똑같은 행동의 결과를 선택할 수는 없다

바이올렛과 젠이 동일한 규칙을 어겼을 때 두 사람 모두 동일한 행동의 결과를 수행해야 한다고 생각하는 것은 오해이다. 교사가 학생들에게 "공정"한 것과 "공평"한 것이 일치할 수도 있지만 늘 그런 것은 아니라는 점을 이해시키는 것은 무척 중요하다(Mendler, Curwin, &Mendler, 2008). 한 학생이 다른 학생이 수행하는 행동의 결과가 자신의 것과 다르다는 점을 불평한다면 대안을 제시하되 절대로 다른 학생과 나눈 개인적인 이야기를 공유하면 안 된다. 다음의 예를 살펴보자.

바이올렛 선생님은 방과 후에 저만 남기고, 젠에게는 부모님께 전화를 하라고 했어요. 이건 공정하지 않아요!

교사 바이올렛, 선생님이 네게 요구한 행동의 결과에 무슨 문제라도 있니?

바이올렛 젠은….

교사 젠이 어떤 행동의 결과를 수행했는지는 잘 알아. 그런데 선생님과 젠 사이에 있었던 일에 대해서는 말해 줄 수 없구나. 선생님이 네게 요구한 행동에 무슨 문제가 있는 거니?

바이올렛 그런데 젠도 똑같은 규칙을….

교사 알아. 그런데 이건 젠과 선생님 사이의 일이야. 선생님은 네가 네 이야기만 하면 좋겠어. 잠시 시간을 가지고 네 자신에 대해 이야기할 준비가 되면 알려주렴. 그리고 선생님은 젠에 대한 이야기는 하지 않을 거야. 마찬가지로 너와 있었던 일도 다른 사람에게 말하지 않을 거야.

학교에서는 공정의 개념이 "모든 학생들이 성공적으로 학교생활을 영위하기 위해 필요한 것들을 보장받은 상태에서 책임감 있게 행동하는 것"으로 규정되어야 한다. 그리고 교사는 학생들에게 교사의 존재 이유가 모든 학생들이 행동적인 면에서나 학업적인 면에서나 매일 조금씩 발전하도록 돕는 데 있다는 점, 다른 사람과 비교할 필요 없이 자기 자신을 기준 삼아 발전하도록 지도하는 것이라는 점을 인식시켜야 한다. 이와 관련하여 교사는 학생들에게 다음과 같은 이야기를 들려줄 수 있을 것이다.

"교실에서 선생님은 너희들을 서로 비교하지 않고, 너희들 한 명 한

명을 최선을 다해 지도할 거야. 선생님은 너희들에게 똑같은 테스트, 퀴즈, 과제, 행동의 결과를 수행하게 할 수도 있지만, 규칙을 잘 지키도록 지도하는 데 도움이 된다고 생각하면 어떤 학생에게는 다른 학생들과 똑같은 행동의 결과를 시키지 않을 거야. 예를 들어서 스테판과 헨리가 똑같은 규칙을 어겼다 하더라도, 앞으로 똑같은 실수를 저지르지 않기 위해 각자 다른 행동의 결과를 수행해야 한다고 생각되면 선생님은 두 사람에게 다른 행동의 결과를 요구할 거야. 그러니까 선생님이 어떤 행동의 결과를 수행하게 했을 때 여러분이 생각하기에 보다 도움이 되는 행동의 결과가 떠오르면 예의를 갖춰서 선생님에게 알려줘. 선생님은 여러분의 제안을 고맙게 생각할 거야. 그런데 선생님이 너희들에게 다른 친구에 관한 이야기를 말해 줄 거라는 생각은 하지 않는 게 좋아. 선생님은 너희들이 보다 나은 행동의 결과를 이야기할 때만 귀를 기울일 거야."

실제로 학교에서 교사는 거의 모든 학생들에게 똑같은 방식으로 수업을 하고 훈육을 하지만, 일부 학생들에게는 조금 다른 방식을 적용할 필요가 있고, 특수한 일부 학생들은 아예 새로 고안한 방식으로 지도할 필요가 있다. 교사가 이러한 생각을 받아들일 때 비로소 다른 사람들의 생각에 휘둘리지 않고 학생들의 수준에 맞춰 지도하겠다는 의지가 생기고 구체적인 방안을 마련할 수 있다.

만약 학부모가 불공정한 대우를 문제 삼는다면 다음과 같이 답변해 보자.

"학부모님이 제게 어떤 제안을 하시든 저는 감사한 마음으로 깊이

고민할 생각입니다. 저는 부모님의 자녀가 보다 올바르게 행동하는 데 도움이 된다면 자녀를 다른 학생들과 똑같이 대우하겠습니다. 그러나 부모님도 아시다시피 모든 학생들이 똑같은 방식으로 학습하는 것은 아니기 때문에 저는 자녀에게 가장 도움이 되는 방식을 선택할 뿐입니다. 부모님은 자녀가 제게서 그런 대우를 받아야 한다고 생각하지 않으십니까?"

만약 학생이 여전히 공정한 것과 공평한 것을 헷갈려하거나, 학생들에게 "공정한 것이 늘 공평한 것은 아니다"라는 것을 확실하게 인식시킬 필요성이 있다면, 학생들에게 아래와 같은 질문을 해보자.

"휠체어를 탄 학생이 체육 수업을 마친 후에 너희들과 마찬가지로 보조 선생님의 도움 없이 샤워를 하는 것이 공정한 거니?"

"듣지 못하는 학생에게 자막 없는 영화를 보여주는 것이 공정한 거니?"

"멕시코에서 태어나고 자란 학생과 스페인어를 한 번도 사용해 본 적 없는 학생이 똑같은 스페인어 시험을 보는 것이 공정한 거니?"

학생들에게 공정한 것이 반드시 공평한 것이 아님을 보여주는 사례를 생각해 보라고 격려하는 것도 좋은 방법이다.

"야구 경기에서 한두 이닝만 공을 던지는 마무리 투수에게 9이닝을 모두 소화하는 유격수보다 많은 연봉을 주는 것이 공정할까? 일반적으로 마무리 투수들은 유격수보다 많은 연봉을 받잖아." (공정하지만 분

명히 공평하지 않은 사례)

"나이가 다른 아이들이 집에서 똑같은 일을 하는 것이 공정하니?" (공
평하지만 공정하지 않은 사례)

"어떤 아이들은 안경을 쓰고 어떤 아이들은 쓰지 않는 것이 공정하니?"
(공정하지만 공평하지 않은 사례)

학생들과 함께 아래 대화(Rich, 2007)에 숨겨진 모순점을 발견해 보자.

판사 지금까지 재판장에서 수많은 사건을 다뤄봤지만 이 사안처럼 비
열한 사건은 처음입니다. 당신은 저 사람이 당신과 부딪혔다는 이유만
으로 금품을 빼앗고 폭력을 휘두르고 고문을 했습니다. 내가 판결을 내
리기 전에 할 말이 있습니까?

범죄자 아니요.

판사 이 사건에 대해 재판부는 피고인에게 가장 경비가 삼엄한 교도소
에서 40년간 복역할 것을 선고합니다. 또한 원고인에게도 40년형을 선
고합니다.

피해자 잠깐, 뭐라고요? 이 판결은 말이 안 됩니다. 저 사람이 날 공격
했다고요!

판사 누가 먼저 폭력을 행사했는지는 중요하지 않습니다.

위 가상의 대화에서 얻을 수 있는 교훈은 간단하다. 인간관계와 관
련된 일에서 한 가지 해결 방식으로는 모든 사람의 문제를 해결할 수

없다는 것이다.

효과적인 행동의 결과

행동의 결과를 행동에 옮기는 주요 목적은 학생이 보다 현명한 결정을 내려 매사에 책임감을 키우는 데 있다. 이러한 목적을 달성하는 데 도움이 되는 행동의 결과로는 다음과 같은 것들이 있다. 아래 내용을 살펴보면서 교사는 학생을 격려하는 역할을 할 뿐, 실제로 행동에 옮기는 것은 학생이라는 점을 다시 한 번 명심하자.

이타적인 행동의 결과

이 행동의 결과는 학생들이 다른 사람을 위해 좋은 일을 하는 것이다. 이타심을 행동의 결과로 표현하는 동시에 이타심으로 자신과 친구의 상처를 치유하는 것이다. 한 예로, 외상 후 스트레스 장애를 겪는 전역 군인, 암 극복 환자, 자연재해의 피해자와 같이 트라우마를 가지고 있는 사람들은 다른 사람을 도우며 자신의 상처를 치료하기도 한다. 이러한 치료법은 학교에서 문제행동을 보이는 학생에게도 효과가 있다. 다음 예를 보자.

"줄의 맨 앞에 서려고 사만다를 밀치는 건 피해를 주는 행동이야. 급식 시간 전까지 사만다를 위해 할 수 있는 좋은 일을 생각해서 말해주렴."

학습의 기회를 제공하는 행동의 결과

한 학생이 문제 상황에서 어떻게 해야 할지 모를 때 교사는 그 학생을 설득하거나 혼을 내서는 안 된다. 그 학생은 올바른 행동 양식을 배우고 연습해야 할 필요가 있다. 다음 예를 보자.

"목소리를 낮추고 교실에 조용히 들어오는 연습을 해보자. 잘할 수 있을 때까지 말이야."

선택권을 부여하는 행동의 결과

이 행동의 결과는 학생에게 그 어떤 위협도 가하지 않고 선택권을 보장하는 것이 요지이다. 다음 예를 보자.

"기분 나쁜 상황에서 벗어나는 방법은 최소 세 가지가 있어. 그냥 걸어 나오기, 알겠다고 말한 다음 예의를 갖춰 반대 의견 표현하기(혹은 이 상황에서 빨리 벗어나기 위해 동의하기), 거친 욕설이 오가는 대화를 하지 않겠다고 분명히 말하기. 그런데 지금 네가 화가 많이 났으면 선생님에게 무슨 일이 있었는지를 자세히 말해 주렴. 넌 어떻게 하는 게 좋을 것 같아?"

벌을 바꿔서 만들어진 행동의 결과

현재 일부 학교에서 학생들에게 내리는 벌(상담실이나 교무실에 보내기, 부모님께 전화하기 등)은 학생의 문제행동 개선에 도움이 되는 행동의 결과로 얼마든지 바뀔 수 있다. 벌 자체를 없애는 것이 아니라, 행동의 결과의 기준에 부합되도록 벌 자체를 변환시키는 것이다. 예를 들어 교사가 학생에게 방과 후에 남는 벌을 주는 경우를 보자. 방과 후에 남는 행동이 더욱 효과를 발휘하려면 교사는 방과 후에 학생과 함께 시간을 보내면서 방과 후에 남게 된 이유에 대해 이야기하고 학생에게 개선된 행동을 가르쳐주고 연습할 기회를 주는 것이 바람직하다. 학생을 잠시 교실 밖으로 내보내는 벌이 효과를 내려면 교사는 학생을 다른 교사, 복지사, 상담가에게 보내는 것이 낫다. 다음 예를 보자.

"켈리, 지금 선생님과 너는 생각이 많이 다른 것 같아. 잠시 프라하 선생님 반에서 숨 좀 돌리고 수업 받을 준비가 되면 교실로 돌아오도록 해. 그렇다고 너무 오래 있지는 마. 지금 할 수업은 정말 중요해서 빠지면 안 되거든. 그리고 우리 반 친구들이 널 그리워할 거야."

학생을 격려하는 행동의 결과

이 행동의 결과는 학생이 스스로 자신의 태도를 개선하도록 희망과 용기를 불어넣어준다. 지역 주민 중에서 역경을 딛고 일어난 사람들을 찾아보자. 그 사람들을 교실에 초청해서 학급 전체 혹은 위험한 길로 빠진 학생과 대화하는 시간을 마련하자. 이러한 교육은 학생에게나 지역 사회 주민에게나 큰 도움이 된다.

앞으로의 행동 방식을 계획하는 행동의 결과

이 행동의 결과는 학생이 문제에 부딪혔을 때 취할 새로운 반응 양식을 배우는 데 도움이 된다. 계획의 매 단계는 구체적인 행동을 포함하고 있어야 하며, 어떤 경우에도 모호해서는 안 된다는 것을 명심하자.

다음은 그릇된 예시이다.

"캐시가 계속 널 '째려보면' 어떻게 할 계획이야?"

다음은 올바른 예시이다.

"캐시가 또 널 째려보면 처음에 구체적으로 어떻게 행동할 거야? 그 다음에는 어떻게 행동할 거야?"

학생이 스스로 계획을 세우지 못하는 경우 교사는 적절한 도움을 주는 것이 바람직하다.

논리에 기초한 행동의 결과

이 행동의 결과는 특정한 규칙과 직접적인 관련이 있다. 학생이 이 행동의 결과를 수행할 때 교사가 중재에 나서기는 하지만, 이 행동의 결과는 벌과는 엄연히 다르다. 이 행동의 결과는 장차 학생이 무엇을 할지에 초점이 맞추어져 있고, 학생에게 새로운 행동 방식을 배울 수 있는 기회를 제공하기 때문이다. 다음 예를 보자.

"식당을 아주 엉망으로 만들어놨구나. 네가 식당을 치우는 데 힘을 보태면 관리하시는 아저씨께 큰 도움이 될 거야."

학부모와 함께하는 행동의 결과

이 행동의 결과는 학교와 가정이 팀을 이뤄 학생을 돕기 위해 노력하는 것이다. 교사가 자녀의 행동을 두고 학부모를 나무라거나 학교에서 내릴 벌을 나열하며 위협감을 주지 않는 것이 중요하다. 일단 학부모의 말에 귀 기울인 다음 궁금한 것을 질문하자. 학생의 문제행동을 개선시킬 방안을 마련하기 위해 학교와 가정이 협력할 부분을 발견하는 것이 중요하다. 다음 예를 살펴보자.

"자녀 문제로 상담을 하시려고 학교에 와주셔서 정말 감사합니다. 교사인 제가 보기에 지금 자녀는 자신의 앞날을 스스로 망치고 있습니다. 학부모님과 머리를 맞대고 자녀를 도울 방법을 함께 찾았으면 좋겠습니다. 평소에 자녀가 집에서 어떻게 행동하는지 말씀해 주실 수 있으신가요?"

회복적 정의를 포함한 행동의 결과

회복적 정의에 익숙한 사람들은 행동의 결과에 얼마나 많은 회복적 정의의 원칙과 행동 방식들이 포함되어 있는지 쉽게 알 수 있을 것이다.

홀섬Holtham(2009)은 공공장소에 낙서를 하거나 공공 기물을 파손한 경우, 회복적 정의에 입각하여 취해야 하는 행동은 피해를 준 사람이 스스로 낙서를 지우거나, 새로 페인트를 칠하거나, 공공 기물을 고치거나 변상하는 것이라고 주장했다. 누군가 인종 차별적인 험담이나 비방을 한 경우에는 직접 피해를 준 사람에게 사과 편지를 전달하는 것과 더불어서 노숙자들을 위해 담요를 나눠주는 것과 같은 봉사 활동을 하거나, 전교생 또는 학교 전체를 대상으로 편협된 사고 방식을 주제로 토론을 할 수 있는 패널을 꾸릴 수 있을 것이다.

뉴 올리언즈의 회복적 접근 센터The Center for Restorative Approach에서 발표한 자료에 따르면, 2015년 1월 이후로 학생들과 직원들이 회복적 정의 서클을 통해 교실에서 일어나는 갈등의 근본 원인을 주제로 심도 있는 대화를 한 결과, 자칫 허비될 수도 있는 해당 도시 학생들의 수업 시간을 1,800시간 확보했다고 한다(Shaw, 2016). 최근 버지니아의 한 판사는 흑인들이 사용했던 오래된 작은 학교 건물에 인종 차별적이고, 음란하고, 반유태주의적인 낙서를 한 십대 청소년 다섯 명에게 증오와 관련된 서른다섯 권의 책 중에서 읽을 책을 선택해서 한 달에 한 권씩 일 년 동안 총 12권을 읽고 독후감을 쓰라는 판결을 내렸다. 또한 그 십대 청소년들은 열네 편의 영화를 보고, 미국 홀로코스트 메모리얼 박물관을 포함하여 박물관 두 곳을 방문하고, 지역 사회에 증오가 끼치는 영향에 대한 보고서를 쓰라는 판결을 받았다(Hauser, 2017).

우리는 위의 사례에서 자존감 훈육법이 제안하는 행동의 결과에서와 마찬가지로, 학생을 지도하는 사람이 문제가 재발하는 것을 막기 위해 학생에게 개선된 행동을 가르치고, 가능하다면 육체적, 정신적 피해를 회복시키려고 노력하는 모습을 살펴볼 수 있다.

"무엇"보다 "어떻게"가 더 중요하다

행동의 결과는 그 자체보다 교사와 학생이 행동의 결과를 수행하는 방법이 더 중요하다. 교사는 학생에게 행동의 결과를 제시하기 전에 자신이 직접 행동의 결과를 직접 수행하는 입장이 되어보고, 자존감이 존중되었는지 아니면 훼손되었는지 따져보는 것이 바람직하다. 행동의 결과는 조용히, 개인적으로 그리고 학생의 자존감을 최대한 보장하면서 수행될 때 최고의 효과를 낸다.

사회적 계약은 가치, 규칙 그리고 행동의 결과로 이루어진 일종의 훈육 시스템이다. 시스템은 우리에게 행동의 방식과 제한선을 제시한다는 점에서 반드시 필요한 것이지만, 시스템의 노예가 되어서는 안 된다. 시스템이 인간을 위해 존재하는 것이지, 인간이 시스템에 순응해야 하는 것은 아니다. 교사가 아래의 두 가지 태도를 갖출 때 학생들은 훈육 시스템 안에서 자신의 행동을 개선할 수 있을 것이다.

- 교사는 학생에게 "내가 너를 이렇게 대한다면 다른 모든 학생에게도 똑같은 방법을 적용해야 해."라고 말하는 대신 "다른 학생들에게 피해를 주지 않으면서 너를 도와줄 방법을 찾아보자."라고 말하는 것이 좋다.
- 교사는 "이게 바로 우리가 따라야 할 훈육 시스템이야. 내가 따로 할 수 있는 일은 없어."라고 말하는 대신 "이게 바로 우리의 훈육 시스템이야. 선생님이 널 위해 이 훈육 시스템을 어떻게 고칠 수 있을까?"라고 말하는 것이 바람직하다.

학생들은 학교의 훈육 시스템이 자신의 마음을 보듬어주지 않는다고 생각하면 냉소적이 되거나, 무기력하게 행동하거나, 동떨어지거나, 적대적으로 행동하기 쉽다. 학생들은 학교의 훈육 시스템을 만든 관리자나 교사에게 복수를 하려는 의도에서 적극적으로나 수동적으로 공격 성향을 보이면서 분노를 터뜨릴지도 모른다. 이러한 학생들은 훈육 시스템을 망가뜨리거나 최소한 시도를 했다는 데에서 만족감을 느낄 것이다. 이 경우 문제행동을 하는 학생들은 학교가 제시하는 질서와 규칙을 지켜야 할 이유, 근거를 이해하지 못한다고 보아야 한다.

학생들은 학급의 가치가 인성보다 효율성에 초점이 맞추어져 있다는 것을 확인하는 순간, 문제행동을 일으킬 것이 분명하다. 반면 교실을 아늑하고 편안한 곳으로 받아들일 때 교사로부터 환영받고 존중받는다고 느낄 것이다. 가장 문제를 일으키는 학생에게서 존경을 받는 교사는 어느 학교를 찾아가더라도 손에 꼽을 정도로 적다. 그 학생들에게 교사를 존경하는 이유를 물으면 다음과 같이 대답한다.

- 선생님은 저를 존중해요.
- 선생님은 저를 학생이 아니라 그냥 한 사람으로 대해요.
- 선생님은 제 이야기를 잘 들어줘요.
- 선생님은 이것 해라 저것 해라 하는 법이 없어요.
- 선생님은 제가 스스로 결정을 하도록 시간을 줘요.
- 선생님은 제가 해낼 수 있다고 믿어줘요.

이러한 찬사를 듣는 교사는 교사와 학생이 마냥 따라야 할 것을 지시하는 훈육 시스템 안에 갇혀 있는 것이 아니라, 교사와 학생을 안전하게 안내해 주는 훈육 시스템을 활용하는 교사이다.

사회적 계약은 교사와 학생이 교실에서 원활히 상호작용하도록 설계된 훈육 시스템이라고 할 수 있다. 사회적 계약에 의해 교사와 학생은 협의를 거쳐 의사 결정을 내리고, 행동을 개선할 기회와 문제 상황을 "대충 해결하고 넘어가려는 수준"으로 격하하는 것이 아니라 복잡한 상황을 있는 그대로 파악하도록 기회를 보장받는다. 물론 학교에서 일어나는 문제를 이런 식으로 접근하면 때로는 비효율적이고 실수가 일어날 수도 있다. 하지만 결국에는 시스템에 기계적으로 의존해서 문제를 해결하는 것보다 정성을 들여 문제 상황을 해결하려고 노력하는 것이 행복한 학급 분위기를 조성하는 데 더 큰 도움이 된다.

Part 7

비공식적인 훈육 방법

학교에는 공식적인 훈육 방법 이외에 비공식적인 훈육 방법도 존재한다. 실제로 학생들은 공식적인 훈육 방법으로 지도해야 할 문제행동보다 소소하게 규칙을 위반하는 행동을 더 자주 하기 때문이다. 비공식적인 훈육 방법은 바로 이러한 문제를 해결하는 데 활용된다. 우리는 비교적 심각하지 않은 규칙 위반을 방해 행동이라고 부른다. 방해 행동의 몇 가지 예를 살펴보자.

- 친구가 이야기하는 도중에 끼어들기
- 앉으라고 해도 앉지 않기
- 쾅 소리가 나게 문 닫기
- 학교에서 허가하지 않은 전자 기기 사용하기
- 흥얼거리거나 물건을 치거나 하는 등의 행동으로 수업 방해하기
- 숙제나 학습 과제 하지 않기
- 지나친 장난하기
- 위험하지 않은 물건 던지기

학생들이 위와 같은 행동들을 할 때 교사가 규칙으로 제재할 수 없다면 따로 적절한 지도 방법을 마련해야 한다. 이때에는 교사가 학생들에게 행동의 결과를 적용하기보다는 중재를 하는 편이 바람직하다. 행동의 결과가 구체적인 규칙 위반 행동에 대한 정형화된 대응 방안이라면, 중재에는 두 가지 주요한 목적이 있다. 첫 번째는 빠른 시간 안에 문제가 되는 행동을 지연시키거나 멈추는 것, 두 번째는 수업을 다시 시작하는 것이다.

문제가 되는 행동을 규칙으로 지도할 것이냐 아니면 중재할 것이냐를 결정하는 것은 교사의 판단에 달려 있다. 때로 방해 행동은 규칙으로 제재해야 할 심각한 문제행동으로 발전하기 때문이다. 예를 들어, 교사는 수업 시간에 학생이 몰래 스마트폰을 사용하는 것을 방해 행동으로 생각할 수도 있지만, 학생이 너무 자주 스마트폰을 사용한다면 그 행동을 제재할 규칙을 만들어야겠다고 생각할 것이다.

1. 최선의 중재 방안 마련하기

저자는 교사들에게 이런 질문을 자주 받는다.

"학생들이 말썽을 부리면 어떻게 지도해야 할까요?"

지금부터 이 중요한 질문에 대한 해답을 알아내는 데 도움이 되는 질문을 살펴보고 저자의 생각을 말해 보겠다.

- 과거에 학생들이 문제를 일으켰을 때 어떻게 지도했는가?
- 지도한 효과가 있었는가? 의도하지 않게 부정적인 결과가 있었는가?

학생의 문제행동이 개선되는 과정은 롤러코스터의 움직임과 유사하기 때문에 교사는 2~3주 동안 최소한 다섯 번은 같은 훈육 방법으로 학생을 지도해야 한다는 점을 늘 명심해야 한다. 교사의 지도가 효과를 거두는 경우에도 학생들은 갑자기 예전의 문제행동을 다시 할지 모른다. 물론 이 경우 교사는 학생들이 예전의 습관을 되찾는 모습을 보면서 좌절감을 느낄 것이다. 여기서 중요한 점이 있다. 교사는 현재의 훈육 방법을 그대로 유지할지 아니면 다른 방법을 적용할지를 결정하기 전에, 우선 부정적인 감정을 훌훌 털어내야 한다는 것이다.

학생이 자신이 저지른 잘못을 후회하는 것과 문제행동을 개선하는 것 중에 어느 것이 교사에게 더 중요한가? 물론 학생이 자신이 저지른 잘못에 대해 유감이나 후회와 같은 감정을 느끼는 것은 행동을 개선하기 위한 첫 번째 단계일 수도 있다. 그러나 때로 교사가 학생을 중재하면 학생은 부정적인 감정을 느끼면서도 잘못된 행동을 계속하는 경우가 있다. 이것은 학생이 자신이 저지른 일보다 자신에게 일어난 일, 즉 교사의 중재를 더 기분 나쁘게 생각하기 때문이다. 마찬가지로 교사가 중재를 했을 때 학생은 후회와 같은 감정을 전혀 느끼지 않지만, 더 이상 문제를 일으키지 않는 경우도 있다. 최선의 중재는 학생이 자신이 했던 행동에 대해 후회를 하고 자신의 행동을 개선하게 만든다.

교사는 학생들을 훈육하다가 분노를 참지 못하는 경우가 있는데, 이러한 교사의 분노와 관련해서 이 질문을 자세히 살펴보자.

"지금까지 시도해 보지 않은 방법에는 무엇이 있는가?"

자동차와는 달리 인간이 느끼는 분노는 버튼을 누르거나 키를 돌리는 것 같은 간단한 방법으로 금세 사그라들지 않는다. 교사가 학생들을 훈육하다가 화를 참지 못하고 분노를 표출하면 학생들은 교사의 지도를 따르지 않을 것이다. 다음의 예를 살펴보자.

한 학생이 학급 친구에게 심한 욕을 하고 교사에게도 거친 말을 내뱉었다. 물론 교사는 학생에게서 욕설을 들은 것에 충격을 받았다. 사실 이 교사는 이전에 다른 학생이 위와 같은 행동을 했을 때 버럭 소리를 지르며 다시는 심한 말을 하지 말라고 다그친 적이 있다.

여기서 우리는 위의 학생이 예전에 다른 학생이 했던 것과 같은 심한 욕을 또 했다는 점에서 과거에 교사가 했던 지도에 아무런 효과가 없다는 것을 분명히 알 수 있다. 만약 그 교사가 과거에 학생에게서 욕을 들었을 때 일단 깊이 숨을 들이쉬며 마음을 가라앉힌 다음, 학생을 공감해 주고("그런 말까지 하는 걸 보니까 화가 많이 났구나"), 자초지종을 더 자세히 알아보기 위해 일단 문제 해결을 지연시키고("수업이 마친 다음에 네 이야기를 들어보고 싶어"), 재빨리 대안을 가르쳐주고("마음속으로 숫자를 세거나 크게 숨을 쉬어볼래?"), 수업을 재개하면서 일단 중재를 끝냈다면("마음을 진정시키고 나중에 자초지종을 이야기해 주겠다고 해서 고마워") 이번에는 자신이 바랐던 훈육의 결과를 얻었을 수도 있다. 물론 과거에 교사가 효과가 없는 방법으로 학생들을 훈육한 것이 현재 교사가 보다 나은 훈육 방법을 선택하는 데 밑거름으로 쓰인다면, 굳이 과거의 방식을 실수라고 말할 필요는 없을 것이다.

교사들은 저자에게 "어떻게 지도해야 해요?"라는 질문과 더불어 "한 가지 방법이 효과가 없어도 계속해서 똑같은 방법으로 훈육해야 하나요?"라는 질문을 자주 한다. 앞서 말한 바 있지만, 교사가 선택한 훈육 방법이 합리적이고 훈육에 성공했을 때 얻을 이익이 크다면 그 훈육 방법을 적어도 다섯 번 혹은 2~3주 정도 학생들에게 적용한 다음 효과가 있는지 살펴보는 것이 현명하다.

교사의 분노를 모범 사례로 활용하기

앞의 예에서 드러난 것과 같이, 교사가 감정을 가라앉히고 침착하게 훈육했을 때 비로소 중재는 효과를 발휘한다. 교사는 자신의 감정을 다스리고, 특히 분노에 휘둘려서는 안 된다. 그러나 분노는 자연스러운 감정이다. 교사가 화를 내는 것을 학생들이 목격하는 것은 문제행동을 개선하는 데 도움이 되는 측면도 있다. 일단 학생들은 자신이 해서는 안 되는 행동을 저질렀다는 것을 깨닫게 되고, 피해를 주는 행동을 하면 사람들은 자연스럽게 화를 낸다는 사실도 알게 되기 때문이다. 물론 저자는 지금 교사가 학생들 앞에서 화를 내야 한다거나 화를 내도 좋다는 말을 하려는 것이 아니다. 오히려 교사는 자신의 화를 다스려 문제를 더 크게 만들지 않는 모습을 학생들에게 보여줘야 한다. 학생들을 지도하다가 화가 끓어오르면 학생들에게 분노를 건전하게 표현하는 모습을 보여주자. 예를 들어 화가 났을 때 이렇게 말할 수 있을 것이다.

"아무리 화가 났다고 해도 그렇지 너는 지금 절대로 해서는 안 될 말을 했어! 지금 선생님도 네게 한바탕 퍼붓고 싶어. 그래도 선생님은 이 자리를 걸어나가서 깊게 숨을 몇 번 쉬고 마음을 진정시킨 뒤 그다음에 무엇을 할지 생각할 거야."

학생들은 생활 속에서 사람들이 분노하는 모습을 자주 목격한다. 학생들이 커서 성인이 되면 배우자, 직장 상사, 동료 직원, 자신의 자녀들이 분노하는 모습을 보게 될 것이다. 말하자면, 학생들은 한평생 사람들이 화 내는 모습을 보며 자신도 특정한 방식으로 화를 표현한다. 이점에서 교사는 학생들에게 화를 표현하는 바람직한 방식을 가르쳐야 한다. 학생들에게 갈등을 키우지 않고도 분노를 표출할 수 있다는 것을 보여주자.

2. 교실 내 문제행동 중재하기

학생들은 보다 현명한 결정을 내리는 법을 배우고 연습하기 위해 행동의 결과에 해당하는 특정한 행동을 한다. 하지만 중재는 행동의 결과와 다르다. 교사가 학생의 방해 행동을 중재할 때 학생들은 거의 혹은 아무런 행동도 하지 않는다. 지금부터 학생의 방해 행동을 멈추고 다양한 갈등 상황을 해결하는 데 도움이 되는 중재 방법들을 살펴보겠다.

중재의 목적은 학생들이 교실에서 제자리를 찾고, 수업에 참여하고, 필요한 경우에는 보다 많은 시간이 요구되는 다른 중재 방안을 적용하기 위해 문제 해결을 일단 연기하는 것이다.

2단계 중재 방법

2단계 중재 방법은 위급 상황에서 이루어지는 응급 의료요원들의 응급조치를 본떠 만들어진 것이다. 잠시 병원의 응급실을 떠올려보자. 의료진이 가장 먼저 할 일은 응급실을 찾은 사람을 안정시키는 것이고, 그다음 환자를 병원에 입원시킬 것인지 아니면 외래 환자로 처리할 것인지를 결정하는 것이다. 결국 응급조치의 목적은 환자가 더 위중한 상태로 빠지는 것을 막는 것이다. 소방관, 경찰관, 군인 그리고 위험한 상황을 가장 먼저 처리해야 하는 사람들에게도 같은 말을 할 수 있다. 이들은 일단 상황을 안정시키고 그다음에 문제를 해결한다.

교사가 2단계 중재 방법으로 학생들을 훈육할 때에도 위와 동일한 절차를 따른다. 첫째, 학생과 주변 상황을 안정시킨다. 둘째, 학생이 끼친 피해를 회복시킨다. 조금 더 자세히 설명하자면 다음과 같다.

일단 첫 단계로서 교사는 화를 내는 학생에게 깊게 숨을 들이쉬게 하거나 다른 방법을 가르쳐 마음을 진정시켜야 한다. 2단계 중재 방법의 1단계는 언뜻 간단하고 당연해 보일지 모르지만 무척 중요하다. 우리 주변을 살펴보면 화를 이기지 못해서 이메일이나 소셜 미디어에 분노를 표현한 다음, 시간이 흐른 뒤에야 "전송" 버튼을 누른 자신의 행동을 후회하는 사람들이 너무나 많다. 어떤 일이든 일단 화를 가라앉힌 다음에야 비로소 문제를 해결하거나 장기적인 대책을 마련할 수 있다. 분노를 다스리지 못하면 상황이 악화되고, 더 많은 사람들이 문제에 관련되고, 돌이킬 수 없는 말과 행동이 오가는 등 결국 문제를 해결하는 데 어마어마한 시간을 소요해야 한다.

여기서 명심해야 할 것은 1단계와 2단계의 관련성이다. 마음을 가라앉히려고 숨을 들이쉬는 것과 같은 방법을 쓴 다음에 문제 해결을 위해 노력하지 않는다면, 결국 아무 변화도 일어나지 않기 때문이다. 그래서 교사는 1단계를 통해 학생과 주변 상황을 안정시킨 다음에 2단계로 넘어가서 어떤 방법으로 문제를 해결할지 구체적으로 살펴봐야 한다. 이를 위해 교사가 명심해야 할 점은 다음과 같다.

학생을 안정시키는 것이 용서하는 것은 아니다.

학생의 마음을 가라앉히는 것은 보다 적절한 때에 문제를 해결하려고 시간을 벌어두기 위한 것이다. 다음 예를 보자.

"지금 네가 너무 화가 많이 났기 때문에 선생님이랑 네가 문제를 해결하기는 힘들 것 같아. 수업이 끝날 때까지 기다려주면 좋겠어."

학생들에게 이야기를 듣고 싶다는 의지를 보여주자.

방해 행동을 한 학생은 마음을 가라앉힌 다음에 다른 학생 탓을 할지 모른다. "걔가 먼저 시비 걸었어요." 혹은 "걔가 지금 거짓말하는 거예요." 이럴 때 교사는 이렇게 말해야 한다.

"네가 친구를 때린 데에는 그럴 만한 이유가 있다고 생각해. 그래도 친구를 때려서는 안 돼. 수업 마치고 나서 네 이야기를 듣고 싶어. 그러면 네 문제를 해결할 방법을 찾을 수 있을 거야."

방해 행동의 동기를 예상하자.

교사는 학생이 한 행동에 대해서는 찬성하지 않더라도 그 행동을 일으킨 동기는 인정해야 한다.

"지금 선생님이나 친구들에게서 관심을 받고 싶은 모양이구나. 선생님도 관심을 받는 건 무척 좋아해. 지금 읽고 있는 글을 다 읽은 후에 이야기를 나눠보자. 이 글에 집중해 주면 고맙겠어."

학생의 의견에 동의하고 논쟁을 피하자.

만약 한 학생이 "선생님 수업은 너무 지루해요!"라고 말한다면 이렇게 말해 주는 것이 바람직하다.

"네가 그렇게 느낀다니 선생님이 무척 안타깝네. 수업이 끝난 다음에 수업을 재미있게 만들 수 있는 방법을 두 가지 정도만 말해 줄 수 있겠니?"

꾸짖고, 훈계하고, 비난하고, 따지지 않도록 하자.

학생이 "선생님이 싫어요!"라고 말한다면 이렇게 말해 주자.

"네게 정말 미안하구나. 아마 선생님이 네가 정말 싫어하는 말이나 행동을 한 것 같아. 일단 마음을 진정시킨 다음에 선생님이 어떻게 하면 더 좋은 선생님이 될 수 있을지 말해 줄 수 있겠니?"

학생을 당황하게 만들거나 자존감을 훼손하지 않도록 하자.

교사가 특정한 학생을 공개적으로 훈육하는 경우 나머지 학생들은 관객의 역할을 한다는 점을 잊어서는 안 된다. 친구들 앞에서 학생을 혼내는 것은 지양해야 할 훈육 방법이라는 뜻이다. 교사는 가급적 개인적인 시간을 내어 학생과 대화를 나누어야 한다. 아니면 해당 학생만 들을 수 있는 작은 목소리로 말하자. 노트나 종이에 하고 싶은 말을 적거나 수신호를 사용하자. 학생의 행동을 바로잡기 전에, 잠시 시간을 두고 학생에게 하려고 하는 말을 교사가 직접 듣는다고 생각해 보자. 그 말을 들었다고 가정했을 때 마음이 상한다면 학생도 기분이 나쁠 것이다. 이미 학생의 마음에 상처를 준 경우라면 완벽한 훈육을 하지 못한 자신을 너그럽게 용서하고 시간을 내어 진심 어린 사과를 건네자.

지금까지 우리는 학생의 마음을 진정시키는 방법을 살펴봤지만, 위의 방법들은 교사가 학생들을 진심으로 대할 때 효과를 발휘한다. 교사는 학생의 마음을 어루만질 수 있는 각자의 목소리 톤을 찾아내야 하고, 학생에게 진심만을 말해야 한다. 응급실에서와 마찬가지로, 많은 방해 행동들은 거의 즉각적으로 해결될 수 있다. 즉각적인 해결이 어려운 경우에는 일단 학생의 마음을 진정시킨 다음 문제를 해결해야 한다.

학생의 프라이버시 보호하기

학생의 방해 행동을 바로잡아주려면 교사는 가급적 따로 시간을 내어 해당 학생과 대화를 나누는 것이 바람직하다. 그러나 교사가 늘 이렇게 할 수 있는 것은 아니다. 그렇다고 해서 교사가 학생을 불러내 친구들이 보는 앞에서 방해 행동을 언급하는 것은 설사 그럴 의도가 없었다고 하더라도 학생에게 상처를 줄 수 있다. 친구들 앞에서 혼이 난 학생은 아무것도 하지 않겠다는 식으로 공격성을 표현하거나 그 즉시 혹은 나중에라도 교사를 직접 공격할 수 있다.

개인적으로 학생과 이야기를 하기가 불가능해서 공개적으로 이야기를 할 때라면 교사는 단어 사용과 목소리 톤에 주의를 기울여야 한다. 공개적으로 이야기를 해야 하는 상황이라면 반드시 학생의 장점을 언급하려고 노력해야 한다.

"크리스, 넌 우리 반의 리더잖아. 그러니까 네가 조금만 협조해 주면 오늘 공부해야 할 내용을 빨리 끝낼 수 있을 거야."

교사는 학생의 안전이 우려되거나 학생이 꼭 들어야 할 정도로 위급한 경우에만 소리를 지르는 것이 바람직하다.

적절한 눈 맞춤

시선에는 힘이 있다. 누군가의 눈을 바라보는 행동에는 지금 내가 당신의 이야기에 귀 기울이고 있으며, 당신에게 관심을 가지고 있다는 것 그리고 지금 하는 말이 진심에서 우러난 것이라는 뜻이 들어 있다. 만약 학생이 다른 곳을 바라보면, 다시 눈을 맞출 때까지 대화를 멈추고, 하고 싶은 말을 한 다음에도 3~5초 동안 눈을 바라보자. 학생에게 고함을 지르거나 버럭 화를 내는 것보다는 학생의 눈을 바라보는 것이 훈육에 효과가 좋다. 말하자면, 교사는 눈 맞춤을 통해 마음에 담긴 화를 쏟아내거나 학생을 미워하는 마음을 표현하지 않고도 하고 싶은 말을 학생에게 고스란히 전달할 수 있다.

학생이 교사와 눈을 맞추려고 하지 않을 경우에는 조금씩 눈을 맞춰 나가자. 여기서 명심해야 할 것은 본질적인 문제를 제쳐두고 눈 맞춤을 논쟁의 화두로 삼아서는 안 된다는 것이다. 일테면 "선생님이 말할 때는 선생님 눈을 보란 말이야."처럼 원래 문제는 제쳐두고 눈 맞춤 그 자체를 중재하려는 행동은 반드시 삼가야 한다.

친밀감을 보여주기 위한 거리

친밀감은 교사가 학생과 대화를 나눌 때 두 사람 사이의 가까운 정도를 말한다. 교사와 학생이 친밀할수록 교사가 소리를 지르거나 화를 표현하지 않고 효과적으로 메시지를 전달할 수 있다. 교사가 학생의 프라이버시를 존중하고, 학생과 눈을 맞추고, 학생과 친밀감을 형성할 때 교사는 특별한 중재를 하지 않고도 대부분의 문제들을 해결할 수 있다. 교사가 학생과 개인적으로 대화를 나누면서, 적절한 때를 골라 눈을 맞추고, 감정을 가라앉혀 분노와 같은 부정적인 감정에 휘둘리지 않은 채로 확고한 감정을 유지한 상태에서 학생에게 조금 가까이 다가가 이렇게 말한다고 해보자.

"아무리 화가 나더라도 친구를 밀치지 않았으면 좋겠어."

교사는 학생에게 하고 싶은 말을 건넬 때 본능적으로 친밀감을 표현하는 적절한 수준을 알아낼 수도 있지만, 교사와 학생 사이의 물리적 거리는 기본적으로 학생의 연령, 학년, 교사가 학생과 맺어온 관계(학생

과 친밀한 관계일수록 교사는 학생에게 가까이 다가갈 수 있다) 그리고 문화적
영향에 따라 정해진다. 학생의 연령, 학년과 관련하여 교사와 학생 사
이의 물리적 거리는 다음을 참고하기 바란다.

- 십대 청소년 : 팔을 벌린 거리에서 한 걸음 가까이
- 사춘기 이전의 학생(6~12세) : 팔을 벌린 거리에서 두 걸음 가까이
- 아이(4~6세) : 학생의 눈에서 한 발 정도 떨어진 거리
- 유아(2~4세) : 바로 눈앞

교사는 특히 고학년 학생들의 개인적인 공간은 함부로 침범하지 말
아야 한다. 학생들에게서 "좀 떨어지세요"라는 말을 듣는 것도 부담이
될 것이다. 학생에게서 이런 말을 들은 경우에는 한두 걸음 정도 떨어
진 다음에 "이제 괜찮니?"라고 물은 뒤 다시 대화를 이어나가자.

교사는 학생과 누가 "마지막으로 결정적인 말"을 했는지를 두고 다
투지 말아야 한다. 훈육에 도움이 되는 말은 "마지막 말 다음에" 오기
도 하지만, 교사는 중재에 도움이 되는 말을 했다는 데에 만족해야 한
다. 가급적이면 학생이 "마지막 말"을 하도록 배려하자. 그 학생도 같
이 급식을 먹고 버스를 타고 다니는 친구들 앞에서 체면을 세울 필요
가 있으니 말이다.

눈 맞춤과 마찬가지로 문화권마다 사람들은 대화할 때 떨어져야 할
거리에 대해 서로 다른 생각을 가지고 있다. 예를 들어, 일부 동양 문화
권에서는 사람들이 대화를 할 때 멀찌감치 떨어져 대화하는 것이 상식

이다. 한편 대부분의 서양 문화권에서는 팔을 뻗은 거리가 두 사람이 편하게 대화를 나눌 수 있는 거리로 통용된다.

여기 제시된 내용은 어디까지나 제안에 지나지 않는다는 점을 명심하자. 다시 말하지만 교사는 자신의 본능적인 직감을 믿어야 하고, 오직 학생 개개인의 특성을 정확히 파악하는 것이 친밀감의 정도를 결정하는 데 가장 큰 역할을 한다는 사실을 깨달아야 한다. 만약 학생이 위협감을 느낀 것 같으면 교사가 뒤로 물러나야 한다. 어떤 학생들은 익숙해지기 전까지는 교사가 가까이 다가올 때마다 긴장을 하고 울음을 터뜨릴 수도 있다. 이럴 때는 가볍게 어깨를 두드려준 뒤 눈을 맞추면서 이렇게 말해 주자.

"선생님도 기분이 엉망일 때는 울기도 한단다."

물론 학생들이 더 가깝게 느끼는 유형의 교사가 있고 그렇지 않은 교사가 있다. 따라서 각각의 학생에게 친밀감을 표현할 수 있는 거리를 알아가면서 조금씩 거리를 조정하자.

학생을 친밀감으로 훈육하는 최종적인 방법은 학생이 부적절한 행동을 할 때 가능한 가깝게 곁에 서 있거나 앉아 있는 것이다. 아무 말도 하지 말자. 오직 학생 곁에 서서 무언의 메시지를 보내자.

수업 중에 대화하기

수업 중에 교사가 학생과 방해 행동에 대해 보다 깊은 대화를 나누고 싶다면 수업 시간을 따로 할애하지 않고도 학생과 개인적인 대화를 나눌 수 있는 방법이 있다. 모둠 학습 또는 짝 학습을 진행하거나 학생들이 개별적으로 다른 학생과 대화를 나누면서 학습을 하도록 수업을 진행하면서 방해 행동을 한 학생과 대화를 나누는 것이다.

학생들이 학습 과제(학생들이 완전히 집중할 수 있는 과제가 가장 이상적이다)에 "정신이 팔려 있는" 사이에 해당 학생과 대화를 나누자. 아마 다른 학생들은 거의 눈치채지 못할 것이다. 이를 위해 학년 초에 학생들과 수업 도중에 개인적으로 대화를 나누는 경우가 있을 것이며, 이것이 교사의 피드백 방식이라는 점을 미리 학생들에게 확실히 밝히는 것이 좋다.

개인적인 대화를 나눌 경우에 다른 학생의 이야기는 절대로 하지 않을 것이라는 점을 약속하는 것도 잊지 말아야 한다. 이렇게 교사가 미리 대화 방식을 안내해 주면 학생들은 교사가 특정 학생과 개인적인 대화를 하는 것도 수업의 일부분으로 받아들일 것이다. 물론 학생들이 몇몇 학생과 대화를 나누는 교사에게 무슨 일이냐고 묻는 일도 없을 것이다.

학생들을 살피며 순회하기

교사가 수업을 진행하면서 교실 안을 계속 순회하면 학생들은 언제든 교사가 가까이 다가올 수 있다는 것을 알게 된다. 여러 가지 방식으로 교실을 돌아보자. 교실의 뒤편이나 옆에서 수업을 하거나 수업 중에 교실의 한가운데를 걸어 지나가자. 교사가 교실의 곳곳을 순회하면 학생들이 방해 행동을 할 가능성이 줄어들고, 일부 학생이 방해 행동을 하더라도 자연스럽게 다가가 방해 행동을 바로잡을 수 있다. 학생들이 계속해서 수업 분위기를 흐린다고 하더라도 절대로 고함을 치거나 다음과 같은 말로 수업 분위기를 잡으려고 하지는 말아야 한다.

"폴이 앉아 있는 것 좀 보세요. 모두가 폴처럼 앉으면 바로 줄 서서 급식실에 갈 수도 있어요."

교사가 학생들의 면면을 살피며 교실을 순회하면 필요할 때 조용히 말을 건네고(프라이버시), 특정 학생을 바로 바라보고(눈 맞춤), 다른 학생들의 이목을 끌지 않으면서도 특정 학생이 교사의 존재를 느낄 수 있을 정도로 가깝게 다가설 수(친밀감) 있어서 좋다. 교사는 감정을 섞지 않은 채로 이렇게 말할 수 있을 것이다.

"이제 이야기 그만하고 수업에 집중하자."

이때 교사는 학생이 지금 교사가 자신에게 이야기하고 있다는 것을 느낄 수 있도록 눈을 맞추는 것도 좋다. 그다음 곧장 다른 학생 쪽으로 걸어가자. 교사가 이런 식으로 중재하려면 시간이 꽤 소요될 것 같지만, 실제로는 1~2분 정도밖에 걸리지 않는다. 교사가 몇몇 학생에게 말을 건네는 걸 보고 다른 학생들이 교사의 메시지를 금방 파악하기 때문이다.

교사의 인내심

교사가 학생에게 방해 행동을 그만하라고 훈육할 때 드러나는 일반적인 문제는 바로 인내심이 부족하다는 것이다. 수업 중에 핸드폰을 집어넣으라고 하거나 조용히 앉으라고 할 때, 보통 교사는 몇 마디 말을 건네고 나서 걸어가버린다. 물론 학생은 교사의 말을 따르지 않는다.

교사는 학생이 교사의 말을 들을 때까지 목소리를 높여가며 같은 말을 반복한다. 그 학생이 처음에 교사의 말을 따르지 않은 것은 교사가 말만 남긴 채 걸어가버렸기 때문이며, 이때 교사의 행동은 옳건 그르건 간에 책임감이 부족한 행동이라고 할 수 있다. 그렇다면 지금부터는 다르게 말해 보자.

"지금 핸드폰을 가방에 넣어줄래?"

그리고 걸어가는 대신 학생의 곁에 서서 수업을 진행하면서 학생이 핸드폰을 넣을 때까지 기다리자. 1~2분이 지났는데도 학생이 핸드폰을 넣지 않으면, 다시 한 번 부드럽게 일러주되 절대로 움직이지 말자. 이런 행동을 본 학생은 교사가 지금 진지하게 자신을 지도하고 있다는 생각을 하게 될 것이고, 아마 대부분은 교사의 지도를 따를 것이다. 끝까지 교사의 지도를 따르지 않는 학생의 경우에는 다음과 같이 물어보자.

"핸드폰을 가방에 넣을래 아니면 수업이 끝날 때까지 선생님에게 핸드폰을 맡길래?"

어느 경우든 교사는 인내심을 발휘해야 한다.

방어막을 해제하고 새롭게 출발하기

엔터프라이즈호는 오리지널 〈스타트랙〉 텔레비전 시리즈와 동명의 영화에 등장하는 우주선이다. 이 우주선의 방어 무기 중 하나는 방어막인데, 이 방어막은 우주선을 둘러싸고 외부의 공격을 막아주는 기능을 한다. 그러나 방어막을 펼치면 여러 문제가 생긴다. 일단 외부와의 교신이 불가능하고, 방어막을 쓰기 위해 우주선의 생명 유지 장치 에너지를 소비해야 한다. 학생들도 우주선과 마찬가지로 방어를 위해 방어막을 가지고 있고 똑같은 문제를 겪는다. 학생들이 방어막을 친다는 것은 신체적 혹은 심리적 상처를 회피하고자 방어 기제를 사용한다는 뜻이다. 이런 학생들은 교사를 째려보거나 두 팔을 꼰 채로 다음과 같은 메시지를 보낸다.

"날 내버려둬요. 지금 기분이 엉망이라고요. 난 지금 방어막 안에 있으니까 선생님이 시키는 일 따위는 하지 않을 거예요."

교사는 학생들의 기분이 엉망인 이유를 알 수도 있고 그렇지 않을 수도 있다. 학생은 어젯밤에 일어난 일 때문에 화가 났을 수도 있다. 교사와는 아무런 관계가 없는 일 때문일 수도 있다. 일반적으로 나이가 많은 학생들이 어린 학생들보다 가슴에 분노를 오래 간직하는 경향이 있다.

교사가 학생을 상심시킨 일이 무엇인지 알건 모르건 간에 학생의 방어막을 내리는 데에는 단 한 가지 원리를 적용하는 것이 바람직하다. 그것은 바로 새롭게 시작하라는 것이다. 어떤 이유로 기분이 엉망이 되었든 간에 학생들은 이미 과거는 지나가버렸다는 점을 깨달아야 한다. 학생들에게 아래의 방법을 적용해 보자.

설명을 구하자.

"기분이 별로구나. 이유를 들려줄 수 있겠니?"

분위기를 바꾸자.

"어제 있었던 일 때문에 기분이 별로인 것 같구나. 그런데 말이야, 새로운 하루가 시작됐으니까 오늘은 새로 출발하면 좋겠어. 어젯밤에 야구 게임(핸드폰 게임, 페이스북 등) 봤니?"

방어막이 해제되고 학생이 괜찮아 보일 때까지 기다리자.

"평소에 기분이 안 좋아 보일 때가 있던데. 네 기분이 별로일 때 선생님이 어떻게 도와주면 좋겠니?"

학생이 방어막을 내릴 기미가 보이지 않으면 일단 중재를 미루자.

"아직 마음이 진정되지 않았구나. 이해해. 선생님은 네가 기분 좋게 다시 시작했으면 좋겠어. 네 기분이 금방 좋아지길 바라. 오늘 하루를 엉망으로 보내는 것보다는 기분 좋게 보내는 것이 좋잖아."

포기하지 않기

아놀드 슈워제네거의 영화 〈터미네이터〉는 교사에게 효과적인 중재 방안을 제시한다. 터미네이터의 유명한 대사 "I'll be back"은 이 중재 방안의 기본 방향을 제시한다. 교사가 학생에게 문제행동에 대해 설명하고 대화를 나누려고 하는데 학생이 대화를 거부하는 경우에 이 방법을 쓰면 좋다. 아마 학생들은 귀를 닫거나 그냥 내버려두라는 말을 하면서 대화를 거부할 것이다. 혹은 건성으로 듣는 척하거나 교사를 외면하면서 소극적인 방식으로 대화를 포기할 것이다. 학생들이 이런 식으로 행동하면 교사는 화를 내거나 어떻게 해서든 학생과 대화를 하려고 애를 쓴다. 그러나 불행하게도 우리는 다른 사람이 듣기 싫어하면 그 사람에게 그 어떤 말도 들려줄 수 없다. 그리고 우리가 억지로 그 사람들을 귀 기울이게 한 경우에도 그 사람들이 우리가 실제로 하는 말을 알아듣게 만들 수 없다. 지금부터 소개할 방법이 효과를 발휘하려면, 교사는 분노와 좌절 같은 감정부터 다스려야 한다. 학생에게 친절한 목소리로 이렇게 말하자.

"지금은 선생님과 이야기를 할 수가 없겠구나. 나중에라도 마음이 바뀌면 선생님이 다시 돌아올 테니 대화를 해보자."

이 말을 하고 천천히 그리고 조용히 걸어 나오자. 적당한 시간 동안 기다렸다가(적당한 시간은 학생의 연령과 개인적 특성에 따라 달라진다) 다시 다가가 이렇게 말해 보자.

"지금 선생님과 대화할 수 있겠니?"

학생이 거부 의사를 표현하면 다시 이렇게 말하자.

"아직은 대화를 하고 싶지 않은가 보구나. 잘 알겠어. 이따가 마음이 바뀌면, 선생님이 다시 돌아올 테니까 대화를 해보자."

이 과정을 필요한 만큼 반복하자. 교사는 학생이 대화를 하고 싶은 척하면서 실제로는 교사가 문제 상황에 대한 훈육을 "포기하도록" 만드는 경우를 대비해야 한다. 이런 학생들은 이렇게 말할 것이다.

"알았어요. 이제 그만하죠."

이런 경우라면 교사가 어떤 말을 하든 헛심을 쓰는 것이나 다름없다. 대화의 결과로 얻을 수 있는 것은 학생이 더 이상 "시달리지" 않아도 된다는 점을 제외하면 아무것도 없을 것이다. 이때 교사는 이렇게 말하는 것이 바람직하다.

"대화를 하고 싶다니 기쁘기는 한데, 너는 이 문제를 그냥 덮고 넘어가려는 것 같아. 선생님은 자초지종을 듣고 싶고 네 생각을 자세히 알고 싶어. 선생님이 나중에 다시 대화를 신청해도 되겠니?"

이때 교사는 학생에게 잔소리를 하지 않는 것이 바람직하다. 일단 기다렸다가 나중에 대화를 시작하자. 학생과 이런 대화를 나눔으로써 학생에게 전달되는 메시지는 "선생님 말을 듣지 않으면 들을 때까지 널 들들 볶을 거야"가 아니라 "선생님은 널 포기하지 않아. 선생님은 너를 무척 아끼거든"과 같은 것이어야 한다. 교사가 학생에게 해줄 말이 있을 뿐 아니라 듣고 싶은 것이 많다는 것을 표현할수록 훈육에 성공할 가능성은 그만큼 높아지기 마련이다.

인식의 재구조화

종종 교사들은 학생들이 심한 행동을 하면 너무 화가 나고 의욕이 꺾여서 마음을 가라앉히기가 어렵다고 말한다.

"학생이 교실을 엉망으로 만든 상황에서 교사가 학생에게서 '멀어져 가며' 다정한 목소리로 '조금 더 생각할 시간이 필요하구나'라고 말해야 한다니, 말이 쉽죠. 저도 노력은 하고 있어요. 그런데 이렇게 말하고 싶은 마음이 굴뚝같다고요. '닥쳐 이 녀석아. 네가 뭔데 나한테 이러는 거야?'"

이 질문에 대한 정답은 꾸준히 연습해야 한다는 것이다. 꾸준히 노력하면 문제 상황에서도 침착함을 유지하는 것이 점점 쉬워질 것이다. 지금부터 보다 건설적이고 어떤 상황에나 적용할 수 있는 "재구조화"라는 중재 방법을 소개해 보겠다(Molanar & Linquist, 1990).

재구조화의 개념은 무척 간단하다. 재구조화는 "우리가 보는 것의 이름을 바꾸는 것"이다. 우리가 직면한 상황의 이름을 바꾸면 상황의 의미와 그에 대한 우리의 해석도 달라지고, 이러한 변화는 우리의 행동에도 큰 영향을 준다. 교실에서 마주하는 일들부터 일상생활에서 직면하는 상황에 이르기까지 자신의 주변을 재구조화하면 삶 자체가 변하게 된다.

잠시 여러분이 길을 가다가 과속 차량 때문에 멈칫한 상황을 떠올려 보자. 그 상황에서 여러분의 표정은 과속 차량의 운전자가 술에 취했다고 생각하느냐 아니면 급히 병원에 가는 중이라고 생각하느냐에 따라 완전히 달라질 것이다. 물론 여러분은 운전자가 과속을 한 진짜 이유를 알아낼 수 없다. 하지만 어떤 "생각"을 하는 것이 행복한 하루를 보내는 데 더 도움이 되겠는가?

위의 맥락을 교실 상황에 적용해 보자. 아래에 제시된 내용 중 어느 편이 교사가 문제 상황을 해결하는 데 힘을 실어주고 기분을 좋게 만들어주겠는가?

"선생님이 너를 좋아하는 이유 중 하나는 너는 아무리 힘든 일을 당해도 절대로 포기하지 않는다는 거야. 너는 참 끈질긴 아이야. 네 또래 학생들은 어려운 일을 겪으면 포기하기 마련인데, 너는 안 그렇잖아. 그런데 때로는 네가 지금과는 다른 방식으로 행동하는 게 더 낫다는 생각이 들어. 더 좋은 방식으로 행동하는 방법에 대해 이야기해 볼까?"

"넌 정말 고집이 세구나. 왜 선생님이 말하는 대로 하지 않는 거니?"

사실 끈질긴 것과 고집이 센 것 사이에는 아무런 차이가 없다. 두 용어는 동일한 특성을 지닌다. 첫 번째 사례에서 학생은 포기할 줄 모르는, 학생이 꼭 갖춰야 할 자질을 갖춘 것으로 되어 있다. 이에 비해 두 번째 사례의 학생은 고집이 세서 교사가 바라는 것을 하지 않는, 부정적인 특징을 가진 것으로 기술되어 있다. 두 사례에서 교사는 학생의 동일한 특성을 말하고 있지만, 해석 방식에 따라 그 의미가 완전히 달라진다.

모든 교사는 매일 주변의 상황을 긍정적으로 해석할지 아니면 부정적으로 해석할지를 선택하며, 이러한 선택권은 교실 외에도 어느 곳에서나 주어진다. 학생이 부정적인 행동을 할 때 그 행동에서 최소한 하나의 긍정적인 특성을 찾아보자. 교사가 이렇게 인식을 재구조화하면 학생이 교사의 지도를 따를 가능성이 높아진다. 이뿐 아니라 인식의 재구조화를 통해 교사는 정신력을 키울 수 있다. 분노와 좌절감은 줄어드는 대신 매 순간 학생을 지도할 수 있는 실마리를 얻을 수 있을 것이다.

다음은 교사가 인식을 재구조화한 덕분에 한 학생의 인생을 구한 사례이다.

셜리 블레이크Sally Blake는 미주리 주의 캔자스 시티에서 살면서 정신적으로 학대를 받아 정상적인 학습이 불가능한 3학년 학생들을 가르치는 교사였다. "레이첼"은 아주 어린 나이에 성적 학대와 육체적 학대를 받은 학생이었다. 이 여학생은 심각한 정신적 고통에 시달리면서 학습에서도 부진을 겪고 있었다. 여학생은 세 번째 양부모의 집에서 2년 동안 생활하는 중이었다. 심각한 학대를 받았음에도 불구하고 레이첼은 셜리 선생님만은 믿고 따랐다.

"선생님은 제가 믿는 유일한 사람이에요. 선생님은 절대로 저를 해치지 않을 거라는 걸 믿어요."

사제의 정을 나눈 지 얼마 되지 않은 어느 날, 레이첼은 셜리 선생님의 소지품을 훔치다가 발각되었다. 셜리 선생님은 분노했고 경찰에 신고를 할지 고민했다. 고민 끝에 셜리 선생님은 이 상황을 재구조화하기로 결정했고, 레이첼이 했던 말에 주의를 기울였다. 셜리는 레이첼이 셜리 자신을 유일하게 믿고 따른다고 말한 것을 상기하고 레이첼이 양부모에게 사랑받지 못한다는 점을 생각해 냈다. 그리고 셜리는 어쩌면 레이첼이 집에서 자신이 믿고 따르는 사람의 일부분(즉 소지품)을 가지고 있으면서 안전함과 사랑을 느끼고 싶어서 선생님의 물건에 손을 댔을지도 모른다는 생각을 했다.

여러분도 소중한 사람의 사진이나 이별한 사람이 주고 간 편지를 다시 읽은 적이 있지 않은가? 결국 셜리 선생님은 레이첼을 도둑으로 생각하는 대신 "불안하고, 결핍되고, 상처받은" 사람으로 받아들였다. 셜리 선생님은 레이첼에게 예쁜 벨트를 건네주며 말했다.

"선생님이 필요할 때마다 이 벨트를 착용해 봐. 그리고 선생님이 널 꼭 안아주고 있다고 생각해 봐!"

분명히 말해서 도둑질을 한 학생에게 선물을 주는 것은 학교의 규칙과 거리가 멀다. 다만 레이첼은 보통 학생과는 다른 훈육이 필요한 학생이었을 뿐이다.

몇 년 후, 레이첼은 보호시설로 보내졌다. 관계자는 셀리 선생님이 선물로 준 벨트가 레이첼의 인생을 구했다는 말을 전했다. 레이첼은 심한 우울증에 시달리는 동안 벨트를 차고 "블레이크 선생님은 날 사랑해"라는 말을 끝도 없이 반복했다고 한다. 만약 벨트가 없었더라면 레이첼이 힘든 시기를 이겨내는 일은 없었을 거라고 관계자가 말했다.

인식의 재구조화는 문제행동을 한 학생에게 면죄부를 주는 것이 아니다. 재구조화의 목적은 문제를 해결하는 데 반드시 필요한 해결책을 찾아내는 것이다. 교사는 모든 선택에는 긍정적인 면과 부정적인 면이 공존한다는 점을 이해할 때 보다 쉽게 상황을 재구조화할 수 있다. 이때 선택을 함으로써 얻을 수 있는 이익은 선택에 따른 대가보다 커야 한다. 이러한 원칙은 학생의 행동에도 그대로 적용될 수 있다.

학생들은 어떠한 이유에서든 교사를 화나게 하는 행동을 할 가치가 있다는 생각에서 선택을 내리고 문제행동을 한다. 교사는 학생의 입장이 되어 문제행동을 함으로써 얻을 수 있는 이익이 무엇인지를 이해함으로써 학생의 행동을 재구조화할 수 있다. 그리고 교사가 이러한 재구조화를 할 수 있을 때에야 비로소 학생과 문제행동의 부정적인 측면을 이야기하기 전에 긍정적인 측면을 먼저 언급할 수 있다.

교사는 학생의 행동을 긍정적으로 해석할 때 그 해석이 올바른가 하는 것과는 상관없이 학생과 깊은 대화를 나눌 가능성을 확보할 수 있다. 그리고 재구조화를 한 뒤에는 적절한 중재나 행동의 결과를 학생에게 적용해야 한다는 점을 기억하자.

아래에서는 몇 가지 재구조화 사례를 살펴보겠다.

한 학생이 놀림을 받았다는 이유로 친구를 때린 경우

"나름대로 너 자신을 보호했다니 다행이네. 어느 누구도 다른 사람의 마음을 아프게 할 권리는 없어. 그래도 다음에는 폭력 대신 대화로 문제를 해결하도록 노력해 보자. 선생님이랑 연습해 볼까?"

학생이 수업에 늦게 온 경우

"친구와 함께 시간을 보내는 건 무척 좋은 일이야. 친구는 정말 소중한 존재니까. 그런데 학교도 친구와 똑같이 소중하단다. 제시간에 교실에 오는 건 아주 중요해. 선생님 말을 들어줘서 고마워."

학생이 숙제를 하지 않은 경우

"학교를 마친 뒤에 바쁜 시간을 보내는 건 나름 좋은 일이지. 그리고 어떻게 시간을 보내야 할지를 결정하는 건 무척 어려운 일이야. 학교 숙제를 네 우선순위의 위쪽으로 올리는 방법이 있을까?"

우리는 모든 상황에 대한 인식을 재구조화할 수 있다. 물론 그저 상황을 다르게 파악하는 것 이상으로 교사의 특별한 노력이 요구되는 문제 상황도 있을 것이다. 예를 들어 학생이 폭력 조직, 약물, 불법 행위에 연관되어 있다면 교사는 강력한 훈육 방안을 동원해야 한다. 그렇다고 하더라도, 교사가 상황을 긍정적으로 해석하면 그만큼 문제를 해결할 가능성이 커진다.

"선생님은 네가 네 조직을 형제처럼 생각한다는 걸 잘 알아. 모든 사람들은 서로 믿고 보호해 주는 관계가 필요하단다. 사람들은 그런 관계를 맺고 나서야 기분이 안 좋을 때, 특히 자기 자신에 대해 안 좋은 일이 있을 때 힘을 낼 수 있거든. 그런데 때로는 자기 형제와 같은 사람에게도 싫다는 말을 해야 하는 경우가 있단다. 거절을 하려면 그 어떤 일을 할 때보다 많은 용기가 필요해. 선생님은 네가 용기를 낼 수 있는 방법을 찾아내길 바라."

3. 수동적인 공격 행동을 다루는 방법

●
●

사람들은 자신이 힘을 잃었다고 느낄 때나 힘이 센 사람에게 고통을 주고 싶다고 생각할 때 수동적인 공격 행동을 한다. 수동적인 공격 행위를 일삼는 사람들은 자신의 행동을 통해 다음과 같은 세 가지 메시지를 전달한다. 이 메시지는 절대로 간과되어서는 안 된다.

- 당신은 나보다 많은 힘을 가지고 있지만 나도 당신에게 고통을 줄 정도의 힘은 가지고 있다.
- 당신은 나에게 당신이 원하는 걸 시킬 수는 있겠지만, 그 방식에 있어서만큼은 그렇지 않다. 나는 내 방식대로 할 것이고, 물론 당신은 내 방식을 싫어할 것이다.
- 아직 끝나지 않았다. 당신은 이 상황이 언제 끝날지 결정할 수 없다. 결정은 내가 한다.

위의 메시지에 드러나 있듯이, 사람들은 자신의 힘과 주도권을 되찾고자 할 때 수동적인 공격 행동을 한다. 학생들의 경우에는 교사가 자신보다 강한 힘과 주도권을 가지고 있다고 느낄 때 수동적인 공격 행동을 한다.

다음은 학생들이 보이는 수동적인 공격 행위의 사례들이다. 학생들은 교사의 지도에 응하지만, 교사가 원하는 방식을 따르지 않는다는 점을 주목하자.

- 교사가 무엇인가를 시키면 최대한 천천히 움직이는 행동
- 교사가 재미있는 이야기를 하면 웃지 않으려는 행동
- 교사의 말을 무시하는 행동
- 교사에게 "내가 왜 화가 났을까요?"라고 묻듯이 하는 행동
- 소지품을 정리하되, 상당히 오랜 시간을 들이는 행동
- 뽀로통한 표정을 짓거나 징징거리는 행동

학생이 수동적인 공격 행동을 할 때 교사가 취해야 할 태도는 승자 없는 싸움을 거절하는 것이다. 학생에게 이렇게 말하자.

"지금은 선생님이 네게 빨리 움직이라고 말해도 아무런 소용이 없을 것 같아. 네가 선생님 말을 따르지 않을 테니까 말이야. 너는 지금 선생님 말을 듣지 못하는 척하는 것 같아. 아마 선생님은 화가 날 테고 네게 빨리 좀 움직이라고 잔소리를 하겠지. 그러면 너는 더 느리게 행동할 게 분명해! 선생님은 아무 말도 하지 않을 거야. 네가 조금 더 빨리 움직이겠다고 스스로 결정할 수 있다는 것을 믿으니까."

수동적인 공격 행동을 하는 사람은 다른 사람의 감정을 조종하면서 자신이 힘을 가지고 있다고 느끼기를 원한다. 교사는 상황이 이런 식으로 흘러가게 내버려두어서는 안 된다. 때로 교사가 자신도 모르는 사이에 학생을 모욕했거나 학생의 마음에 상처를 입힌 경우, 학생들은 수동적인 공격 행동을 한다. 이 경우 교사는 과거에 자신이 한 행동을 기억하지 못하겠지만, 학생은 계속해서 교사에게 원한을 품고 있을 것이다.

학생들 자신도 왜 수동적인 공격 행동을 하는지 모르는 경우가 꽤 많다. 어쩌면 자신의 생활에 주도권을 상실한 것이 수동적인 공격 행동을 불러일으키는 가장 일반적인 이유이다. 따라서 교사는 학생이 수동적인 공격 행동을 할 때 일단 마음을 단단히 먹고 학생이 자신의 생활에 힘과 주도권을 되찾을 수 있는 건설적인 방법을 찾아낼 수 있도록 도와야 한다. 학생에게 리더십을 발휘할 수 있는 기회(줄 반장, 소음 단속반, 학급 대표 등)를 부여하는 것도 좋은 방법이다. 학생들에게 직접 의견을 물어보자.

교사가 학생의 수동적인 공격 행동을 다루는 효과적인 방법은 학생 자신이 바라는 것이나 필요한 것을 보다 생산적인 방식으로 표현하도록 지도하는 것이다. 교사는 해결책을 강구하면서 학생의 현재 행동을 불러일으킨 원인을 파악하고, 아래와 같이 개인적인 대화를 시도해야 한다.

"무슨 일 때문인지는 모르겠지만 지금 상당히 속이 상했구나. 무슨 일이 있었는지 말해 줄 수 있니?"

"기분이 별로구나. 선생님이 무엇을 해주면 기분이 나아질까?"

"선생님이 네 나이였을 때, 선생님의 선생님도 나를 화나게 만든 적이 있어. 그런데 내가 말을 하지 않으니까 선생님은 자신이 무슨 행동을 했는지도 모르더라. 선생님들은 자신이 학생에게 어떤 행동을 했는지도 기억하지 못할 때가 있어. 너는 선생님이 했던 실수를 말해 줄 수 있니?"

"네가 그렇게 문을 세게 닫는 걸 보니까 선생님한테 네가 지금 얼마나 화가 났는지 알려주고 싶은 것 같구나. 무슨 일 때문에 이토록 화가 났는지 말해 줄 수 있니?"

"짜증 나는 일이 있을 때 화를 내는 건 좋은 일이야. 감정을 숨기지 않고 솔직하게 행동해 줘서 좋구나. 그런데 화가 나면 바로 선생님에게 말해 주면 좋겠어. '선생님이 이러저러해서 화가 나요.' 이런 식으로 말이야. 네가 이야기를 해야 선생님이 문제를 해결하도록 도움을 줄 수 있어."

2분 중재법

2분 중재법은 교사가 학생의 수동적인 공격 행동을 중재하기 위해 고안된 방법이다. 물론 이 중재 방법은 다른 방해 행동을 해결할 때에도 사용될 수 있다. 교사는 학생과 개인적인 대화를 나누면서 2분 중재 방법을 사용하는 것이 좋지만, 모둠 프로젝트 학습이나 짝 활동 같은 직접 교수 활동을 할 때가 아니라면 수업 시간에도 적용할 수 있다.

다음은 2분 중재의 절차이다. 혹시 이 절차를 그대로 따르지 못한다 하더라도 최대한 따르려고 노력해야 한다.

- 수동적인 공격 행동을 하는 학생이 있다면 10일 동안 계속해서 2분 동안 대화를 나누자. 물론 대화의 내용은 학교생활과 무관한 것이어야 한다. 성적, 수업 태도, 생활 태도에 대해서는 이야기를 하지 말자.

- 학생의 관심사를 주제로 대화하자. 교사가 학생의 관심사에 대해 아는 것이 없다면 시간을 들여 알아내야 한다. 학생이 관심사를 알려주지 않으면, 교사의 관심사를 알려주고 학생의 의견을 물어보자. "너는 어때?" 학생의 관심사에 대해 아는 바가 없을 때, 학생에게 알려달라고 부탁하는 것도 좋은 방법이다. "선생님과 너는 좋아하는 음악 장르가 전혀 다른 것 같아. 네가 왜 그 그룹을 좋아하는지 말해 줄래?"

- 처음에는 교사가 2분 동안 거의 모든 말을 해야 한다는 점을 명심하고 준비해야 한다. 아마 10일째 되는 날에는 말을 하는 비율이 뒤바뀌어 있을 것이다.

- 나이가 많은 학생과 대화를 시도할 때에는 학생이 거절할 수 있다는 점을 미리 예상해야 한다. 수동적인 공격 행동을 하는 대부분의 학생들은 교사와 부정적인 상호작용을 하는 데 익숙해져 있기 때문에 교사가 개인적인 관심을 표현할 때 의심의 눈길부터 보낼 것이다. 그러나 학생의 거절에 물러나면 안 된다. 학생과 대화하기가 힘든 경우라 하더라도 단 2분 동안만 대화하면 된다는 사실을 명심하고, 내일 대화는 내일 하면 된다는 마음을 가져야 한다. 꾸준히 대화를 나누다 보면 상황이 바뀔 것이다.

- 거짓말을 하면 안 된다. 아는 척을 하거나 배려하는 척을 하는 등 마음에 없는 행동을 진심인 듯 포장하면 안 된다.

- 한 번에 한 학생과 대화하라. 2분 중재법을 수행하는 데는 상당한 용기와 정신적 에너지가 소모된다.

비공식적인 훈육 방법은 학생이 방해 행동을 했을 때 행동의 결과를 적용하지 않고 학생을 배려하는 방법을 찾기 위한 교사의 노력이라고 말할 수 있다. 행동의 결과가 학생이 규칙을 위반했을 때 교사가 취할 수 있는 공식적인 대응 방안이라면, 비공식적인 훈육 방법은 주로 교사와 학생이 상호작용을 하는 과정에서 빚어지는 학생의 부적절한 행동을 교사가 지도할 때 사용하는 훈육 방법이다. 지금 당장 교실에서 학생과 마주한다면 이 비공식적인 훈육 방법을 어떻게 활용할지 생각해 보자. 예를 들어 여러분이 지도하는 학급에서 방해 행동을 바로잡아 줄 필요가 있는 학생을 떠올려보자. 여러분은 그 학생의 방해 행동을 어떻게 재구조화할 수 있겠는가? 그 학생을 "짜증나는", "진을 빼는" 학생으로 생각하지 말고 "뚝심 있는", "의지가 강한" 학생으로 바라보기 위해 최선의 노력을 다해 보자. 그 학생과 어떻게 하면 긍정적으로 의사소통을 할 수 있을지 방안이 떠오르는가? 마지막으로 그 학생에게 "2분 중재법"을 적용한다고 생각해 보자.

Discipline with Dignity

Part 8

훌륭한 수업으로 문제행동 해결하기

학 습 동기가 충만한 학생들은 일반적으로 문제행동을 일으키지 않는다. 여기서 학생의 학습 동기는 교사의 수업 운영 방식에 큰 영향을 받는다. 교과를 가르칠 때 학생의 사고력을 자극하고 지식의 의미를 드러내며 학생들의 자존감을 존중하는 열정적인 교사는 어떤 교과를 가르치든 교과의 언어를 살아 움직이게 만든다. 이에 반해 학생의 학습 동기를 유발하지 못하는 교사는 어떤 과목을 가르치든 교과 특유의 사고방식이 담긴 언어를 박제로 만들어버린다.

이번 장에서 우리는 문제행동을 해결할 수 있는 또 다른 방법을 살펴볼 것이며, 그 비법은 교사가 가르치는 교과 내용이 아닌 수업 방식과 관련되어 있다. 피어슨 재단The Pearson Foundation의 2014년 연구에 따르면, 중고등 학생 중 38%에 해당하는 학생들만이 교과 내용을 배우면 일상생활에서 일어나는 현상들을 이해하는 데 도움이 된다고 응답했다. 47%에 해당하는 학생들은 수업이 지루하다고 답했으며, 오직 31%의 학생들만이 교사가 수업 시간에 즐겁게 공부하게 해준다고 반응했다.

이제 우리는 교사가 수업 시간에 적용할 수 있는 다양한 학습 활동과 학습 동기를 불러일으키는 수업을 계획하고 운영하는 방법을 자세히 살펴볼 것이다. 또한 학교에서 학생들의 문제행동을 자극하는 세 가지 활동, 즉 평가와 성적, 숙제 그리고 모둠 학습에 대해 살펴본 뒤, 교사가 학생의 문제행동을 최대한 줄이기 위해 각각의 활동을 어떤 방식으로 운영해야 하는지 알아보겠다.

1. 학습 동기를 자극하는 수업

●
●

사실 학생의 동기를 불러일으키는 수업을 계획하고 실시하는 방법은 셀 수 없이 많다. 우리는 학습 동기를 강력하게 유발하는 네 가지 요인 그리고 학생들의 기본적인 욕구를 충족시킬 수 있을 뿐 아니라 교사가 어느 과목에서나 적용할 수 있는 학습 활동에 대해 자세히 살펴볼 것이다. 우선, 학습 동기를 자극하는 네 가지 요인은 다음과 같다.

- 생활과의 연관성
- 교과 지식에 대한 교사의 열정
- 학생 개인에 대한 교사의 관심
- 재미

생활과의 연관성

교과 내용을 학생의 생활과 관련시키는 것은 문제행동을 사전에 예방하는 효과적인 방법이다. 수업 시간에 학생들이 평소에 좋아하는 활동을 더 잘할 수 있도록 도움을 주는 내용을 배울 수 있다거나 교과 내용을 이해한 결과로 예전에 알고 있었던 것을 새로운 방식으로 해석할 안목을 얻을 수 있다면, 아마 거의 모든 학생들이 수업 시간에 집중할 것이며 자연스럽게 문제행동이 줄어들 것이다.

"가짜 뉴스"를 예로 들어보자. 가짜 뉴스는 학생들에게도 널리 알려진 사회적 문제인데, 한 연구에 따르면 중학생 중 80%는 거짓 기사와 진짜 기사를 구별하지 못한다고 한다(Wineburg, 2013).

한 교사가 학생들에게 웹사이트에서 마틴 루터 킹에 대한 기사를 읽게 한 후 기사의 요지를 물었다고 한다. 학생들은 대부분 "마틴 루터 킹의 위대함"이라고 답했다. 이어서 교사는 학생들에게 다른 인터넷 기사를 읽어보라고 했고, 학생들은 이 기사가 백인 우월론자가 거짓 근거를 들어 마틴 루터 킹을 악의적으로 폄하한 글이라는 것을 알게 되었다. 충격을 받은 학생들은 가짜 뉴스가 얼마나 쉽게 사람들의 생각을 조종할 수 있는지 깨달았다고 한다.

물론 모든 수업에서 교과 내용을 학생들의 생활과 관련시킬 수는 없다. 하지만 학생의 생활과 밀접한 수업을 운영할수록 학생들이 실질적인 학습을 하게 된다는 것만큼은 확실하다.

학생들은 동료 관계에 대해 배우고 이야기할 때 무척 적극적이다. 또한 특정 그룹에 속하고자 하는 강한 욕구를 가지고 있다. 교사는 학생들의 이러한 욕구를 교육과정의 여러 측면과 관련지을 수 있다. 예를 들어, 교사는 갈등을 주제로 한 수업을 운영하면서 학생들에게 사람들이 특정 집단의 일원이 되려는 욕구가 얼마나 강하며, 사람들이 특정 집단에 소속되어야 누릴 수 있는 존경, 지원, 자존감을 얻기 위해 어떤 식으로 경쟁하는지를 소개할 수 있다. 이와 관련하여 혐오 발언과 같은 문제는 교사가 운영할 수업에 좋은 소재가 된다. 안타까운 현실이지만, 주변에는 자신의 유대감을 충족시키기 위해 다른 집단을 향해 혐오 발언을 하는 사람들이 실제로 있다. 교사는 이 점에 착안하여 학생들과 함께 놀림, 빈정거림, 욕설 그리고 혐오 발언 사이의 차이점에 관한 토론을 진행할 수 있을 것이다. 또한 학생들은 다음과 같은 질문을 심층적으로 탐구할 수도 있을 것이다.

- 말하는 사람의 의도가 (내용보다) 중요한가?
- 모든 혐오 발언은 같은 종류의 발언인가?
- 혐오 발언의 피해자는 보복을 위해 혐오 발언을 할 권리가 있는가?

이러한 토론은 교실에서 공식적인 훈육 방법을 마련하는 데 주춧돌과 같은 역할을 한다. 뿐만 아니라 이 토론을 통해 모든 문화는 그 자체로 존중되어야 한다는 교실의 가치 그리고 이 가치를 구체화한 규칙과 행동의 결과를 든든하게 지탱해 주는 근거를 마련할 수도 있다(Curwin, 2017).

학생의 생활과 밀접하게 관련된 수업을 계획하는 가장 좋은 방법은 학생들의 생활을 자세히 관찰하는 것이다. 이를 위해 교사는 학생의 시간과 의견을 소중하게 생각하고 있다는 사실을 학생들에게 알리는 것이 좋다. 이와 관련해서 교사는 학급 학생들에게 다음과 같이 말할 수 있을 것이다.

"우선 선생님이 분명히 밝혀둘 게 있는데, 그것은 바로 너희들의 소중한 시간을 허비하지 않기 위해 선생님이 최선을 다하겠다는 점이야. 선생님은 누군가 선생님의 시간을 낭비하면 무척 기분이 나빠. 그러니까 선생님도 너희들의 시간을 낭비하지 않을 거야. 무슨 말인가 하면, 선생님은 여러분이 꼭 익혀야 할 능력을 중심으로 수업을 진행할 거야. 선생님은 여러분들이 저녁에 게임을 못 하게 하거나 텔레비전을 보지 못하게 하려고 숙제를 내주지는 않을 거야. 너희들은 선생님이 내준 과제를 싫어할 수도 있고, 왜 선생님이 과제를 내주는지 이해하지 못할 수도 있어. 그럴 때마다 기억해 줬으면 좋겠어. 선생님은 학생의 시간을 함부로 빼앗지 않는다는 점을 말이야. 만약 여러분이 선생님 때문에 시간 낭비를 하고 있다고 느껴지면 언제든 개인적으로 찾아와서 자세히 이야기해 줘. 그러면 분명히 좋은 해결 방법을 찾아낼 수 있을 거야."

교과 지식에 대한 교사의 열정

교사의 열정은 훌륭한 수업의 본질이며, 학생들이 학습에 보다 많은 관심을 기울이도록 만드는 요소이기도 하다. 여러분이 좋아하는 영화배우, 음악가, 운동선수 그리고 돈을 주고서라도 보고 싶은 사람들을 떠올려봤을 때 그 사람들은 모두 자신의 분야에서 열정을 가지고 일한다는 것을 알 수 있다. 교사가 교실 문을 들어서자마자 열정적으로 수업을 시작하는 모습을 상상해 보자. 일반적으로 학급에서 가장 훈육하기 어려운 학생들은 가정에서 싸움이나 일방적으로 남에게 상처 주는 행동을 목격하면서 부정적인 열정을 보고 배운다. 이에 비해, 학생이 수업을 진행하는 교사에게서 긍정적인 열정을 느낀다면 이는 참으로 건전한 대안이라고 할 만하다.

교사는 학생에게 자신이 바라는 교사상을 구체적으로 표현하게 하는 활동을 제시할 수도 있다. 이런 활동은 교사가 자신의 어떤 면을 부각시켜야 학생과 교감할 수 있는지를 알아내는 데 도움이 된다. 예를 들어 모둠별로 전지와 사인펜을 적절히 나눠준 다음 모둠에서 생각한 최고의 교사를 전지에 글씨 없이 그림으로만 나타내게 하자. 여기서 학생의 그림에 포함된 모든 요소는 모둠에서 만장일치로 합의를 본 것이어야 한다. 그림이 완성되면 교실 한편에 붙이고 모둠별로 돌아가며 그림을 설명하게 하자. 이때 교사는 학생의 동기를 유발하기 위해 이미 하고 있거나 앞으로 더 노력해야 할 점들을 찾아낼 수 있을 것이다.

학생 개인에 대한 교사의 관심

학교에서 문제를 일으키는 학생들에게 왜 특정 교사의 수업에서는 집중하면서 다른 교사 앞에서는 집중하지 않느냐고 물으면 다음과 같은 대답을 제일 많이 한다.

"그 선생님은 절 배려해 줘요."

"그 선생님은 절 믿어줘요."

학생들에게 이러한 메시지를 전달하는 데 성공한 선생님들은 수업 시간에 학생들의 기본적인 욕구를 충족시켜준다는 공통점이 있다. 널리 알려진 대로, 학창 시절은 학생들이 정체성을 형성하는 데 매우 중요한 시기이다. 대부분의 학생들은 자기 자신에 대해 생각하고 알아가는 것을 매우 좋아한다. 따라서 교사는 학생들이 자신에 대해 배울 수 있는 수업을 운영해서 학생들이 건전한 마음을 지니고 자신이 어떤 감정을 느끼느냐에 따라 다른 결정을 하게 된다는 사실 등을 깨우칠 수 있도록 지도해야 한다.

자기 자신에 대해 배울 수 있는 학습 활동은 셀 수 없이 많다. 학생들은 자기 자신에 대해 말하고 배우기를 좋아하기 때문에 교사가 수업에서 이러한 활동을 진행할 경우 수업을 방해하는 행동은 거의 일어나지 않을 것이다. 아래에서는 수업에 적용할 수 있거나, 참고하여 교육과정을 재구성할 수 있는 열 가지 학습 활동을 살펴보겠다.

1. 학생들에게 "나에 관한 책"을 만들어보게 하자.

이 책에는 학생이 좋아하는 것이 담긴 사진이나 그림, 학생이 잘하는 것, 가보고 싶은 장소, 가족이나 애완동물 사진 등을 담을 수 있다. 이 책을 다른 친구들과 공유할 것인지를 사전에 결정해서 모든 학생들이 이 책에 개인 정보를 얼마나 담을 것인지를 스스로 정하도록 지도하자. 여러 학생들과 "나에 관한 책"을 공유하면 학생들이 더 재미를 느낄 수 있지만, 그럴 경우 일부 학생들은 개인적으로 중요하고 의미

있는 정보를 노출하기 싫어서 책 속에 자신의 모습을 덜 드러내려고
할 것이다.

2. 재미있다고 느끼는 일에 대해 쓰게 하자.

학생들에게 예전에는 재미있다고 생각하지 못했지만, 지금은 재미
있다고 느껴지는 일들에 관한 이야기를 쓰게 하자.

3. 한 번쯤 도전해 보고 싶은 일에 대해 쓰게 하자.

흥미진진하고, 위험하고, 아찔한 일, 예를 들면 스카이 다이빙, 스쿠
버 다이빙, 레이싱, 산악 등반과 같은 일에 대한 에세이를 쓰게 하자. 에
세이에는 자신이 적은 활동에 대한 과학적 사실, 역사와 더불어 자신이
그 일에 도전하고 싶은 이유가 포함되어 있어야 한다.

4. "난 특별해" 게시판을 만들어보자.

이 활동의 목적은 학생들에게 자신이 친구들과 어떤 공통점과 차이
점이 있는지를 알게 하는 것이다. "난 특별해" 게시판을 두 개의 영역
으로 나누어 한쪽에는 "나도"라는 타이틀을 붙이고 다른 한쪽에는 "나
만"이라는 타이틀을 붙이자. 학생들에게 여러 장의 종이를 나눠준 뒤,
한 장에는 자신이 잘하는 일, 다른 한 장에는 가본 적 있는 특별한 장
소, 또 다른 종이에는 정말로 좋아하는 것 등을 적게 하자. 그리고 이
종이를 "나만" 보드에 붙이게 하자. 학생들을 모두 일으켜 세운 뒤 "나
만" 보드를 살펴보게 하고, 자신이 친구와 같은 것을 경험했거나 좋아

한다면 그 종이 위에 자신의 이름을 적고 "나도" 보드에 붙이게 하자. 이 활동의 목적은 가능한 많은 학생들이 "나만" 보드에 자신의 종이를 남기는 것이다.

5. 자신이 좋아하는 활동을 공유하게 하자.

학생들에게 종이 위에 자신이 정말 좋아하고 최소한 한 번은 해본 활동을 다섯 개씩 적게 하자. 그다음 학생들에게 교실을 자유롭게 순회하며 자신과 같은 활동을 최소한 세 개 이상 적은 친구를 만나게 하자. 짝이 지어지면, 왜 이러저러한 활동을 좋아하는지에 관해 대화를 나누게 하자. 언제나 짝을 찾지 못하는 학생들은 생기기 마련이다. 이 경우에는 교사가 짝을 만나지 못한 학생들끼리 짝을 만들어주고 각자가 적은 활동을 서로 소개하게 하면 된다.

6. 책 속의 주인공이 되어보게 하자.

학급에서 읽고 있는 책을 골라서 학생들에게 각자가 책 속에 등장하는 주인공이 되어보라고 격려하자. 모든 학생들이 한 명씩 돌아가며 친구들에게 책 속의 주인공이 했던 행동을 자신이 직접 발표하게 해보자. 이 활동은 사회 시간에 역사적 인물을 주제로 실시하면 좋다.

7. 좋아하는 사람과 싫어하는 사람을 알아보자.

학생들에게 좋아하는 장소와 싫어하는 장소(예를 들면 치과)를 각각 다섯 개씩 떠올리게 하자. 다음에는 정말 좋아하는 사람과 싫어하는 사람(학급 친구를 '싫어하는 사람' 명단에 적지 않도록 주의해야 한다) 명단을 각각 다섯 명씩 적도록 하자. 학생들에게 자신이 싫어하는 사람과 자신이 좋아하는 장소에 간다면 어떨지 상상하게 하고, 그다음에는 반대로 자신이 정말 가고 싶지 않은 장소에 좋아하는 사람과 동행하는 상상을 하게 하자. 그리고 이 활동과 관련하여 교사는 이런 질문을 할 수 있을 것이다. "둘 중에 어느 편이 더 좋지? 그 이유는?"

8. 예전과 달라진 점이 무엇인지 알아보자.

어렸을 적에는 무서워했지만 지금은 그렇지 않은 것을 종이에 적게 해보자. 그리고 질문하자. "그동안 어떤 일이 있었기에 무서워하던 것을 더 이상 두려워하지 않게 되었나요?"

9. 학생들이 싫어하는 상황을 역할극으로 표현하게 하자.

학급에서 교사가 학생들에게 어떤 행동을 요구하지만 학생들은 하기 싫어하는 상황을 역할극으로 표현해 보자. 역할극을 참관하는 학생들에게는 학생이 마땅히 취해야 할 반응을 목록으로 정리하게 하자. 그리고 목록에 적힌 반응을 학생이 직접 행동에 옮기는 것으로 역할극을 마무리하자. 이후에 학생이 교사의 지도에 불응하면 역할극을 할 때 학생들이 직접 만들어낸 목록과 학생의 반항하는 행동을 비교해 보자.

10. 교사가 싫어하는 상황을 역할극으로 표현하게 하자.

똑같은 상황을 역할극으로 표현하되, 이번에는 교사와 학생이 역할을 바꾸어보자. 이 경우에는 학생이 교사에게 교사가 원하지 않는 것을 요구해야 한다. 9번에서 소개된 역할극과 똑같은 절차를 따르면 된다.

재미있는 수업 만들기

수업 시간에 재미있는 학습 활동을 하면 문제행동이 자연스럽게 줄어든다. 예를 들면 학생들에게 다음과 같은 수수께끼를 제시하고 풀게 해보자.

"더 많이 가질수록 볼 수 없게 됩니다. 이것은 무엇일까요?"
"나에게서 더 많이 빼앗아갈수록, 나는 더 커집니다. 나는 무엇일까요?"

수수께끼의 정답은 이 장의 어딘가에 제시되어 있다. 궁금한가? 이책을 더 읽고 싶은가, 그만 읽고 싶은가? 이것이 수업의 일부라면, 교사는 칠판에 위 문제를 적고 학생들에게 수업의 과정에 정답이 숨겨져있으니 능력껏 찾아보라고 격려할 수 있을 것이다. 때로 교사는 학습능력이 부족한 학생에게 미리 정답을 알려줌으로써, 이 학생이 친구들앞에서 어깨를 펼 수 있는 기회를 주는 것도 좋다. (첫 번째 문제의 정답은 "어둠"이고, 두 번째 문제의 답은 "구멍"이다.)

모든 수업이 지향해야 할 가치 있는 목표는 학생들이 가능한 재미있게 학습하게 하는 것이다. 즐거운 수업을 준비하는 최선의 방안은 교사가 수업에 적용하려고 했던 활동들을 목록으로 정리하고 학생들에게 피드백을 받는 것이다. 이때 교사는 학생들에게 가능한 구체적인 목록을 보여주는 것이 바람직하다. 경우에 따라 교사는 특정한 활동을 직접 보여주거나 설명할 필요도 있을 것이다. 아래에 몇 가지 예를 들어보겠다.

- 교사의 설명을 듣는 것
- 토론하는 것
- 이야기를 읽는 것
- 수수께끼를 푸는 것
- 실험하는 것
- 어려운 문제를 해결하는 것(모둠 단위)
- 수업 내용을 노래로 정리하는 것(모둠 단위)
- 수업 내용을 광고로 표현하는 것(모둠 단위)
- 학습 주제에 관한 연극 대본을 쓰고 연극을 하는 것
- 크게 소리 내서 읽는 것
- 조용히 글을 읽는 것
- 수업 내용에 대한 포스터를 만드는 것(모둠 단위)

학생들에게 학습 활동을 정리한 목록을 건네주고 각각의 활동에 대해 1점(매우 재미없음)부터 5점(매우 재미있음)까지 점수를 표시하게 하자. 학생들의 응답을 모아 목록을 점검하되, 특히 수업 시간에 말썽을 부릴 가능성이 가장 높은 학생이 어떤 응답을 했는지 유심히 관찰하자. 학생들이 가장 높은 점수를 준 학습 활동을 가능한 많이 수업 계획에 포함시키는 것이 좋다.

2. 학습 동기를 유발하는 평가 방법

●

●

역사상 최고의 농구 선수로 평가받는 르브론 제임스LeBron James는 NBA 결승전에서 패한 후 이렇게 말했다.

"나는 정말 최선을 다했습니다. 최선을 다한다고 해서 모든 경기에 승리할 수 있을까요? 아닙니다. 지금까지 다짐했지만, 최선을 다해 경기를 준비한 다음 시합에서 모든 것을 쏟아부었다면, 뒤돌아보지 말고 계속해서 앞으로 나아가야 합니다."(Zillgitt, 2017)

지금까지 저자는 노력의 중요함을 여러 번 강조했다. 학교에서 학생의 노력이 가장 중요하게 고려되어야 하는 부분은 아마 평가의 영역일 것이다. 학생이 들인 노력과 학생이 거둔 성취 중에 어느 편에 더 많은 가치를 두어야 하는가 하는 문제는 지금까지 논쟁의 대상이었고 앞으로도 그럴 것이다. 저자는 적어도 교육에서만큼은 노력이 더 중요하다고 생각한다. 어느 학생도 최선을 다하는 것 이상을 해낼 수 없기 때문이다. 우리는 최선의 노력을 기울인 결과가 곧 최고 수준의 성취라고 생각해야 한다. 지난 몇 년간 저자는 기회가 닿을 때마다 학생들은 노력을 게을리할 수는 있어도 멍청할 수는 없다고 역설해 왔다. 학생들은 자신이 거둔 성취에 대해서는 그 어떤 영향력도 발휘할 수 없지만, 자신이 한 분야에서 성취를 거두기 위해 얼마만큼의 노력을 기울일지는 스스로 결정할 수 있다.

오래전부터 우리는 성공 그 자체가 중요한 것이 아니라 성공의 이유가 중요하다는 말을 들어왔다(Weiner, 1972). 따라서 교사는 학생이 얼마만큼의 성취를 거두었는지를 평가할 것이 아니라 학생이 얼마나 노력했는지를 살펴봐야 한다. 천부적인 능력을 가지고 있다는 것은 축복받을 일일지 모르지만, 서로 다른 능력을 타고난 학생들에게 그 능력만을 기준으로 비교한다면 오직 특출난 능력을 가진 학생들만 승자로 평가될 것이기 때문이다. 노력은 학생이 학습을 포함해 자신의 생활을 스스로 개선하는 데 영향을 줄 수 있는 유일무이한 요소이다. 학생들이 학습 목표를 달성하지 못했을 때 교사가 학생의 "실패"를 "아직" 성공하지 않은 상태로 규정한다면 학생의 학습 동기는 줄어들지 않을 것이다.

애플 컴퓨터를 발명한 스티브 워즈니악Steve Wozniak은 실패가 실제적 의미를 가지지 못한 추상적인 개념이라고 주장한다. 저자 중 한 명이 워즈니악에게 실패를 어떻게 딛고 일어서는지 물었는데, 그는 이렇게 대답했다.

"몰라요. 난 아직 실패한 적이 없어요. 내가 실패라는 걸 겪게 되면 그때 알려줄게요."

교사가 실패에 대해 이전과는 다른 관점을 가지고, 엄청난 자산 가치를 지닌 구글이나 인튜이트Intuit 같은 기업들이 "실패 축하 파티"를 여는 점을 본받는다면 학교는 학생들에게 보다 나은 교육을 제공할 수 있을 것이다. 인튜이트의 공동 창업자 스콧 쿡Scott Cook은 이렇게 말한다.

"우리는 누군가 실패하면 축하를 해줍니다. 우리는 실패할 때마다 위대한 아이디어로 자라날 수 있는 씨앗과도 같은 교훈을 얻기 때문입니다."

　학생들과 실패에 대한 이야기를 나누자. 실패는 성공으로 가는 길일 뿐이고, 실패 없이는 성공할 수 없다는 점을 설명하자. 학생들에게 학생 자신도 걸음마를 배우면서 여러 번 넘어졌다는 사실을 상기시켜보자. 학생들에게 예전에는 "아직" 완벽하게 익히지 못했지만 지금은 편하게 할 수 있는 여러 기술들을 떠올려보라고 격려하자. 학생들이 실패의 개념을 올바르게 이해한다면 이전보다 적극적으로 도전하는 자세를 가지게 될 것이다. 교사는 학생들이 하루 혹은 일주일 동안 겪은 모든 실패 경험을 정리해서 무엇을 배웠는지 알아보라고 격려할 수도 있을 것이다. 또 학기 말에 학생들이 겪은 실패를 축하하는 의미에서 풍선을 터뜨리는 파티를 여는 것은 어떨까.

　훈육이 어려운 학생의 학습 동기를 유발하거나 문제행동을 중재하려면, 교사는 학생들에게 최선을 다해 노력한 경우 최고 수준의 성적을 얻을 수 있는 실질적인 기회를 부여해야 한다. 학생들이 최선을 다하고 있는지를 확인하는 방법은 현재의 학습 상황이나 행동을 과거의 학습 상황이나 행동과 비교하는 것이다. 이에 반해, 상대평가는 학생의 학습 동기를 위축시키고 여러 가지 훈육의 문제를 불러일으킨다. 다음 대화를 살펴보자.

　"크리스티의 과제를 채점한 결과가 A라는 말은 프레디의 과제에는 C를 줄 수밖에 없다는 뜻이야. 프레디는 크리스티만큼 잘하지 못하니까."

　만약 이러한 사고방식이 교실에 만연하게 되면, 프레디는 크리스티만큼 잘하지 못하고 어쩌면 앞으로도 그럴 것이기 때문에 A라는 점수를 받기는 불가능하다는 뼈아픈 현실을 받아들여야만 할 것이다.

　어느 분야에서나 사람들은 최선을 다해도 충분하지 못하다는 걸 느끼는 순간, 낭떠러지에 매달린 사람처럼 제한된 선택을 할 수밖에 없다. 그중 하나는 그만두는 것이다. 가수는 더 이상 특정 음을 부르지 못하면 은퇴를 한다. 이에 반해 학생들은, 공부가 안 된다고 해서 자퇴를 할 수는 없는 노릇이다. 이러한 학생들은 교실에 그대로 머무르면서 문제행동을 일삼는다. 그러다가 실패를 경험하면 이렇게 되뇐다.

　"제대로 하지도 않았는데, 뭘."

　다른 하나의 선택은 속임수를 쓰는 것이다. 일부 운동 선수들은 이런 방법을 쓴다. 운동선수들은 최선을 다해도 충분한 성과를 거두지 못할 때, 운동 기능을 향상시켜주는 약물을 복용한다. 학생들의 경우에는 커닝을 한다. 커닝을 하는 학생은 이렇게 생각할 것이다.

　"성적 우수상을 받으려면 평균 90점을 받아야 하는데, 내 실력으로는 90점을 받을 수 없으니까 커닝을 하자."

　학생이 포기하거나 속임수를 쓰지 않게 하려면 교사가 학생으로 하여금 자기 자신과 경쟁하도록 끊임없이 격려해야 한다. 아래에서는 한 교사가 학생들을 자기 자신과 경쟁하도록 이끌어 대단한 성과를 거둔 사례를 살펴보겠다.

　레스터 교사는 언행이 거친 8학년 학생들을 가르치고 있었다. 한 해 전에 이 학생들 중에는 성적이 C를 넘는 학생이 거의 없었고, 대부분의 학생들이 평균 D+에 가까운 성적을 받았다. 레스터 교사는 첫 번째 평가에서 학생들이 과제를 어떻게 수행하든 간에 모든 학생에게 A를 주기로 결심했다. 또한 교사는 첫 번째 분기(미국의 일부 학교에서는 1년을 4분기로 나누어 운영한다. - 역자 주)에 치러질 처음 다섯 번의 평가에서 그 어떤 학생에게도 B보다 낮은 성적을 주지 않기로 결심하고, 이 사실을 학생들에게는 알리지 않았다. 학생들에게 높은 점수를 주면 학생들이 잃을 것이 생겼다고 느끼는지 살펴보려는 심산이었다. 일반적으로 문제행동을 일으키는 학생, 학습 동기가 낮은 학생, 학습 능력이 부진한 학생들은 일상생활에서 소지품을 절대로 손에서 놓지 말라고 교육받는다. 그래서 이 학생들은 헤드폰이나 모자, 자켓을 몸에서 떨어뜨리지 않는다. 소지품을 잃어버리면 다시 사줄 사람이 없기 때문이다. 레스터 교사는 소지품 대신 성적을 대상으로 똑같은 교육을 시도한 것이다. 학생들의 성적에 대해서라면, 레스터 교사 역시 잃을 것이 없는 형편이었다. 레스터 교사는 저자에게 이렇게 말했다.

"학생들은 이미 성적이 매우 저조했습니다. 이런 상황에서 다른 방법을 적용하지 않을 이유가 있나요?"

레스터 교사는 2분기를 시작하면서 학생들에게 각자 실력을 기르면 1분기에 받았던 A나 B를 유지할 수 있을 것이라고 말했다. 교사는 3, 4분기에도 학생들에게 같은 말을 들려주면서, 매번 학생들에게 요구하는 과제의 양을 늘려나갔다. 그 결과 대부분의 학생들은 좋은 성적을 유지하고 이전에는 받아보지 못했던 상을 받으려고 최선을 다했다. 열심히 노력하면 좋은 성적을 받을 수 있다는 생각을 하게 되자, 학생들은 훌륭한 성적을 유지하기 위해 더 많은 노력을 기울였고, 더 많이 공부를 해야 하는 상황에서도 노력하는 자세를 유지했다.

지적 능력과 성향이 서로 다른 학생들에게 동일한 평가 기준을 적용하는 시스템에서 학생들은 승자 아니면 패자로 나뉠 수밖에 없다. 그리고 패자 학생들은 문제행동을 일으킨다. 열심히 노력하고 최선을 다해도 보상을 받을 수 없기 때문이다. 아마 성인도 아무런 보상이 정해지지 않은 상황이라면 오랜 기간 최선을 다하기 힘들 것이다. 만약 레스터 교사가 학생의 실질적인 학습보다 성적을 중시했더라면 학생들에게 적용했던 파격적인 평가 방법은 애초에 시도조차 하지 못했을 것이다.

평가를 통해 학생들에게 희망과 성공에 대한 믿음을 선사하는 또 다른 방법은 학생들을 평가의 과정에 포함시키는 것이다. 몇 가지 방안들을 제시해 보겠다.

- 학생들에게 직접 시험 문제를 출제하도록 격려하기
- 학생들에게 시험이나 퀴즈에서 볼 시험 문제의 양을 결정하게 하기
- 시험에서 다뤄야 할 개념을 정할 때 학생의 의견 반영하기
- 학생들이 서로 평가하게 하기(이 방법은 일반적인 수업에서 학습 활동으로 이루어진다). 이때 학생의 시험 성적은 매우 중요한 개인 정보이기 때문에 학생들은 다른 학생의 평가 결과, 즉 등급까지 확인해서는 안 된다.
- 학생들이 시험 문제를 훑어보고 어려운 문제를 자신이 해결할 수 있

다고 생각하는 동일 과목, 동일 단원의 시험 문제로 바꾸게 하기

- 시험과 과제를 해결한 후 학생들에게 "세 가지 다시(3Rs)" 활동, 즉 과제 다시 하기(Redo), 재시험 보기(Retake), 과제를 다시 수정하기(Revise)를 할 수 있는 기회 부여하기. 이때 교사는 일정을 조절하기 위해 시간에 제한을 두어야 한다(예를 들면, "3일 안에 에세이를 고쳐야 해."). 또한 교사는 학생들에게 과제를 수정해서 제출하면 새로 성적을 매기겠다고 확실히 말해야 한다.
- 창의력이 필요하고 정답이 정해져 있지 않은 과제를 했을 경우에는 학생 스스로 자신의 성취도를 평가하게 하기. 이 경우 교사는 과제를 내주기 전에 평가 기준표에 명확한 평가 기준을 제시해야 한다.

교사는 자신이 "실패"의 개념을 어떻게 정의해서 수업에 적용하든 간에 학교 교육의 목적이 학생들의 실질적인 학습에 있다는 점을 늘 명심해야 한다. 말하자면 학생들이 무엇을 하지 못하는가보다 학생들이 무엇을 할 수 있는가가 더 중요하다. 특히 문제행동을 일으키는 학생들의 경우에는 자신이 무엇을 할 수 있고 할 수 없는지에 따라 인생이 달라진다. 따라서 교사는 학생들이 가급적 많은 것을 해낼 수 있도록, 실패의 개념을 정의하고 수업을 운영해야 할 것이다.

3. 숙제를 잘 해내도록 동기 유발하기

●

●

학생과 교사가 첨예하게 대립하는 문제 중 하나는 바로 숙제이다. 지금까지 학생이 숙제를 해오지 않아 지도하느라 들인 시간을 모두 합하면 얼마나 될지 상상이 되는가? 숙제와 관련된 문제를 해결하는 데에는 두 가지 방법이 있는데, 첫째는 학생들이 일주일 중 언제 숙제를 할지 결정하게 하는 것이고, 둘째는 숙제를 선택 사항으로 만드는 것이다. 아래에서는 각각의 방법을 자세히 살펴보겠다.

숙제를 언제 할지 선택권 부여하기

지금까지 저자는 학생의 문제행동을 최소화하는 방안으로 학생들에게 선택권을 주는 방법의 중요성을 역설했다. 학생의 선택권은 숙제에 대해서도 인정되어야 한다.

교사는 학생들에게 어느 요일에 숙제를 할 것인지 결정하도록 선택권을 줄 수 있다. 학생들에게 숙제에 대한 선택권을 부여하는 아래의 예를 살펴보자.

"여러분, 선생님은 올해 일주일에 두세 번 숙제를 내줄 계획이에요. 많은 선생님들이 월요일부터 목요일까지 매일 숙제를 내주고 금요일에는 숙제를 내주지 않는 것을 학생들을 대우하는 방법이라고 생각합니다. 선생님도 그렇게 할 수 있지만, 여러분들에게 선택권을 주고 싶어요. 선생님은 많은 학생들이 방과 후에 바쁜 스케줄을 소화하느라 힘들어하고 있다는 것을 잘 알고 있어요. 여러분들 중에는 방과 후에 특기를 기르거나 연주회 연습을 하는 학생도 있을 테지요. 이뿐 아니라 선생님은 많은 부모님들이 주중에 일하시느라 저녁에는 힘들어하신다는 것도 알고 있어요. 멀리 떠나계시거나 밤늦도록 일하시는 부모님들은 저녁에 여러분의 숙제를 도와줄 수 없을 겁니다. 그래서 선생님은 여러분이 직접 결정을 하게 할 생각입니다. 여러분은 월요일부터 목요일까지 중에서 3일을 선택해서 숙제를 하겠습니까, 아니면 월요일부터 목요일까지 중에서 하루만 숙제를 하고 금요일에 조금 많이 숙제를 하겠습니까?"

만약 학생들이 화요일과 금요일에 숙제를 하기로 선택했다고 해보자. 학생이 이와 같은 결정을 내리면 학부모도 생활 계획을 세우기 편할 것이다. 학부모 총회 때 교사는 다음과 같이 안내할 수 있을 것이다.

"올해 학급 운영 계획에 대해 말씀드리겠습니다. 일단 저는 학생이나 부모님의 시간을 함부로 낭비하지 않겠습니다. 무슨 말인가 하면, 저는 매일 숙제를 내주지 않을 계획입니다. 숙제는 대부분 화요일과 금요일에만 내주겠습니다. 부모님께서 화요일 저녁에는 적어도 한 시간 정도 시간을 내서서 자녀가 숙제하는 것을 살펴봐주시기를 부탁드립니다. 만약 학생들이 화요일에 학교에서 돌아와 숙제가 없다고 하면 다시 한 번 물어봐주시기 바랍니다! 자녀를 스포츠 리그에 입단시키거나 음악 레슨을 받게 하실 계획이 있으시다면 가능한 화요일 저녁 시간은 피해 주시기를 부탁드립니다."

대부분의 학부모들은 위와 같은 교사의 안내를 듣고 매우 기뻐할 것이다. 왜냐하면 숙제를 가지고 자녀와 씨름해야 하는 시간을 줄일 수 있기 때문이다. 어떤 부모는 왜 금요일에 숙제를 내주는지를 질문할 수도 있을 것이다. 이 경우에는 간단히 이렇게 대답하자.

"학급에서 투표한 결과 화요일과 금요일에 숙제를 하는 것으로 결정되었습니다."

교사가 학생들에게 선택권을 부여하면, 결국 학생이 숙제를 해오지 않았을 때 교사가 훈육하기가 더 편해진다. 월요일 아침에 한 학생이 지난 금요일에 내준 숙제를 해 오지 않았다고 해보자. 여러분은 아래의 대화를 능히 상상해 낼 수 있을 것이다.

교사 왜 숙제를 안 했지? 금요일에 숙제를 하기로 네가 직접 결정했는데도 약속을 지키지 않았다니 정말 실망인데. 지금부터 언제 숙제를 할지 선생님이 직접 결정해 줄게.

학생 말도 안 돼요. 이미 결정됐잖아요.

교사 좋아. 그러면 선생님이 기회를 한 번 더 줄게. 지금부터 숙제를 하지 않은 이유에 대해 시시콜콜하게 변명할 생각은 하지 마.

숙제는 교사와 학생이 흔히 힘겨루기를 벌이는 문제이고, 특히 문제행동을 일으키는 학생의 경우에는 더욱 그렇다. 아래의 대화를 살펴보자.

교사 1번부터 10번까지 문제를 풀어보렴.

학생 열 문제나 풀기는 싫은데요.

이 경우 갈등이 이어질 것이다. 그러나 교사가 문제의 수보다 숙제의 결과에 집중한다면 더 쉽게 학생을 지도할 수 있을 것이다.

교사 1번부터 10번까지 문제를 풀어보렴.

학생 열 문제나 풀기는 싫은데요.

교사 좋아, 알았다. 그러면 몇 문제를 풀고 싶니?

학생 한 문제도 풀고 싶지 않아요.

교사 한 문제도 풀고 싶지 않다는 건 선택 사항에 없어. 네가 한 문제도 풀지 않으면 선생님은 네가 수업 시간에 뭘 배웠는지 알 수가 없거든. 다섯 문제 정도 푸는 건 선생님이 이해해 줄 수 있어. 네가 수업 내용을 이해했다는 증거로 해결할 문제를 다섯 개 골라서 풀어봐.

숙제를 선택 사항으로 만들기

숙제 때문에 빚어지는 갖가지 문제들을 일거에 해소하고 싶은 교사는 숙제를 선택 사항으로 만들 수도 있다. 숙제를 선택 사항으로 만들면 학생들에게도 이점이 있다. 숙제를 하지 않아도 평가나 여러 측정에서 좋은 점수를 얻을 수 있는 학생들은 굳이 숙제를 하려고 하지 않을 것이다. 그리고 평소에 숙제를 하지 않아서 평가에서 좋지 않은 점수를 받는 학생들은 평소에 열심히 공부하지 않으면 어떤 결과를 얻게 되는지 더 확실히 인지하게 된다. 어쩌면 이 학생들은 숙제와 성적의 관련성을 깨달은 후에 학습 동기를 얻게 될지도 모른다. 어떤 경우든 교사가 숙제 때문에 학생들과 힘겨루기를 할 필요는 없다. 교사는 평소에 숙제를 열심히 하는 학생에게 성적을 올릴 수 있는 추가 점수를 주는 방식으로 지도하는 것이 바람직하다. 말하자면, 교사는 숙제를 해오지 않은 학생에게 부정적인 행동의 결과를 적용할 것이 아니라, 숙제를 해 온 학생에게 성적을 올릴 수 있는 추가 점수를 주는 것이다.

일반적으로 학생들은 아래의 경우에 숙제를 잘 한다.

- 학생들이 협동해서 할 수 있는 숙제를 내준 경우
- 다양한 기술과 지식을 활용해 해결할 수 있는 숙제를 내준 경우
- 학생들이 직접 확인할 수 있는 가치를 지닌 숙제를 내준 경우
- 적당한 난이도의 숙제를 내준 경우(단순한 내용을 지루하게 반복할 필요가 없는 숙제)
- 숙제를 제출하면 선생님이 빨리 되돌려주는 경우
- 학생들이 선택할 수 있는 숙제인 경우
- 학생의 연령과 능력에 적합한 숙제인 경우
- 새로운 내용을 익히기 위한 숙제가 아니라 이미 배운 내용을 복습하고 연습하고 적용하기 위한 숙제인 경우

4. 거꾸로 교실과 모둠 학습

●
●

거꾸로 교실 활용하기

거꾸로 교실을 운영하는 교사는 실질적인 수준별 수업을 진행할 수 있다. 그리고 특수 교육의 도움이 필요한 학생을 포함하여 다양한 학습 능력을 지닌 학생들을 위해 수업 준비에 평소보다 더 많은 시간을 투자할 필요가 없다. 거꾸로 교실에서 학생들은 자신의 속도에 맞춰 학습하고, 교사가 동일한 수업 내용을 다양한 수준에 맞춰 재구성하지 않더라도 학생 스스로 자신의 학습 수준을 신장시킬 수 있다.

거꾸로 교실에서 교사는 수업 시간에 가르칠 내용을 교실에서 학생들에게 설명하는 대신, 수업 내용을 비디오 영상으로 만든 다음에 학생들에게 집에서 영상을 시청하라고 숙제를 내준다. 학생들은 영상을 보면서 학습 내용을 익히고, 더 나은 이해를 위해 꼭 필요한 질문을 생각한 후에 수업 시간에 교사에게 질문한다. 수업 영상에서 특별히 중요한 부분이 있다면 교사는 학생들에게 수업 영상 중 특정 부분을 집중해서 보라고 일러줄 수도 있다.

전통적인 수업에서는 교사가 설명식 수업을 진행했지만, 거꾸로 교실에서는 수업 시간에 학생들이 수업 영상에서 소개된 기술을 연습 혹은 적용하거나, 질문에 답하거나, 모둠별로 프로젝트 학습을 실시하거나, 시험을 보거나, 전통적으로 집에서 하던 숙제를 수업 시간에 해결한다. 교사는 학생들을 둘러보며 도움을 주고, 안내하고, 도전적인 과제를 제시하고, 개별적으로 혹은 모둠 단위로 학습을 지원한다. 많은 학생들이 특정한 개념을 이해하지 못해 어려움을 겪고 있을 때는 교사가 학생들에게 직접 교수를 하거나 학급 단위로 토의를 이끌 수 있다. 그러나 교사는 수업 시간의 대부분을 학생들의 전반적인 학습 진행 상황을 살펴보면서 학습 능력이 부진한 학생을 도와주고 학습 능력이 뛰어난 학생들에게 지적 자극을 주는 데 보낸다.

이러한 수업 진행 구조 내에서, 수업 내용을 빨리 익힌 학생들은 태블릿이나 컴퓨터로 다음 시간에 볼 수업 영상을 미리 볼 수 있다. 수업 중에 다른 생각에 빠졌던 학생들은 수업 영상을 다시 되돌려 원하는 만큼 반복해서 시청하면서 수업 내용을 익히면 된다. 학습 능력이 뒤떨어지는 학생들은 능력껏 수업 영상을 이해하면서 자신의 속도에 맞춰 학습하면 된다.

수업 시간에 특수 교육 교사나 보조 선생님이 교실에 같이 있다면 특수 교육 대상 학생들은 다른 학생들의 주의를 끌지 않고 특수 교육 선생님의 도움을 받을 수 있을 것이다. 왜냐하면 모든 학생들이 선생님만을 바라보며 학습하는 것이 아니라 각자의 속도에 맞춰 학습하기 때문에 그만큼 주의를 끌 가능성이 없는 것이다. 수업 영상을 아예 보지 못한 학생은 수업 시간에 영상을 보면 된다.

이처럼 거꾸로 교실의 수업 구조를 통해 모든 학생들은 자신의 수준에 맞는 학습을 각자의 속도로 진행할 수 있다. 이것이 곧 학생들이 학교생활을 영위하면서 더 많은 성공을 거두고 더 적은 문제행동을 일으키게 되는 비법이다.

일반적으로 특정 학급을 담당하는 교사나 특정 교과목을 지도하는 교사는 매 수업 시간에 다룰 내용을 영상에 담으면 된다. 한 가지 과목을 두 명 이상의 교사가 가르치는 경우라면 한 번씩 번갈아가며 영상을 제작하는 것도 좋은 방법이다. 한 번 디지털 방식으로 제작한 수업 영상은 교육과정이 바뀔 때까지 계속해서 사용할 수 있다는 장점이 있다. 또한 같은 교육과정을 가르치는 교사들이 서로 수업 영상을 공유하고 학생들에게 제시한 뒤 학생들이 수업 방식에 관한 자신의 기호에 따라 수업 영상을 선택해서 시청한다면 교환 수업을 하지 않고도 양질의 학습을 진행할 수 있다. 거꾸로 교실에서도 교사는 학생들의 학습을 이끄는 핵심적인 역할을 하지만, 학생들이 교사에게서 직접 교수를 받는 것이 아니기 때문에 교사의 인성이나 수업 방식에 영향을 덜 받을 것이다. 거꾸로 교실을 운영하고 싶은 교사들은 거꾸로 교실의 기본적인 방침을 자신의 담당 교과나 수업 방식에 맞춰 적절히 수정하면 될 것이다.

모둠 학습 효과적으로 운영하기

학급에 문제행동을 일삼는 학생이 있을 경우, 모둠을 어떻게 조직하느냐에 따라 모둠 학습은 성공할 수도 있고 엉망이 될 수도 있다. 아래에서는 모둠 학습을 효과적으로 운영하는 단계를 제시해 보겠다.

1 모둠 구성은 교사가 직접 한다. 학생들에게 선택권을 주면 학생들은 친한 친구와 모둠을 구성하려고 한다. 학생이 직접 선택할 수 있는 일은 많다. 모둠을 구성할 때는 학생의 선택권을 잠시 제

한하자.

2 모둠 구성에 관해서는 "그 어떤 불평을 해서도 안 된다"는 점을 알리자. 모둠 학습을 시작하기 전에 교사는 학생들에게 다음과 같은 말을 하는 것이 좋다.
"모둠원에 대해서 불평하지 마세요. 올해 선생님은 모둠을 자주 바꿀 계획입니다."

3 한 모둠은 최대 다섯 명으로 구성하자. 학급에 서른 명의 학생이 있을 때 여섯 명씩 다섯 모둠을 구성하는 것보다 다섯 명씩 여섯 모둠을 조직하는 것이 바람직하다. 학생들은 모둠원이 짝수일 때보다 홀수일 때 더욱 활발하게 학습하며 학생들이 짝을 지어 따로 대화를 나눌 가능성도 줄어든다.

4 모둠을 구성한 후 학생들에게 "시간과 과제"를 정확히 알려주자. 교사는 학생에게 이렇게 말하는 것이 좋다.
"8분 동안 과제를 끝내면 됩니다. 방금 몇 분이라고 했죠?"
학생들에게 배정된 시간을 물어본 다음, 과제를 부여하자. 다른 모둠보다 빨리 과제를 마친 모둠을 위해서 교사는 수업 내용과 관련된 추가 과제를 미리 준비해 두는 것이 좋다.
교사는 과제 수행에 필요한 시간을 배정한 다음 시간을 더 주는 것이 시간을 줄이는 것보다 쉽다는 점을 명심해야 한다. 따라서 처음에 과제를 해결하는 데 필요한 시간보다 짧은 시간을 모둠에 배정하는 편이 현명하다. 과제를 수행하는 데 10분이 걸리겠다고 생각한다면 모둠에는 5분을 배정하자. 교사가 시간을 적게 주면 학생들은 여유를 부리지 않고 과제 해결에 매달린다. 모든 모둠이 예상보다 빨리 과제를 마치면, 모둠을 풀어 전체 학생을 대상으로 수업을 진행하면 된다. 5분이 지났는데도 과제를 마치지 못한 경우에는 시간을 더 주자. 만약 교사가 처음에 배정한 시간을 줄이고 수업을 진행하려고 하면 학생들은 이렇게 반응할 것이다.

"선생님이 10분 준다고 했는데 7분밖에 안 지났다고요!"

5   "시간과 과제"를 알려준 후 모둠원들에게 숫자를 부여하자. 각각의 번호는 모둠원들이 과제를 해결할 때 수행해야 할 역할을 나타낸다.

1번은 모둠장에게 부여해야 한다. 모둠장은 모둠에서 가장 중요한 역할을 한다. 모둠장의 역할은 모든 모둠원들이 최선을 다해 학습하도록 모둠을 이끄는 것이다. 또한 모둠장은 어려움을 겪는 모둠원을 돕는 역할도 한다. 때로는 말썽을 부리는 학생이 모둠장의 역할을 훌륭하게 수행하기도 한다.

2번 학생은 자료를 읽는 역할을 한다. 3번 학생은 글을 적는 역할을 한다. 4번 학생은 자료를 정리하고 5번 학생은 학급 전체에 과제 해결 결과를 발표한다. 이처럼 모든 학생들이 모둠에서 자신의 역할을 다하며 협동해야 과제를 수행할 수 있다.

모둠원들에게는 모둠장을 따르라고 당부하자.

"모둠 활동 중에는 모둠장이 아니면 선생님에게 말을 할 수가 없어요. 여러분이 맡은 역할에 문제가 생겼거나 뭘 해야 할지 모르는 경우에는 우선 모둠장에게 도움을 요청하세요. 모둠장이 여러분을 돕지 못하는 경우에만 선생님에게 오세요."

이렇게 지도하면 교사는 서른 명 모두를 신경 쓸 필요 없이 오직 여섯 명의 모둠장만 신경을 쓰면 된다.

6 모둠장에게 모둠의 학습 상황을 알릴 수 있도록 색깔 컵을 주자.

빨간 컵은 학습이 "멈췄다"(모둠이 어려움에 처해 있으니 교사의 도움이 필요하다)는 뜻이다. 노란 컵은 "느려졌다"("이 단어를 어떻게 발음해요?"와 같은 급히 해결해야 할 문제가 있다)는 뜻이다. 녹색 컵은 모둠 학습이 활발하게 이루어지고 있다는 뜻이다. 이처럼 교사와 모둠이 소통할 수 있는 신호 체계가 마련되면, 교사는 교실을 순회하며 모둠장과 의사소통을 하면 된다.

학생들은 교사가 계속해서 잘하고 있냐고 물으면 집중력을 잃는 경향이 있다. 식당에서 손님이 웨이터에게 고개를 끄덕이듯이, 모둠장들은 색깔 컵으로 간단하게 도움을 요청하면 된다.

7 모둠 내에서 역할을 바꿀 때는 신중하게 생각하자.

사람들을 모아 팀을 꾸렸다면 팀원 각자의 능력에 맞는 역할을 부여해야 할 것이다. NBA의 골든 스테이트 워리어즈Golden State Warriors만 하더라도 단지 팀원의 역할을 바꿔야 한다는 강박관념 때문에 스테판 커리Stephen Curry의 포지션을 가드에서 센터로 바꾸는 무모한 짓을 하지는 않는다. 다만 5번의 역할(발표자)만은 예외인데, 학급 친구들에게 자신의 생각을 명료하게 제시하거나 질문에 자신 있게 답하는 능력은 모든 학생들이 마땅히 길러야 할 중요한 사회적 기술이기 때문이다.

Discipline with Dignity

Part 9
효과적으로 스트레스 관리하기

교사들은 그 어느 때보다 심한 스트레스를 받고 있다. 2014년 실시된 설문 조사에 따르면 설문 대상자 중 46%에 달하는 교사들이 학생들을 가르치며 매일매일 스트레스를 받는다고 응답했다. 46%는 모든 직업군을 통틀어 공동 1위에 해당할 정도로 높은 응답 비율이었다! 시험이 주는 스트레스, 교육과정을 모두 소화해야 한다는 압박감, 스스로 결정할 수 있는 것이 없는 업무 환경, 창의력을 발휘해 혁신을 이뤄낼 여지가 없는 문서화된 교육 프로그램, 고도로 조직화되고 교사의 에너지를 소모시키는 훈육 방법 등 수많은 요인들이 교사의 스트레스를 유발하고 있다.

직업과 관련된 스트레스는 기본적으로 두 가지 방안을 통해 해결할 수 있다. 외부적 요인을 바꾸거나 우리 자신의 내적 반응을 개선하는 것이다. 이 장에서는 후자에 대한 논의가 이루어질 것이다. 교사의 감정과 이에 따르는 행동은 학생에게 지대한 영향을 끼치기 때문에 교사는 스트레스가 유발하는 다양한 감정을 잘 다스려야 한다.

저자는 문제행동을 하는 학생과 더불어 스트레스를 유발하는 여러 요인들을 포함하여 스트레스에 관한 폭넓은 논의를 하려고 한다. 구체적인 논의에 앞서, 우리 학생들의 기본적인 욕구를 확인하고 충족시키는 것이 학생과 교사의 스트레스를 줄이는 가장 확실한 방법이라는 점을 밝혀둔다.

1. 스트레스와 훈육

교사를 대상으로 실시한 모든 설문 조사에서, 교사들은 학생들의 문제행동을 스트레스의 주요한 요인으로 지목했다(Greenburg, Brown, & Abenavoli, 2016). 안토니오스Antonious, 폴리크로니Polychroni, 블라케키스Vlachakis가 실시한 연구(2016)에 따르면, 교사가 받는 스트레스의 주요 원인은 학생들과의 상호작용, 무기력한 학생 지도, 문제행동 지도 등 한마디로 말하면 학생의 훈육과 관련된 문제였다.

교사가 스트레스를 마음에 담아두면 두통, 피로, 불면, 통증, 무력감과 같은 증상들이 나타난다. 교사가 스트레스를 해소하지 못하고 표출하는 경우에는 학생들을 싫어하게 되거나 학생의 문제행동에 기여한 모든 사람들을 증오하게 된다. 스트레스를 건강하게 다루지 못하는 교사는 갈등 회피자, 근육 과시자, 해군 병장, 죄책감 유발자 등으로 나누어볼 수 있다.

갈등 회피자 유형

갈등 회피자 유형은 모든 갈등을 피하려고 하기 때문에 학생들이 문제행동을 저질러도 무시하는 경우가 많다. 이 유형의 교사는 학생들이 문제를 일으킨 후에야 변명하듯이 언행의 한계를 정하고 학생들이 규칙을 어겼을 때에도 정해진 행동의 결과를 적용하는 경우가 거의 없다. 이러한 교사는 자신이 학생들 앞에서 "교사답지 못하게" 행동하는 것에 대해 죄책감을 느끼는 대신 두통, 요통과 같은 신체적 고통을 느끼는 것으로 위안을 삼는다. 또한 때로 학생들에게 지나치게 다정하게 굴거나 매사에 "시원시원"하게 행동하며 학생들이 자신을 인정해 주기를 바란다.

문제행동을 일으키는 학생들은 이러한 교사를 나약하고 비효율적인 교사로 간주하며 교사가 종잡을 수 없게 행동하기 때문에 자신이 교실을 장악해야 한다고 생각한다. 교사의 지도를 따르지 않는 학생들은 이런 교사를 "자신이 바라는 교사 순위"에서 높은 순위에 올려두는데, 이러한 교사 밑에서는 교실에서 마음대로 행동할 수 있기 때문이다.

이런 교사는 학생들을 적절히 관찰하거나 돌보지 않기 때문에 교실이 혼란에 빠지는 경우가 흔하다. 학생들은 단호하고, 공정하고, 매사에 언행의 한계가 확실하고, 학생들의 자존감을 존중하는 교사를 존경하기 때문에 이러한 유형의 교사를 결코 존경하지 않는다.

근육 과시자 유형

근육 과시자 유형은 다음과 같은 태도를 취한다.

"학생들이 나를 좋아하든 말든 상관없다. 그러나 학생들은 내가 시키는 대로 행동해야 한다."

이 유형은 힘을 바탕으로 자신이 원하는 바를 끝까지 밀어붙이고 학생과 부딪히는 것도 마다하지 않는다. 이러한 교사들은 학생들이 교사에게 저항하고, 보복하고, 반항하는 데 결정적인 원인을 제공한다.

근육 과시자 유형은 교실에서 버럭 소리를 지르고, 특정 학생을 골라 교사의 지도에 따르지 않으면 어떤 일이 생기는지를 학생들에게 보여주면서 학급의 모든 학생들이 문제를 일으키지 않기를 바란다. 이러한 교사는 상담 의뢰서를 빠르게 작성해서 학생을 상담실이나 교무실로 보내는 데 능숙하며 종종 학교의 관리자들이 학생들을 너무 부드럽게 대한다며 불만을 터뜨린다. 이 유형의 교사는 학교 밖에서 누군가로부터 따뜻하고 진심이 담긴 심신의 지원을 받지 못한다면 아마 교사로서 좋은 평가를 받지 못해 교직에 대한 열정을 잃고 일찍 기력을 소진하게 될 것이다.

이러한 교사들은 상대를 가리지 않고 자신의 불만을 냉소적으로 털어놓고, 학생들에게는 약한 모습을 보이기 싫어서 개인적인 이야기를 거의 하지 않는다. 이 근육 과시자들은 어떤 일이 있어도 사과를 하지 않는데, 사과를 했다가는 어디선가 비난을 들을 수 있기 때문이다. 대부분의 학생들은 이러한 교사를 싫어하지만, 이 유형의 교사 또한 학생의 마음을 신경 쓰지 않는다. 이러한 교사는 학생들이 문제행동을 일으키면 교실 밖으로 내쫓아버리기 때문에 문제행동을 해결하려고 노력하지도 않는다.

해군 병장 유형

해군 병장은 근육 과시자와 사촌처럼 매우 가까운 관계이다. 해군 병장 유형의 훈육 방침은 "교실에서는 모든 학생이 똑같은 대우를 받아야 하며, 이 규칙에 예외는 없다."는 것이다. 그리고 이 방침은 '공정'이라는 개념에 의해 정당화된다.

이 유형의 교사는 자신의 훈육 방침을 절대로 바꾸는 일이 없고 자신의 훈육 방식에 자부심을 느끼지만 학생들에게 실제로 도움이 되는 훈육은 하지 못한다. 훈육이 어려운 학생들은 이러한 교사의 딱딱한 훈육 태도를 견디다 못해 더욱 많은 문제행동을 일으키게 된다. 빈틈없는 훈육 태도는 일관성 없는 생활을 영위하는 학생에게는 도움을 줄 수 있을지 몰라도 사고의 유연성이 필요한 문제 학생들에게는 좀처럼 다가가지 못한다. 이러한 교사들에게 개인적 특성에 따른 수준별 지도라는 개념은 존재하지 않는다. 이런 교사는 학교의 규칙과 절차를 따른 결과가 비효율적이라는 점이 지속적으로 드러나더라도, 규칙과 절차를 문자 그대로 따른다.

죄책감 유발자 유형

죄책감 유발자 유형은 종종 이렇게 말한다.

"네가 그렇게 행동하면 선생님이 얼마나 실망하는지 몰라? 제발, 제발 그만해."

"선생님이 너한테 어떻게 했는데, 넌 어쩌면 그렇게 버릇이 없니?"

이 유형의 교사는 자신이 잘못을 인정하고 사과하면 학생들이 고마움을 느끼고 교사의 지도에 협조하고 애정을 보내리라 기대한다. 교사의 바람이 이루어지지 않으면 불만을 터뜨리지만 언젠가는 학생들이 자신의 바람대로 행동해 줄 것이라고 믿는다. 이러한 교사는 학생들이 문제행동을 할 때 무척 속상해하고 화를 내는데, 이것은 학생들이 교사가 지금까지 보여준 호의를 감사히 받아들이고 보답하리라 믿었기 때문이다.

이 유형의 교사들은 학생에게 죄책감을 느끼게 해도 별다른 변화가 없으면 분노를 터뜨리기 일쑤다. 이 유형에 속하는 일부 교사들은 분노를 마음에 담아두고 학생들에게 아무런 감정 표현을 하지 않은 채 수동적인 공격 행동을 하기도 한다. 또 다른 교사들은 자신의 바람대로 행동하지 않는 학생들에게 적나라하게 공격적인 감정을 표현해서 갈등을 키우기도 한다. 죄책감 유발자 유형은 감정 표현이 자연스럽지 않기 때문에 스트레스를 많이 받고 번아웃 증상을 보여 대인 관계에 어려움을 겪기 쉽다.

2. 스트레스를 줄이는 방법

●
●

스트레스를 받은 교사와 학생의 증상을 생각해 보면, 스트레스를 줄이는 방법이 무척 중요하다는 사실을 금방 알 수 있다. 지금부터 스트레스를 줄일 수 있는 다양한 방법을 소개한다.

일어날 수 있는 일을 예상하자

학생을 가르치는 일은 여러모로 예측이 가능한 분야이다. 교사는 학교에서 근무해야 하는 날짜, 학교에 출근해야 하는 시간, 학생들을 교육하기 위해 이동해야 할 장소 등에 대해 익히 알고 있다. 교사는 자신이 직업적 역량이 뛰어나든 그렇지 않든 간에 학생이라는 "손님들"이 매일 학교에 온다는 사실도 잘 알고 있다. 심지어 교사는 교직에 발을 들여놓은 뒤 교편을 내려놓을 때까지 벌어들일 수익도 가늠할 수 있다! 그러나 학생의 문제행동에 초점을 맞추면, 경력이 많은 교사도 예측하지 못한 행동이 일어날 때마다 어려움을 겪는다.

교사가 스트레스를 줄이는 가장 확실한 방법은 학생의 언행에 일희일비하지 않는 것이다. 예를 들어 교사가 한 학생의 문제행동을 바로잡아준 뒤 자리를 뜨는 상황을 상상해 보자. 그 학생이 교사가 들을 수 있을 정도로 크게, 그러나 주변의 이목을 집중시키지는 않을 정도로 작게 무슨 말인가를 웅얼거린다고 해보자. 불행하게도 많은 교사들이 이런 상황에서 학생이 한 말을 듣고 스트레스를 받는다. 교사는 권위를 지키려고 발걸음을 멈추고 뒤를 돌아보며 이렇게 말한다.

"너 방금 선생님한테 뭐라고 했어?"

이 질문에 학생들이 반응하는 방식은 두 가지이다. 지도가 그리 힘들지 않은 학생은 "아무 말도 안 했는데요."라고 말한다. 이에 비해 지도가 힘든 학생은 이렇게 말한다. "선생님이 ×같다고 했는데요." 어느 경우에나 교사와 학생 사이의 긴장감은 커진다.

교사는 훈육 중에 일어날 일을 예상하면 스트레스를 상당히 줄일 수 있다. 학생에게 "방금 뭐라고 했어?"(학생의 대답이 정말 궁금해서 물어보는 것인가?)라고 묻는다고 해서 좋은 말이 돌아올 리는 없다. 이런 식의 질문을 해서 지도가 어려운 학생과 부딪히는 일은 멈춰야 한다! 학생이 던져놓은 덫에 걸려들지 말자. 계속 걸어가야지 절대로 뒤를 돌아보면 안 된다. 이 경우에는 학생이 마지막 말을 하게 하자. 교사는 학생이 문제행동을 한다고 해서 수업을 그만두지 않는다는 것을 학생에게 보여줘야 한다. 학생들은 교사의 이러한 행동을 보고 문제행동이 일어나는 것을 방치한다고 볼지 모르지만 이것은 오해이다. 교사가 그렇게 행동하는 이유는 수업을 진행하는 것이 문제행동을 해결하는 것보다 중요하다고 생각하기 때문이다. 물론 교사는 다른 학생들에게 수업이 끝나면 문제행동을 했던 학생을 어떻게 처리할지 결정할 것이라는 점을 알려야 한다.

최근에 저자는 한 초등학교를 찾아가 컨설팅을 했다. 이 학교의 교장 선생님은 저자가 훈육에 어려움을 겪고 있는 네 명의 선생님을 대상으로 컨설팅을 시작하기 전에, 그 학교에서 가장 훌륭하다고 정평이

자자한 선생님의 수업을 관찰해 달라고 부탁했다.

에반스 선생님은 165cm, 45kg 정도의 체격이었으며 다른 학생들에게 하는 것과 마찬가지로 반갑게 "굿모닝"이라고 인사하며 교실에 들어서는 저자를 맞아주었다. 수학 수업이 한창 진행되던 중, 한 남학생이 종이를 뭉쳐서 책상 두 개 정도 떨어진 거리에 앉아 있던 여학생에게 던졌다. 에반스 선생님은 잠시 돌아서서 종이 뭉치와 여학생을 살폈다. 모든 학생들의 이목이 선생님에게 집중되었다. 에반스 선생님은 지체 없이 학생들에게 "하던 공부를 계속 하세요."라고 말하며 수업을 이어나갔다. 그리고 교사는 종이 뭉치를 던진 타이쿠안에게 다가갔다. 그리고 최대한 다른 학생이 들을 수 없는 목소리로, 단호하게 그러나 공격적이지 않은 톤으로, 이렇게 말했다.

"수업 시간에 친구에게 물건을 던지는 건 절대로 용납되지 않는 행동이야. 어떻게 하면 다시는 이런 일이 일어나지 않게 할 수 있을까?"

타이쿠안은 선생님을 바라보며 이렇게 말했다.

"이 수업 듣기 싫어요. 너무 지루하고 내가 도대체 뭘 하고 있는지도 모르겠단 말이에요."

에반스 선생님은 이렇게 말했다.

"수업 마치고 나서 선생님이랑 둘이서 이야기하자. 네가 이 수업을 잘 들을 수 있도록 선생님이 도와줄게. 그런데 지금 네가 욜란다(종이 뭉치에 맞은 여학생)에게 무슨 말을 해야 한다고 생각하니?"

에반스 교사는 타이쿠안을 진정시켜 다시 수업에 참여시켰고, 다른 학생들도 정상적으로 학습하도록 지도했으며, 심지어 타이쿠안에게 아무런 지시를 하지 않고도 사과를 해야겠다는 다짐을 받아냈다.

에반스 교사는 저자에게 자신은 학생을 지도하며 스트레스를 거의 받지 않는다고 말하면서 그 이유를 이렇게 설명했다.

"타이쿠안은 이제 여덟 살일 뿐이에요. 여덟 살 아이들은 그런 행동을 하기 마련입니다. 여덟 살 아이가 아무리 문제를 일으킨다 한들 저는 스트레스를 받지 않아요."

에반스 교사의 말이 맞다. 학생들 중에는 욕을 하는 학생, 무례하게 행동하는 학생, 건망증이 심한 학생, 가만히 앉아 있지 못하는 학생, 수업 내용을 이해하려고 집중하는 학생 등 여러 유형의 학생이 있다. 에반스 교사는 학생들이 실제로 문제행동을 하기 전에 그 행동을 예상함으로써 악화될 수도 있는 교실 상황을 진정시키는 모습을 보여줬다.

실제로 학생들 중에는 일부러 교사의 스트레스를 유발하려고 문제행동을 하는 학생이 있는데, 그 학생들은 어떻게 행동하고 말해야 교사가 자신의 스트레스 버튼을 누르는지 정확히 알고 있다. 그렇다고 해서 실망할 필요는 없다. 학생이 교사의 행동을 예측하듯이 교사도 학생의 문제행동을 예측할 수 있기 때문에 교사가 학생보다 먼저 예측하면 된다. 교사가 일부 학생이 수업 시간에 늦고, 수업 준비를 안 하고, 무례하게 행동하리라 예측했다면, 그 학생이 실제로 그런 행동을 하더라도 스트레스를 받지 않을 것이다. 학생이 예측했던 행동을 한 경우 교사는 짜증을 내거나 좌절하는 모습을 보여 학생의 적대감을 키우는 대신, 웃으며 이렇게 말하는 편이 바람직하다.

"네가 그렇게 말할 거라고 생각했는데 진짜 그렇게 말하니까 선생님이 웃음이 나는구나. 선생님을 깜짝 놀라게 만들고 싶으면 수업 시간에 맞춰 교실에 들어오고, 책을 준비하고, 예의 바르게 행동해 봐. 그러면 선생님은 정말 깜짝 놀랄 거야. 약속할게!"

정신을 강인하게 단련하자

스트레스를 관리하는 또 다른 방법은 자신의 태도를 결정하는 것이다. 예컨대, 교사는 학생들의 언행을 가슴에 담아두지 않고 평정심을 유지하기로 결심할 수 있다. 어느 직업군에서나 최고의 자리에 오른 사람들은 스트레스를 받을 상황에서도 평정심을 유지한다. 그들은 오직 자신이 통제할 수 있는 자원만을 활용하고 관리하는 데 집중한다.

강인한 정신력을 가졌다는 말은 자신의 감정 "버튼"을 스스로 관리한다는 뜻이다. 또한 그것은 흥분할 일과 그렇지 않은 일을 스스로 결정한다는 뜻이기도 하다. 교사의 경우, 정신력이 강하다는 것은 학생들로부터 스트레스를 받아도 자신은 평정심을 유지한다는 뜻이다. 교사가 평정심을 가지고 학생을 대한다는 것은 아래와 같은 뜻을 가진다.

"선생님은 네게 애정을 잃지 않을 거야."

"선생님은 너를 포기하지 않을 거야."

"선생님은 너를 책임지고 지도할 거야."

"선생님은 비상 상황이 아니면 네게 소리를 지르지 않을 거야."

"선생님은 화가 나도 상황을 다르게 바라볼 거야."

"선생님은 무슨 일이 있어도 네 곁에 있을 거야."

"나는 선생님으로서 네게 좋은 길을 제시해야 하니까, 네가 잘못된 행동을 하더라도 마음에 담아두지 않을 거야."

최고의 교사는 학생의 반항하는 행동이 교사의 책임이 아니라는 것을 현명하게 인지한다. 교사에게 반항하는 학생들은 학교 밖 어디선가 무례하게 말하는 것을 배웠을 것이다. 그리고 누군가로부터 대화 대신 폭력을 사용하는 법을 익혔을 것이다. 또한 누군가에게 욕을 하고 폭력을 가하는 것이 올바른 방식이라고 교육받았을 것이다. 만약 교사가 스트레스를 받을 것 같은 상황에 처하면 감정적인 반응을 하기 전에 학생의 언행을 중립적인 관점이나 엉뚱한 방식으로 바라보는 것도 좋은 방법이다. 예를 들어 학생이 교사에게 "멍청이"라는 말을 한 경우, 그 학생이 "의자"라고 말하는 모습을 상상하는 것이다. 아마 이 경우 교사는 학생의 무례한 말에 화를 내는 대신 학생을 걱정하게 될 것이다.

건전한 시각을 가지자

교사의 소임은 항상 모든 학생들에게 최선을 다하는 것이다. 그러나 현실은 녹록지 않다. 교사가 아무리 노력한다 하더라도 매번 최고의 교육을 펼칠 수는 없다. 최고의 타자도 삼진을 당하는 것처럼 훌륭한 교사도 실수를 하기 마련이다. 교사는 실수에도 아랑곳하지 않고 고개를 들어야 하며, 똑같은 실수를 반복해서는 안 된다. 실수를 했다면 나중에 상황을 다시 점검해서 동일한 실수를 하지 않기 위해 무엇을 해야 하는지 파악해야 한다. 짜증을 떨쳐낼 수 없을 경우에는 차라리 학생들에게 알리는 편이 낫다. 저자가 알고 있는 한 교사는 명백하게 '못생긴 신발(스틸토에 오랜지색 신발끈이 달린 신발)'을 학생들에게 보여주고 선생님이 이 신발을 신은 날에는 인내심이 부족할 수도 있으니 특히 조심하라는 말을 한다고 한다.

기분 나쁜 날은 최대한 빨리 잊어버려서 우울한 기분이 이어지지 않도록 하자. 학생들 중에 말썽을 부리는 학생이 있는가? 그 학생들에게 했던 말이 후회되는가? 그렇다면 예의를 갖춰 사과하고 학생의 행동을 바로잡아주자.

기분 나쁜 하루를 보냈다면 그 원인을 파악하자. 그 원인이 통제할 수 있는 범위 안에 있는가, 밖에 있는가? 아무리 기분 나쁜 일을 겪더라도 부정적인 감정보다는 긍정적인 감정에 초점을 맞추는 것이 바람직하다.

"이 불경기에 나는 연봉이 괜찮은 직업을 가지고 있어."
"힘들기는 해도 병원에서 생사의 갈림길에 서 있는 것보다는 나아."
"나에게는 매일 학생들이 자신에 대한 긍정적인 생각과 감정을 가지도록 가르칠 기회가 있어."

동료들과 네트워크를 만들자

휴식이 필요할 때 편히 쉴 수 있도록 믿을 만한 동료들과 네트워크를 마련하자. 동료 교사, 상담사, 심리학자, 사회복지사 등이 교사에게 큰 도움을 줄 수 있을 것이다. 이러한 사람들과 지금 필요한 도움이 무엇인지 알려주는 특정한 신호를 정하면 좋다. 예를 들어, 교사가 한 학생을 상담실로 보낼 때 노란색 카드를 같이 보내면 상담사는 "교실을 재정비할 수 있도록 이 학생을 10분 동안만 맡아 달라."는 뜻으로 해석하는 식이다. 보라색 스카프는 "자제력을 잃을 것 같으니 20분 정도가 필요하다."는 뜻을 전달하는 신호일 수 있다. 힘이 부칠 때 지도가 어려운 학생을 보낼 곳이 있다는 것 자체가 교사에게는 마음의 큰 위안이 된다.

학생들의 예상을 뛰어넘자

교사는 다양한 방식으로 학생의 예상을 뛰어넘을 수 있다. 기발한 옷을 입는다거나, 연사를 초대한다거나, 현장체험학습을 진행한다거나, 노래를 부른다거나, 게임을 한다거나, 춤을 추거나, 랩을 하는 등 어느 경우에나 교사가 즐거운 시간을 보내며 재미를 느끼는 것이 무엇보다 중요하다.

저자 중 한 명은 26년 전 9학년 때 들었던 지구과학 수업 시간을 아직도 기억한다. 사실 고등학생 때 들었던 모든 수업을 통틀어 아직까지 기억 나는 수업은 그 수업이 유일하다. 당시 지구과학 선생님은 학생들을 데리고 마이너리그 야구장으로 향했다. 야구장에 도착하자마자 구장 관리자가 학생들을 맞이했다. 구장 관리자는 학생들에게 야구장의 잔디가 늘 완벽할 수 있는 이유와 잔디의 색과 모양을 일정하게 관리하는 방법을 알려줬다. 또 야구장에서 쓰이는 흙과 일반 고등학교 운동장에서 쓰이는 흙의 차이점도 알려줬다. 관리자는 야구장의 배수 시스템에 대해 설명한 뒤 그라운드에 온종일 물을 뿌려도 두 시간만 지나면 야구장의 모래가 바싹 마를 수 있는 이유에 대해서도 알려줬다. 구장 관리자의 설명은 귀에 쏙쏙 들어왔다고 할 정도로 훌륭했다. 9학년 학생들이 잔디나 흙 따위에 그토록 관심을 기울였던 적은 아마 없었던 것 같다.

학교에 돌아온 뒤에는 선생님이 학생들에게 지구과학 책을 펼치게 한 뒤 방금 야구장에서 배웠던 내용을 다시 정리해 주었다. 사실 지구과학 수업 때마다 야구장으로 체험학습을 간 것은 아니지만, 그 지구과학 선생님은 일단 과학적 원리가 적용되는 현장을 보여준 뒤에 과학적 지식을 설명해 주는 것으로 학생들 사이에 명성이 자자했다.

"내가 잘하는 것" 보드를 활용하자

우리는 PART5에서 "내가 잘하는 것" 보드 사용법에 대해 살펴본 바 있다. 여기서는 이 방법을 조금 더 자세히 살펴보도록 하겠다. 계속 도움을 요청하는 학생 때문에 진이 빠진 교사가 "내가 잘하는 것" 보드를 어떻게 활용할 수 있는지 알아보자.

학기 초에 교사는 "내가 잘하는 것" 보드를 만들어 게시한다. 교사는 학생들에게 얼굴이 나온 사진을 학교로 가져오게 한 뒤, "학교 안에서", "학교 밖에서"라고 적힌 두 장의 카드를 학생들에게 나눠준다. 학생들은 학교 안과 밖에서 자신이 잘하는 일을 각각의 카드에 적는다. 그리고 학생의 사진과 두 장의 카드를 커다란 "내가 잘하는 것" 보드에 붙인다. "내가 잘하는 것" 보드가 완성되고 나면 학생들은 교사에게 도움을 요청하기 전에 이 보드를 살펴봐야 한다. 만약 한 학생이 어려움을 겪고 있다면 보드를 살펴보고 자신을 도와줄 수 있는 친구를 찾아가 도움을 요청하면 된다. 만약 그 학생이 다른 일로 바쁜 경우에는 교사에게 도움을 요청하도록 한다.

이 방법을 활용하면 학생들이 서로 잘 알게 될 뿐만 아니라, 쉴 틈 없이 교사에게 질문하는 대신 자신이 누구에게 도움을 요청해야 하는지 알게 될 것이다. "내가 잘하는 것" 보드는 전학생이 새 학급에 빨리 적응하는 데에도 큰 도움이 된다. 보드를 살펴보며 친구들의 재능을 확인한 뒤 자신의 재능도 소개한다면 금상첨화일 것이다.

3. 하루에 하나씩 실천하는 스트레스 관리법

교사가 한 달에 대략 20일 정도를 근무한다고 할 때 다음에 소개하는 방법들을 매일 다르게 시도해 볼 것을 제안한다.

크게 심호흡하기

하루에 몇 번씩 시도해 보자. 가능하다면 허리를 곧게 펴고 앉아서 눈을 감고 천천히 그리고 조용히 다섯까지 세면서 숨을 들이마셔보자. 그다음 다섯까지 세면서 숨을 뱉어보자. 숨을 들이마실 때마다 신선하고 깨끗한 공기를 마신다고 상상해 보자. 숨을 내뱉을 때마다 몸에서 분노, 두려움, 스트레스가 빠져나간다고 생각해 보자. 학생들에게도 이러한 방법을 가르쳐주면 좋다. 어린 학생들에게 심호흡법을 가르칠 때에는 공룡 캐릭터인 바니Barney처럼 숨을 들이쉬고, 화난 용이 불을 내뿜는 것처럼 숨을 내뱉으라고 말해 주면 효과적이다. 적어도 하루에 몇 번 정도는 이 방법을 시도해 보자. 이 방법은 학생들에게 자기 조절 능력을 가르칠 때에도 사용될 수 있다.

마음을 편안하게 해주는 음악 듣기

수많은 웹사이트에서 마음을 이완시키는 데 도움이 되는 음악을 제공하고 있다. 바쁜 일상에서 잠시 벗어나(가능하다면 더 오랜 시간 동안) 음악에 빠져보자. 잠시 이어폰을 끼고, 눈을 감고 음악을 즐겨보자.

받기 전에 주기

텔레비전에서 단지 상담 전화를 걸기만 해도 "무료"로 상품을 준다는 광고를 본 적이 있는가? 이러한 증정품은 선의의 표현이기도 하지만 증정품을 주는 목적은 결국 시청자가 상품을 구입하게 만드는 것이다. 일부 비영리 단체도 사람들에게 편지를 보내면서 기부금을 요청하곤 한다. 수많은 자동차 판매원들도 잠재적 고객들에게 무료로 하루 동안 자동차를 시승해 볼 것을 권유한다.

늘 짜증을 내는 학생과 예쁜 행동만 하는 학생을 머릿속에 떠올려보자. 하루 동안, 짜증만 내는 학생을 예쁜 행동만 하는 학생을 대할 때와 똑같이 대우해 주고 무슨 일이 일어나는지 살펴보자.

교실에 꽃 들여놓기

삼십 분마다 한 번씩 아름다운 꽃의 자태를 즐기고 향기를 맡아보자. 학생들에게 꽃을 관리하도록 역할을 부여하자. 꽃을 싫어한다면 향기가 나는 물건을 교실에 들여놓고, 가끔씩 혹은 짜증이 나려고 할 때마다 향기에 흠뻑 취해 보자.

정해진 방식 바꾸기

대부분의 교사들은 자신도 인식하지 못한 상태에서 매일 교실의 똑같은 곳에 서서 수업하고 동일한 경로로 예측 가능하게 움직인다. 5분마다 다른 곳에 서서 수업을 진행해 보자. 때로, 학생들이 수업의 일부 내용을 직접 가르치게 하는 것도 좋은 방법이다.

빨리 걷기

편안한 신발을 신고 복도나 운동장을 빠르게 걸어보자. 마음이 내킨다면 쉬는 시간마다 푸쉬업을 열 개씩 해보자.

성공 일지 적기

대부분의 사람들은 상황이 안 좋게 흘러갈 때는 즉각 문제의 심각성을 알아차리지만, 모든 것이 평탄할 때는 별다른 신경을 쓰지 않는다. 예를 들어 전등 스위치를 켰는데 불이 들어오지 않으면 우리는 번쩍 정신이 든다. 그러나 전등이 밝게 빛난다고 해서 감사한 마음을 가지는 일은 거의 없다. 우리는 모든 것이 자신의 마음대로 돌아가지 않는 상황에서도 정상적으로 이루어지는 일을 수십 개도 넘게 찾아낼 수 있다. 작은 성공에 집중하자. 그리고 그것들을 글로 적어보자. 적을 것이 너무 많다면 스트레스를 주는 한 학생을 떠올리고 그 학생이 하루 동안 잘한 일을 모두 찾아보자. 하루 일과가 마무리될 때까지 그 학생이 잘한 일을 적고 그 리스트를 학생과 공유해 보자.

사진 게시하기

들여다보고 있으면 기분이 좋아지는 사진 한두 장을 교실에 게시해 보자. 잘 보이는 곳에 사진을 놓고 자주 보자. 사진 속으로 들어가 당시의 기분을 느껴보자. 잠시 사진 속 장소에서 혹은 사람들과 함께하면서 느꼈던 감정과 생각들을 되살려보자.

하루 동안 적게 일하기

많은 교사들이 매일 젖먹던 힘을 다해 주어진 일을 처리하느라 긴장을 놓지 못한다. 수업 시간에 두 개의 개념을 가르치는 대신 여유 있게 하나의 개념만 가르쳐보자. 방과 후에 공문 세 개를 처리하는 대신 두 개만 처리해 보자. 추가적인 업무를 부탁받으면 정중하게 거절해 보자.

한 끼 정도는 여유를 즐기며 먹기

음식을 입에 넣을 때마다 풍미와 향미 그리고 질감을 즐겨보자. 당신은 오늘 하루 정말 열심히 일했다. 교직은 교사가 스스로 결정할 수 있는 것이 별로 없는 정말 힘든 직업이다. 당신은 근사한 대접을 받을 자격이 충분하다.

하루에 45분 정도는 즐거운 일에 투자하기

교사가 학생들에게 구체적으로 바라는 목적을 가지고 수업을 계획하듯이, 당신은 오직 자신이 바라는 재미를 추구하기 위해 원하는 활동을 계획하고 실천할 수 있다.

문제행동을 하더라도 상담실에 보내지 않기

교사는 학생에게 교실에서 나가라고 말할 때와 동일한 어조를 사용해서 학생과의 긴장을 누그러뜨리고 학생의 문제행동을 멈춰 세울 수 있다. 예를 들면 이런 식이다.

"피터, 그만하면 됐어. 지금 교실에서 나가고 싶은 모양인데. 절대로 안 돼. 네가 최소한 15분 동안 선생님 말을 듣지 않으면 어디에도 못 갈 줄 알아."

자기 자신에게 성공 리스트를 메일로 보내기

한 주 동안 잘 이루어진 일을 다섯 개 정도 메일에 적어서 자기 자신에게 보내보자. 그리고 집에 가서 즐거운 주말을 보내자. 월요일 아침에 메일함을 열고 지난주에 보냈던 성공 리스트를 읽어보자.

개인적으로 화내기

특정한 사람 때문에 분노가 치밀어 오르면 상대가 바로 앞에 있다고 생각하고 마음껏 분노를 터뜨리자. 소리를 지르거나 베개에 대고 고함을 치거나 베개를 힘껏 내리쳐보자. 조금도 주저하지 말아야 한다. 하고 싶은 말은 무엇이든 내뱉고 가슴에 묵힌 감정을 쏟아내자. 하고 싶은 말과 행동을 다 한 뒤에는 상황을 다시 살펴보자. 감정을 표출하고 나면 주변 상황을 정확히 이해하는 데 큰 도움이 된다.

재활 모임에 가기

다양한 모임에 찾아가 회원들이 겪은 인생 이야기, 역경, 비극에 귀를 기울여보자. 사람들이 어떻게 역경을 딛고 새 삶을 살기 시작했는지 살펴보자. 자연스럽게 감사한 마음이 들 것이다.

세 명의 학생을 칭찬하기

평소에 교사에게 협조하지 않는 학생 세 명을 칭찬해 보자. 평소와는 완전히 다른 방식으로 학생을 대해 보자.

선생님의 좋은 점 물어보기

학생에게 이렇게 물어보자.

"정말 교실에서 잘 지내는구나. 선생님은 너희가 정말 자랑스러워. 너희는 어떤 선생님 밑에서도 잘 해낼 거야. 선생님이 너희의 학교생활에 어떤 도움을 줬는지 말해 줄 수 있겠니?"

학생들과 함께 웃어보기

학생들과 배꼽이 빠질 정도로 웃으면서 수업을 마쳐보자. 일단 처음에는 학생들에게 사람이 웃으면 심장과 폐가 운동을 하게 되고 기분이 좋아진다고 설명해 주자. 그다음 학생들에게 다 같이 최소한 30초 정도 배꼽이 빠질 정도로 웃어보자고 제안하자. 처음에는 교사가 학생들에게 웃음을 강요하듯 지도해야 학생들이 가까스로 참여할 것이다. 절대로 중간에 그만두지 말자. 30초 동안 웃고 난 다음에는 시간이 다 됐으니 웃지 말라고 학생들에게 말하자. 아마 몇몇 학생들은 웃음을 그치지 못할 텐데, 이런 모습은 사람들이 행동을 바꿈으로써 감정을 조절할 수 있다는 증거에 해당한다. 수업을 마치면서 학생들에게 남은 하루를 즐겁게 보내고, 도저히 웃음이 나오지 않는 상황에 닥치면 억지로라도 웃어보라고 말해 주자.

보이지 않는 보호막으로 자신을 보호하기

보호막 안으로는 오직 긍정적인 메시지만 들어오게 하자. 부정적인 기운이 다가오면 보호막으로 차단하자.

자신을 안심시키기

여러분은 평소에 극도로 긴장하거나, 걱정하거나, 초조해하거나, 스트레스에 시달리는 친구가 있으면 어떤 말을 건네는가? 사람들은 보통 이렇게 말한다.

"걱정하지 마, 별일 아닐 거야."

"다음에 잘하면 되지.",

"죄책감이 드는가 보네. 그런데 우리는 완벽할 수 없어."

때로 사람들은 이렇게 친구를 위로하기도 한다.

"다 털어놔봐."

"내일 다시 시작하면 돼."

자기 자신에게 친절한 사람이 되자. 자기 자신을 용서하는 사람이 되자. 그리고 자기 자신을 안심시키는 사람이 되자. 친구를 안심시키듯 자기 자신을 안심시켜보자.

●
●

훌륭한 교사가 되기 위해서는 엄청난 노력이 필요하기 때문에, 교사는 늘 자기 자신을 잘 돌봐야 한다. 교사는 보통 사람들이 실제로 실천하지 않고 말로만 그치는 전통적인 조언을 그대로 지키는 것이 바람직하다. 좋은 음식을 먹고 규칙적으로 운동하자. 마음을 가라앉히고 이완시키자. 교사는 자신이 가르치는 학생, 자신이 책임지고 있는 가족 그리고 자기 자신을 위해 위의 조언을 따라야 한다. 아무리 학교 일에 치이고 일정이 바쁘더라도 퇴근 후에 할 수 있는 취미를 찾아내서 꾸준히 즐기자. 그리고 가장 중요한 점은 어려운 일을 겪더라도 부정적인 면보다는 긍정적인 면에 집중해서 긴 안목으로 문제를 바라봐야 한다. 긍정적인 면에 집중한다면 골치 아픈 일들도 긴 안목으로 현명하게 바라볼 수 있을 것이다.

교사와 학생의 삶이 롤러코스터가 움직이듯 굴곡이 있으리라는 것을 미리 예상하자. 가끔은 모든 것이 술술 풀리는 날이 있을 것이다. 그러나 이보다는 일부 학생이나 학부모나 동료 교사가 여러분에게 부정적인 감정을 표출하는 날이 더 많을 것이다. 그리고 아마 대부분의 일상에서 교사들은 앞서 말한 두 가지 경우를 모두 겪을 것이다. 교사로서 균형 잡힌 삶을 사는 가장 좋은 방법은 일과를 마무리하면서 아무리 작은 일이라도 성공적으로 이루어진 일들을 반추해 보고 보다 나은 내일을 위해 한두 가지 전략을 세우는 것이다. 이것으로 충분하다. 이제 교실 문을 박차고 나가서 퇴근 이후의 시간을 즐기면 된다.

Part 10
습관적인 문제행동 훈육법

몇 년 전 학기 초에 스프릭스 교사는 저자 중 한 명에게 자신의 학급에서 가장 지도가 어려운 학생을 대상으로 한 학생선도위원회에 참여해 줄 것을 요청했다. 그 학생은 존이었는데, 존은 수업을 거의 듣지 않을 뿐 아니라 틈이 날 때마다 "우연히" 책을 떨어뜨리고, 별안간 기침을 하고, 좌우로 크게 숨소리를 내뿜는 등의 행동으로 주목을 끄는 학생이었다. 수업에 아무런 관심이 없다는 듯 어깨를 움츠리고, 지겨운 듯 하품을 하고, 짐짓 잠든 척을 하며 비교적 조용히 수업을 거부할 때는 그나마 나은 편이었다. 회의가 시작되자 존은 교사가 자신에게 퍼부을 온갖 요구와 잔소리에 대비하겠다는 듯 눈을 내리깔며 단단히 팔짱을 꼈다. 스프릭스 교사는 다음과 같은 말로 회의를 시작했다.

"존, 선생님은 네가 선생님의 학생이란 것이 정말 기쁘단다. 지금 이 자리에 앉아 있기 싫겠지만, 선생님은 네게 꼭 필요한 선생님이 되기 위해서 정말 노력하고 있어. 선생님은 너를 여러 방법으로 가르쳐봤지만, 지금까지는 별다른 효과가 없었어. 선생님은 네가 재미있게 공부할 수 있도록 계속 노력할 생각이야. 네가 열심히 공부하는 것이 선생님에게는 제일 중요하단다. 선생님은 네가 선생님 수업을 들어준 것을 정말 고맙게 생각하고 있어. 선생님은 네 덕분에 더욱 좋은 선생님이 되려고 노력하고 있고, 너를 만난 건 선생님에게 정말 잘된 일이야. 네가 보다 학교생활을 잘하기 위해서 선생님이 무엇을 해줘야 할지 말해 주면 정말 고맙겠구나."

존은 선생님이 자신을 비난하거나 욕설을 퍼붓지 않은 것에 대해 충격을 받지는 않았지만 꽤나 놀란 표정을 지었고, 이내 자세가 편안해지더니 머뭇거리면서 큰 목소리로 글을 읽으라고 요구하지 말라거나 잘못을 저질렀을 때에는 개인적으로 이야기해 달라는 등의 몇 가지 제안을 했다. 존이 제안을 해준 덕분에 존과 스프릭스 선생님은 결국 마음을 터놓고 대화할 수 있었고 이후 존의 생활 태도는 크게 개선되었다.

여기서 우리는 스프릭스 교사가 존에게 이것저것 요구하며 행동을 바꾸라고 요구하는 대신, 현명하게 자신이 먼저 태도를 바꾸겠다는 말로 회의를 시작했다는 점에 주의를 기울여야 한다. 스프릭스 교사는 "존과 나 사이의 문제는 존이 _____을/를 한다면(혹은 했다면) 나아질 것이다."라고 생각하는 대신 "존과 나 사이의 문제는 내가 _____을/를 한다면(혹은 했다면) 나아질 것이다."라는 식의 생각을 했다. 이 교사가 사용한 방법에 반영된 교사의 태도와 그 방법이 충족시켜주는 학생의 기본적인 욕구를 살펴보자.

"선생님은 네가 선생님의 학생이란 것이 정말 기쁘단다."

태도 너는 선생님에게 중요한 존재이다.

기본적인 욕구 관심과 유대감

"선생님은 너를 여러 방법으로 가르쳐봤지만, 계속 노력할 생각이야."

태도 모든 학생이 똑같이 배우는 것은 아니다.

기본적인 욕구 효능감(성공)

"선생님은 네 덕분에 더욱 좋은 선생님이 되려고 노력하고 있어."

태도 선생님을 포함해서 우리는 모두 더 좋아질 수 있어.

기본적인 욕구 주도권

"네가 보다 학교생활을 잘하려면 선생님이 무엇을 해줘야 할까?"

태도 선생님은 네 의견을 존중해.

기본적인 욕구 정체성

다양한 훈육 방법을 적용하는 과정에서 무엇보다 중요한 것은 교사의 결심과 반복적인 노력이다. 그러기 위해서는 일단 학생을 바라보는 시선을 재구조화(재구조화에 대한 자세한 논의는 PART7 참고)하는 것부터 시작하는 것이 좋다. 지도가 힘든 학생을 "분노를 터뜨리는" 학생으로 볼 것인가 아니면 "열정적인" 학생으로 볼 것인가? 그 학생을 "반항하는" 학생으로 볼 것인가 아니면 "독립심이 강한" 학생으로 볼 것인가?

그 학생을 "공격적인" 학생으로 볼 것인가, "믿을 만한" 학생으로 볼 것인가? 일반적으로 문제행동을 일삼는 학생을 대상으로 한 회의는 교사가 처음부터 어떤 태도를 가지고 있느냐에 따라 그 결과가 많이 달라진다. 예를 들어, 하기 싫은 걸 요구받으면 감정을 주체하지 못하는 학생을 진심으로 돕고 싶다면 교사는 다음과 같이 인식을 재구조화할 수 있을 것이다.

"너는 누군가 네가 원하지 않는 걸 시키면 마음이 무척 강해지는 아이야. 선생님이 볼 때 너는 특히 책 읽는 걸 싫어해. 그런데도 선생님이 계속 책을 읽으라고 잔소리를 하는 이유는 지금 책 읽는 연습을 하지 않으면 앞으로 학교 공부가 더 어려워질 게 뻔하기 때문이야. 나이가 들면 들수록 더 많은 책을 읽어야 할 상황에 부딪히게 될 거야. 선생님은 네가 책을 읽기 싫어서 화를 내지 않도록, '나는 책을 읽기 싫다'는 그 마음을 없애버릴 수 있는 방법을 알고 있어. 그 방법이 무엇인지 궁금하니?"

습관적으로 문제행동을 일으키는 학생을 훈육하는 데에는 여러 종류의 중재 방안이 도움이 될 수 있다. 일단 학생의 반성과 통찰을 돕는 탐구 질문 전략, 학생과 교사(때로는 교사 이외에도 문제 해결에 도움을 줄 수 있는 관계자들, 교사들 혹은 학부모들이 포함될 수 있다)가 모두 납득할 수 있는 방안을 도출해 내는 데 도움이 되는 협상 전략을 들 수 있다. 학생들에게 사회적 기술, 문제 해결력, 충동 억제력, 자기 조절 능력 등을 가르치기 위한 중재 방안도 있다. 또한 학생들에게 보다 올바른 태도를 길러주기 위해 전통적으로 사용되어 온 행동 수정 전략(이 방법은 최후의 방안으로 사용되어야 한다)과 역할 바꾸기, 유머 그리고 패러독스와 같은 방법에 기초한 새로운 훈육 방법도 있다. 지금부터 이 훈육 방법들을 하나씩 자세히 살펴보겠다.

1. 탐구 질문 전략

●
●

탐구 질문 전략은 문제가 벌어진 상황이 진정되었을 때 학생이 교사의 질문에 답하면서 스스로 반성하고 통찰력을 발휘해 앞날을 계획하도록 지도하는 훈육 방안이다. 아래에 몇 가지 탐구 질문들을 제시해보겠다.

- 네가 하는 행동 중에 선생님을 매우 화나게 만드는 행동이 무엇인지 말해 줄 수 있니?
- 네가 (문제행동)을 할 때, 너는 그 행동을 한다는 사실을 알고 있니?
- 너는 우리 학급에서 왜 (문제행동)에 관한 규칙이 있는지 알고 있니?
- 너는 멈추고 싶을 때 스스로 (문제행동)을 그만둘 수 있니?
- 너는 누군가 그만두라고 하면 (문제행동)을 그만둘 수 있니?
- 너는 보통 누구의 말을 제일 잘 듣니? 그 사람은 너를 어떻게 지도하니? 어떻게 하면 다른 사람이 시키지 않아도 너 스스로 행동을 개선할 수 있을까?

- 모든 사람들이 (문제행동)을 하면 무슨 일이 일어날 것 같니?
- 네가 만약 우리 반을 책임지는 사람이라면 누군가 이 규칙을 계속해서 어길 때 어떻게 할 생각이니? 너는 그 사람을 어떻게 도와줄 거니?

2. 협상 전략

매일 문제행동을 일으키는 학생들이 학급 규칙을 지키려면 반드시 누군가로부터 개인적인 도움을 받아야 한다. 그리고 교사는 협상을 통해 학생에게 개인적인 도움을 줄 수 있다. 실제로 문제행동이 몸에 밴 학생들 가운데에는 문제행동 개선을 주제로 교사와 협상을 진행하면 순순히 교사의 지도에 따르는 학생들이 있다. 아래에서는 두 가지 협상 방법인 긍정 대화와 가족 중재에 대해 알아보자.

긍정 대화

긍정 대화란 교사가 따로 시간을 정해 놓고 학생과 만나 학생과 교사의 의견 차이를 줄이기 위해 협상을 진행하는 중재 절차를 가리킨다. 이 방법은 오랜 시간이 걸리기 때문에, 수업을 심하게 방해하는 학생들을 대상으로 실시하는 것이 바람직하다. 긍정 대화가 효과를 거두기 위해서는 교사가 학생의 문제행동을 교사와 학생 사이의 갈등에서 빚어진 징후로 파악하고, 학생의 불만이나 요구에 귀를 기울이고, 유연한 사고를 할 의지가 있어야 한다. 이 중재 절차의 목적은 교사와 학생 모두가 납득할 만한 해결 방안을 모색하는 것이다.

교사와 학생이 한 번을 만나든 여러 번을 만나든 상관없지만 일반적으로 이 과정에는 중립적인 입장에 있는 제삼자가 참여하여 교사와 학생 양쪽을 안내하고 각자의 생활이 나아질 수 있는 공통의 해결책을 마련할 수 있도록 대화를 이끄는 것이 바람직하다. 여기서 제삼자의 역할을 할 수 있는 사람은 다른 학급의 교사, 상담가, 관리자, 자원 인사 혹은 일반 학생 등이다. 제삼자가 갖춰야 할 중요한 자질은 경청하는 능력이며, 협상 과정에 적극적으로 개입하지 않고, 분위기가 거칠어지더라도 평정심을 유지할 수 있는 능력도 필요하다. 우리는 이러한 중재자를 "코치"라고 부른다.

중재 절차는 다음과 같다.

교사와 학생이 번갈아가며 상대방의 단점, 장점, 문제행동과 관련하여 바라는 점을 이야기한다. 이때 코치는 교사와 학생이 서로의 말을 잘 이해했는지 확인하기 위해서 상대방이 한 말을 그대로 반복하게 한다. 교사와 학생이 할 말을 다 한 뒤에는 머리를 맞대고 해결 방안을 찾는다. 그다음 해결 방안을 구체적인 계획으로 만든 뒤, 교사와 학생이 각자 서약서에 사인을 하고 계획이 얼마나 잘 지켜지는지를 확인하기 위해 다음에 만날 약속을 정한다.

이처럼 학생의 문제행동에 시달린 교사가 학생과 협상을 진행하려면 다음과 같은 행동을 할 의지가 있어야 한다.

- 문제행동을 한 학생과 얼굴을 맞대고 의견을 공유하기
- 학생에게서 험담을 들을 용기 내기
- 학생을 위해 훈육 방안 수정하기

긍정 대화는 학생의 의견, 아이디어, 생각이 매우 중요하고 가치 있으며, 교사가 귀 기울여야 하고, 실제로 학급에 반영되어야 한다는 믿음 위에서 진행된다는 특징이 있다. 코치가 긍정 대화를 시작하기 전에 교사와 학생에게 앞으로 진행될 절차를 미리 설명해 준다면 각자가 앞으로 무엇을 해야 할지 예상할 수 있기 때문에 협상이 보다 부드럽게 진행될 것이다. 긍정 대화의 구체적인 절차는 다음과 같다.

1 코치(제삼자)가 문제 상황을 소개하고, 협상의 절차와 각자의 역할을 설명한다. 예를 들어 코치는 다음과 같이 말할 수 있다.
   "학급에 문제가 생겨서 존스 선생님은 수업을 하기가 힘들고, 조이 학생은 규칙을 지키기 힘들어졌습니다. 저는 여러분이 마음을 달래고 교실에서 정상적인 수업을 할 수 있도록 해결 방안을 찾기 위해 이 자리에 섰습니다."

2 코치의 안내에 따라 교사와 학생은 상대방의 단점, 유감, 분노, 좌절감 같은 감정을 공유한다. 코치는 교사에게 이렇게 말할 수 있다.
   "쉽지는 않겠지만, 조이에게 네 행동이나 말 때문에 수업을 하기

가 힘들다고 말해 주세요."

교사가 말한 뒤에 코치는 학생의 솔직한 감정을 이끌어내야 한다. 예를 들어 코치는 학생에게 이렇게 말할 수 있다.

"교실에서 생활하면서 무엇 때문에 규칙을 지키기가 힘들었어?"

교사와 학생의 감정을 공유한 뒤에, 코치는 교사와 학생에게 상대방이 한 말을 그대로 따라 말하거나 다른 말로 바꿔 말할 것을 제안해야 한다. 이 과정은 상대방의 마음을 이해하는 데 도움이 된다.

"조이, 존스 선생님이 너에 대해 어떤 말을 했고 무엇 때문에 수업을 하기가 힘들다고 했지?"

"존스 선생님, 조이가 학급 생활에 대해 무슨 말을 했고, 무엇 때문에 규칙을 따르기 힘들다고 했죠?"

교사와 학생이 상대방이 했던 말을 다른 말로 바꿔 말할 때, 예를 들어 학생은 교사가 한 말을 완강히 부인하거나 방어적인 태도를 취할 수 있으니 코치는 이 점에 각별히 주의를 기울여야 한다. 실제로 이런 상황이 벌어지면 코치는 교사 또는 학생에게 상대방이 한 말에 꼭 동의해야 하는 것은 아니라는 점을 분명히 말해 주는 것이 중요하다.

"존스 선생님의 말에 동의를 해야 하는 건 아니야. 지금은 선생님이 수업을 하기 힘든 이유에 대해 한 말을 그대로 따라 말해 줘."

이 단계뿐 아니라 아래 단계에서도 교사와 학생은 상대방이 한 말을 바꿔 말해야 한다.

3 교사와 학생은 서로에 대해 고마운 점을 공유한다.

"존스 선생님의 좋은 점이나 감사하게 생각하는 점은 무엇이니?"

4 교사와 학생이 서로에게 구체적인 제안을 한다.

"조이가 지금과는 다른 방식으로 행동한다면, 구체적으로 어떻게 행동하기를 바라시나요?"

5 교사와 학생이 해결 방안을 협상한다.

"이 문제를 해결하기 위해서 앞으로 어떻게 행동할 계획인지 각자 말해 주시기 바랍니다."

6 해결 방안에 동의하면 글로 쓰고 각자 사인을 한다.

7 이제 각자에게 약속을 지킬 책임이 주어졌다. 이후 각자 약속한 내용이 얼마나 잘 지켜지는지 살펴봐야 한다.

8 다음 만남을 약속한다.

일반적으로 다음 만남에서는 각자 상대방에 대한 분노를 표출하려고 불만 거리를 잔뜩 적어오기 마련이라는 점을 코치는 사전에 알고 있어야 한다. 따라서 코치는 교사와 학생에게 상대방에게 가장 바라는 개선점을 두세 개 정도만 선택하라고 말하는 것이 바람직하다. 그래야 코치가 교사와 학생을 대상으로 협상 절차를 이어나갈 수 있다. 만약 만남이 끝나갈 무렵 교사와 학생 모두 교실에서 사소하지만 분명한 변화가 일어났다는 점에 동의하면, 코치는 이 작은 성공을 발판 삼아 다른 문제를 해결할 방안을 모색할 수 있을 것이다.

가족 중재

가족 중재는 교사, 학부모 그리고 학생이 머리를 맞대고 구체적이고 달성 가능한 목표와 목표 달성 여부에 따른 긍정적 혹은 부정적 행동의 결과를 정하는 데 목적이 있다. 목표는 가능한 구체적이고, 측정 가능하고, 달성 가능해야 한다. 가족 중재의 구체적인 절차는 다음과 같다.

1. 학부모와 만나기

모임을 두 단계로 나누어 먼저 학부모를 만난 뒤에 학생을 참여시키거나 아니면 학부모와 학생을 각각 따로 만나자. 학생이 두 부모님과 같이 살 경우 교사는 두 부모님이 모두 모임에 나오실 것을 강력하게 요구해야 한다. 학생이 편부모 가정에 살 경우에는 한 부모님과 만나거나 학생의 양육에 관련된 가족 구성원 혹은 동거 중인 가족도 같이 만나는 것이 좋다.

처음에는 일단 학생을 빼고 교사와 부모님만 만나는 것이 자유롭게 대화하기에 좋고, 교사와 학부모가 뜻을 모아 한 팀을 이루는 데에도 효과적이다. 때로 학생들은 교사와 부모가 협력보다는 반목하도록 교묘하게 양측을 조종하기 때문이다.

교사는 학부모에게 자녀가 계속해서 문제행동을 일으킬 경우 부정적인 행동의 결과를 따르게 될 것이라고 분명히 말해야 한다. 예로 들기에 가장 좋은 부정적인 행동의 결과는 자녀가 앞으로 문제행동을 계속하게 만들 나쁜 친구들과 어울려 지낼지도 모른다는 것이다. 이 외에도 교사는 자녀가 성적이 떨어지고, 장래가 어두워지고, 낙인이 찍히고, 자포자기의 정신 상태를 가질지도 모른다는 말을 할 수 있다.

2. 자녀가 노력을 하지 않는다는 점을 확실히 밝히기

교사는 학부모에게 자녀가 무엇이든 잘 해낼 충분한 능력이 있지만 올바른 행동을 하려고 노력하지 않는다는 점을 분명히 밝혀야 한다. 또한, 어떠한 문제점을 가장 먼저 해결할 것인지 정해야 한다. 이 가족 중재는 무척 확실한 훈육 방법이기 때문에 학생에게 실현 불가능한 목표를 달성하라고 요구하는 것은 차라리 안 하는 것만 못하다. 학부모에게 교사로서 학생이 보다 나은 생활을 하도록 돕고 싶다는 의사를 분명하게 표현하자. 학생을 비난하면 안 된다. 학부모에게 이렇게 말하자.

"저는 자녀가 학습 활동에 적극적으로 참여하기를 바랍니다."
"저는 자녀가 친구들을 때리거나 밀치는 행동을 그만두길 바랍니다."
"저는 자녀가 수업 시간에 깨어 있기를 바랍니다."
"저는 자녀가 제시간에 교실에 오기를 바랍니다."
"저는 자녀가 친구의 마음을 아프게 하지 않기를 바랍니다."

3. 짧은 시간 안에 도달할 수 있는 구체적인 목표 정하기

이제 학생을 모임에 참가시킬 차례이다. 학생과 관련이 있는 사람들이 모두 모여 활발하게 이야기를 나누며 학생이 달성해야 할 구체적인 목표를 설정해야 한다. 예를 들어 "수업 방해하지 않기" 혹은 "말썽 일으키지 않기"와 같은 모호한 목표를 제시하면 학생은 목표를 달성했다고 생각하지만 교사는 그렇게 생각하지 않는 경우가 허다하기 때문에 별 효과가 없다. "다음 주에 적어도 3일은 제시간에 맞춰 교실에 오기"와 같이 분명한 목표를 학생에게 제시해야 한다.

4. 긍정적인 혹은 부정적인 행동의 결과 정하기

이 단계에서 학생과 부모는 힘을 모아 행동의 결과의 내용과 적용 시기를 결정하는 중요한 역할을 해야 한다.

목표를 달성했을 때 긍정적인 행동의 결과로 물질적인 것은 삼가야 한다. 가장 좋은 것은 학생이 바라는 사람과 함께 시간을 보내는 것이다. 일반적으로 학생들은 자신의 아버지와 함께하기를 바라는데, 많은 아이들이 자신의 바람만큼 아버지와 함께 시간을 보내지 못하기 때문이다. 학생이 좋아하는 사람과 무엇을 할지를 정하는 것도 좋다. 그러나 지킬 수 없는 약속은 처음부터 하지 말아야 한다. 어른은 한번 약속한 것은 반드시 이루어진다는 점을 학생들에게 입증해야 한다.

목표를 달성하지 못했을 때 부정적인 행동의 결과는 예컨대 스마트폰처럼 학생이 좋아하는 것을 잠시나마 못 하게 하는 것일 수 있다. 이때 교사는 학부모와 자녀가 어떤 행동을 얼마만큼 제한할 것인지 정하도록 안내해야 한다. 여기서 부정적인 행동의 결과는 부모가 실제로 학생에게 적용할 수 있을 정도로 납득할 만한 것이어야 한다.

5. 정해진 약속을 문서로 만들어보기

문서에는 학생이 앞으로 할 행동과 목표를 달성했을 때 받을 것 그리고 실패했을 때 잃을 것이 분명히 드러나야 한다.

6. 학생의 생활 태도를 어떻게 점검할 것인지 결정하기

학생이 목표 달성을 위해 노력하는 정도를 어떻게 파악할 것인지 결정하고, 어떤 후속 조치를 할 것인지 정한다. 예를 들면, 매일 혹은 매주 가정에 보고서를 보낸다거나 다음 모임 날짜를 정하는 것 등이다.

3. 핵심적인 사회적 기술 가르치기

●
●

교사들은 종종 모든 학생들이 기본적인 사회적 기술을 알고 있다고 가정하지만, 실제로는 모르는 학생이 무척 많다. 특히 문제행동을 자주 일으키는 학생은 더욱 그렇다. 그 아이들은 주로 자신의 부모를 모방하기 때문에, 사회적 기술을 배우지 못한 부모에게서 부정적인 행동 양식을 습득했을 가능성이 높다.

교사가 학생들에게 사회적 기술을 가르칠 때는 꾸준함이 요구되는 데, 만성적으로 문제를 일으키는 학생들은 학급에서 받아들여지지 않는 문제행동 양식이 몸에 습관처럼 배어 있기 때문이다.

학교의 운동부 코치나 연극 감독들은 특정한 기술을 익히려면 실제와 동일한 조건에서 반복 연습을 하는 것이 얼마나 중요한지 잘 알고 있다. 마찬가지로 사회적 기술을 익히는 데에도 반복 연습은 무척 중요하며, 사회적 기술이 통용되지 않는 가정에서 거주하는 학생들의 경우에는 더욱 그렇다. 학생들이 익혀야 하는 사회적 기술은 체득하는 데 오랜 시간이 걸리기 때문에 교사가 학급에 신뢰하는 분위기를 조성할수록 학생들은 사회적 기술을 더 잘 익힌다.

다음은 만성적으로 문제행동을 일삼는 학생들에게 꼭 필요한 사회적 기술을 가르치는 방안에 대해 설명해 보겠다.

서로 인사하기

교실에서 말썽을 부리는 학생들은 "좋은 아침입니다", "반갑습니다", "안녕하세요", "좋은 하루 보내세요"와 같은 인사를 거의 하지 않는다. 교사는 학생들의 무례함을 불평할 것이 아니라 적극적으로 인사하는 법을 가르쳐야 한다.

눈 맞추기

사회적 기술이 부족한 학생들은 눈 맞추는 연습을 할 필요가 있다. 어른과 눈을 맞추는 것이 예의에 어긋나는 행동으로 인식되는 문화권에서 자란 학생들도 마찬가지이다. 이러한 학생들의 경우에는 다양한 사람들이 어울려 사는 큰 문화권에서는 사람들과 눈을 맞추는 것이 도움이 된다는 사실을 배우는 것 자체가 유익한 학습이라고 할 수 있다. 물론, 교사는 다양한 문화적 특성을 민감하게 파악해야 하는 동시에 학생들에게 어디서, 언제, 누구와 눈을 맞추는 것이 도움이 되는지를 명확히 알려줘야 한다.

부탁하기

누군가에게 부탁을 할 때는 "부탁인데" 혹은 "고맙겠어"와 같은 말을 사용하도록 학생들에게 가르쳐야 한다. 또한 마지막에는 "고마워"라는 말을 꼭 덧붙여야 한다는 것도 알려줘야 한다.

다른 사람의 관심 얻기

이 사회적 기술은 다음과 같은 말을 사용할 때 가장 효과가 좋다. "잠시 실례하겠습니다." 혹은 "제 생각을 말씀드리고 싶습니다."

지시에 따르기

교사는 학생들에게 일단 어떤 행동을 하기 전에 선생님의 안내를 먼저 들어야 한다는 점을 분명히 인식시켜야 한다.

비판 수용하기

학생들은 이 사회적 기술을 통해 누군가로부터 비판을 들었을 때 따지고 들거나 무시할 필요가 없다는 것을 배우게 될 것이다. 비판을 수용할 줄 아는 학생은 간단히 이렇게 말할 것이다. "알려줘서 고마워."
그리고 비판을 받아들이든지 잊어버리든지 자신이 선택할 것이다.

친구들의 압력에 맞서기

다음은 학생들이 친구들과 같이 행동하기는 싫은데 친구들이 압력
을 가할 때 할 수 있는 말들이다.

"그런 건 별로 좋아하지 않아. 재미있는 시간 보내라."

"나중에 어떻게 됐는지 알려줘."

"대신 이런 걸 해보는 게 어때. 이게 너희들이 말한 것보다 훨씬 재
미있어."

예의를 지키며 반대하는 법 가르치기

많은 학생들이 예의를 지키며 반대하는 법을 실천에 옮기지 못한다.
이 기술을 익히지 못했을 때의 문제점은 남들과 다른 관점을 표현하려
고 할 때 적절치 못한 단어를 선택하고 사용하는 데 있다. 이러한 문제
가 일어나는 데에는 실로 많은 이유가 있지만, 우리가 집중해야 할 것
은 자신과 다른 견해를 가진 사람의 말에 귀를 기울이고 예의 바르게
반응하는 법은 학생들이 인생을 살아나가는 데 반드시 익혀야 할 중요
한 기술이자 학급다운 학급을 경영하는 데 필수적으로 필요한 능력이
라는 점이다.

학생들에게 교사, 친구와 의견이 다를 때 예의를 갖춰 반대하는 법
을 가르치자. 여러분은 학생이 다른 의견을 가지고 있을 때 어떻게 말

하고 행동하기를 바라는가? 학생들은 다른 관점의 의견을 제시하는 것
과 비판을 위한 비판을 하는 것 사이의 차이를 정확히 알고 있는가? 학
생들에게 남들과 다른 의견을 제시하기 전에 아래의 문구를 사용해서
대화하는 방법을 가르쳐보자.

"그러니까 당신의 생각은 _____라는 것이죠."
"당신의 말은 _____라는 것이죠."

학생들이 다른 사람을 공격하지 않고 어떠한 가치나 아이디어에 반
대하는 방법을 익히는 것은 상당히 중요하다. 예를 들어, 교사는 학생
들에게 이렇게 말할 수 있다.

"여러분이 누군가의 말과 행동에 반대한다고 해서 그 사람을 험담
하거나, 비웃거나, 흘겨보거나, 무시한다면 여러분은 아무것도 얻지 못
할 것입니다. 이런 식으로 여러분이 다른 사람을 공격한다면, 여러분은
자신의 의견을 제시하거나 왜 그 사람과 다른 의견을 가지게 되었는지
를 설명할 수 없을 것입니다."

학생들에게 반대 의사를 표현하는 방법을 가르치자. 일단, "난 그렇
게 생각하지 않아", "난 동의하지 않아", "내 생각은 달라"라고 말한 뒤
이유를 제시하면 된다. 학생들이 적절치 못한 말을 한다면, 다음과 같
이 즉각 바로잡아야 한다.

"그건 남을 무시하는 거야. 네 의견이 내 생각과 어떻게 다른지 다시
한 번 말해 줄래?"

학생들이 다른 사람을 존중하며 반대 의사를 표현한다면 아낌없이 칭찬하자.

"정말 감동적이구나! 아주 훌륭한 토론이었어. 특히 모간과 슈는 마리화나를 합법화하는 문제에 대해 서로 다른 의견을 가지고 있었는데, 상대방을 공격하지 않고 침착하게 각자의 의견을 제시한 것이 참 멋졌어. 우리나라 정치인들이 너희들에게 토론하는 법을 배워야겠는데!"

4. 자기 조절 전략

●
●

지금부터 소개할 전략들은 학생들에게 거의 새로운 사고방식과 행동 양식이라고 할 수 있기 때문에, 학생들은 어떠한 상황에서든 자동적으로 자기 조절을 할 수 있을 만큼 아래의 전략들을 충분히 연습해야 할 것이다. 일반적으로 자기 조절 능력이 부족한 학생들은 비판에 매우 민감하게 반응한다. 이러한 학생들은 마음을 진정시키고 자신이 직면한 문제를 어떻게 해결할 것인지 결정하는 법을 배울 필요가 있다. 다음 활동들은 바로 이 방법을 익히는 데 도움을 주기 위해 고안된 것이다.

생각과 이미지 바꾸기

대부분의 경우 구체적인 행동을 하기 전에 상대방의 말과 행동이 전혀 문제가 되지 않는다고 생각하면 흥분을 가라앉힐 수 있다. 아래의 질문을 살펴보고 하나의 질문 또는 두 개 모두를 학생들에게 물어보거나 질문을 약간 바꿔서 제시해 보자.

"어떤 사람이 너를 책, 컵, 의자라고 부르면 어떻게 반응할 거야?"
"신발을 바꿔 신고 입 옆에 잉크가 흘러내리는 사람이 네가 실수를 했을 때 비웃거나 히죽거린다면 너는 기분이 어떨 것 같니?"

아마 학생들은 그 사람이 약간 이상하기 때문에 자신이 화를 내거나 기분이 나빠지지 않을 것 같다고 대답할 것이다. 학생들에게 기분 나쁜 말을 들었거나 행동을 본 경우에는 어떤 말과 행동을 하기 전에 상대방이 말도 안 되는 엉뚱한 말을 하는 상상을 해보라고 제안하자. 혹은 누군가 놀리면 그 사람의 머리 위에 커다란 벌레가 기어 다니고 그 사람이 광대 복장을 하고 있는 모습을 상상하라고 제안하자. 우리는 생각과 이미지를 바꿈으로써 감정을 조절할 수 있는 능력을 가지고 있다.

몇 차례 깊게 심호흡하기

화가 나거나 두려울 때는 심호흡을 몇 번 하는 것이 좋다. 눈을 감고 마음속으로 5 혹은 10까지 세면서 숨을 들이마시고 내뱉으면서 똑같은 과정을 반복하면 된다. 숨을 들이마실 때는 고요하고 편안한 상태에서 신선한 공기를 마시는 상상을 하고, 내쉴 때는 마음속의 분노나 두려움도 같이 몸 밖으로 내보낸다는 생각을 해보자. 어린 학생들의 경우에는 공룡 캐릭터 바니를 상상하며 숨을 들이마시고 불을 뿜어대는 화난 용처럼 숨을 내쉬라고 말해 주면 잘 따라 한다. 이 과정을 몇 번 반복해 보자.

긍정적인 생각에 집중하기

우리의 생각이 감정에 강한 영향을 끼친다는 것은 예전부터 알려진 사실이다. 어른들은 생각과 감정의 상관관계를 익히 알고 있다. 그러나 학생들은 그렇지 않다. 학생들의 경험을 활용해서 생각과 감정의 관계를 가르쳐보자. 예를 들어, 일단 교사가 학생들에게 좋아하는 텔레비전 프로그램을 상상해 보라고 한다. 그다음 학생들에게 텔레비전 프로그램을 생각하면 어떤 기분이 드는지 물어본다. 좋아하는 장난감, 장소, 음식을 떠올리면 어떤 느낌이 드는지 물어볼 수도 있다.

누군가 기분 나쁜 말을 하는 것처럼 안 좋은 일이 생겼을 때, 긍정적인 생각을 하는 것이 어떤 도움이 되는지 학생들에게 물어보자. 학생들에게 누군가 기분을 상하게 하려고 할 때 좋은 기분을 유지하는 데 도움이 되는 긍정적인 생각이 무엇인지 물어보고 공유하자. 몇 가지 예를 들어보겠다.

"나는 멋진 사람이니까 ○○가 내 기분을 망치게 내버려두지 않을 거야."
"나는 똑똑해."
"나는 할 줄 아는 게 많아."
"나는 다른 사람이 내 기분을 상하게 하도록 놔두지 않을 거야."
"누군가 내게 기분 나쁜 말을 한다고 해서 내가 꼭 동의할 필요는 없어.

세상에 완벽한 사람은 없어. 나는 좋은 생각만 할 거야."

"누군가 나를 화나게 한다면, 나는 트램펄린 위에서 통통 뛰듯이 그 감
정을 내게서 튕겨낼 거야."

문제를 피하거나 해결하려고 하기 전에 일단 생각하기

학교생활을 잘하는 학생들은 대부분 자신의 생각을 마음속으로 말
하는 방법을 익혔으며 이런 전략을 공부를 할 때나 일상생활에서도 잘
적용한다. 이 학생들은 "난 지금 손을 들어야 해."와 같은 말을 마음속
으로 할 수 있기 때문에 자신의 차례가 아닌 상태에서 불쑥 말을 내뱉
지 않는다. 또한 이 학생들은 "나는 지금 무척 흥분했어. 그렇지만 내
친구를 때린다면 더 큰 문제가 생길 거야. 굳이 그럴 필요는 없잖아."와
같은 말도 속으로 할 줄 안다.

반면에 문제행동을 자주 하는 학생들은 구체적인 지도를 통해 문제
상황을 정확히 파악하고 자신이 취해야 할 말과 행동을 연습하는 기
회를 가져야 할 것이다. 예를 들어, 초창기 사회적 기술 습득 프로그램
(Camp, Blom, Herber, Van Doorninck, 1977)과 연계성을 가지고 발전된
여러 사회적 기술 프로그램(Mendler, 2005, 2012)을 통해 학생들은 다
음 질문을 활용해서 마음속으로 명료하게 생각하고 문제를 해결하는
학습을 할 수 있다.

- 나의 문제는 무엇인가?
- 그 문제를 해결하기 위한 나의 계획은 무엇인가?

- 나는 내 계획을 따르고 있는가?
- 나는 어떻게 행동했는가?

한편, 마이켄바움Meichenbaum(1977)이 처음 개발한 문제 해결 접근법에는 다음과 같은 질문과 문장이 제시되어 있다.

- 나는 무엇을 해야 하는가?
- 나는 모든 가능성을 살펴볼 필요가 있다.
- 나는 한곳에 집중해야 한다.
- 나는 결정을 내려야 한다.
- 나는 잘 해냈는가?

사춘기의 분노 조절

페인들러Feindler와 엑톤Ecton(1986)은 사춘기 학생들의 분노 조절 방안을 개발했다. 학생들이 다음의 절차를 따른다면 효과를 볼 수 있을 것이다.

1 분노를 유발하는 직접적인 원인(다른 사람이 화를 부추기는 것)과 간접적인 원인(다른 사람이 불공정하거나 거짓말을 하고 있다고 생각하는 것) 밝히기

2 분노와 관련된 심리적 상태 밝히기(몸에 열이 나거나, 땀이 나거나,

주먹이 꽉 쥐어지거나, 얼굴 근육이 경직되는 것 등)

3 마음을 이완시키려고 노력하기(수를 거꾸로 세거나, 깊게 심호흡을 하거나, 걷는 행동 등)

4 인지적 행동 방법cognitive-behavioral method 사용하기("긴장을 풀어", "진정해", "마음을 가라 앉혀", "화낼 필요 없는 일이야" 같은 말을 되뇌기 등)

5 자신에게 "내가 어떻게 행동했지?"라고 질문하며 자신의 행동을 평가하기("잘했어", "마음을 안정시켰어", "훌륭했어", "그 녀석을 죽이고 싶었지만 ___라고만 말했어. 다음에는 더 잘할 수 있을 거야", "이성을 잃고 말았어. 다음에 이런 일이 또 일어나면, ___라고 되뇔 필요가 있어" 등)

두 가지 강력한 질문

교사가 학생에게 다음의 두 가지 질문을 하는 것은 학생의 자기 조절 능력을 신장시키는 데 도움이 된다.

1. 사람들이 어떤 말이나 행동을 했을 때 기분이 나빠지니?

2. 사람들이 왜 그런 말이나 행동을 한다고 생각하니?

학생들은 첫 번째 질문을 듣자마자 "혼자 다 가지려고 했을 때", "놀릴 때", "내 물건을 마음대로 가져갔을 때", "내 엄마의 이름을 함부로 부를 때" 등 여러 답변을 내놓을 것이다. 교사는 학생들의 대답을 받아 적은 뒤 두 번째 질문을 제기하면서 대화를 진행하는 것이 바람직하다. 두 번째 질문은 학생의 연령에 따라 그 내용이 달라지는 것이 좋다.

나이가 많은 학생들과 대화할 때 "누군가 네게 이런 말을 하거나 네가 싫어하는 행동을 하는 것은 네게 힘을 주기 위해서일까 아니면 네게서 힘을 빼앗기 위해서일까?"

어린 학생들과 대화할 때 "네가 싫어하는 말과 행동을 하는 사람들은 너를 약하게 만드는 걸까 아니면 강하게 만드는 걸까?"

아주 어린 학생들과 대화할 때 "네가 싫어하는 말과 행동을 하는 사람들은 너를 기쁘게 하는 걸까 아니면 슬프게 하는 걸까?"

두 번째 질문 이후에 교사는 추가적으로 다음과 같은 질문을 해야 한다.

"너는 너를 괴롭히는 사람들이 바라는 대로 선생님이나 교장 선생님과 갈등을 겪도록 만들고 싶니?(혹은 네가 스스로 약한 사람이라고 느끼고 싶니? 혹은 불행해지고 싶니?)"

최종적으로 교사는 학생들에게 남들이 괴롭힐 때 더 큰 문제를 만들지 않고 상황을 해결할 수 있도록 구체적인 행동 방안을 가르쳐야 한다.

5. 당당하게 주장하기 전략

●
●

학생이 공격적으로 행동하는 대신 당당하게 행동하는 법을 배운다면, 자신의 생활에서 주도권과 힘을 되찾는 계기를 마련할 수 있을 것이다. 교사는 학생들에게 다음과 같은 방법들을 가르치고 연습시켜 학생들이 이 전략을 체득할 수 있도록 해야 한다.

문제 상황에서도 당당하게 걸어가기

이 방법은 말처럼 쉬운 것이 아니기 때문에 특히 연습이 필요하다. 문제에 부딪혔을 때 인정받고 싶은 욕구나 자부심을 표현하고 싶은 욕구를 충족시키려다 보면 문제 상황에서 당당하게 걸어 나오는 것이 좀처럼 쉽지 않다는 점을 분명히 인식시켜야 한다. 우리가 문제 상황에서 당당하게 걸어 나오는 것은 힘을 보존하기 위한 방법이며, 이것이 가능할 때 우리의 불행을 바라는 사람에게 우리의 힘을 줘버리는 일을 막을 수 있다는 점을 강조하자.

아래는 학생이 당당하게 걸어가기 방법을 보다 매력적으로 느끼도록 이끄는 교사와 학생의 대화이다.

> **교사** (에린에게 개인적으로) 선생님이 널 연필이라고 부르면, 넌 연필이니?
>
> **에린** 아니요.

교사 넌 뭔데?

에린 여자요.

교사 선생님이 널 책이라고 부르면, 네가 책이 되는 거니?

에린 아니요.

교사 그러면 넌 뭐야?

에린 여자요.

교사 누군가 널 아기라고 부르면 너는 정말 아기가 되는 거니?

에린 아니요.

교사 넌 뭐야?

에린 여자요.

교사 여자와 아기의 차이점도 모르는 사람이 말을 걸면 그냥 걸어가버 릴 수 있겠니?

'나 메시지'는 학생들이 선생님이나 친구에게 자신의 생각을 단호하 게 전달하는 데 도움이 된다. 일반적으로 학생들은 이렇게 말하는 것으 로도 충분히 자신의 의견을 피력할 수 있다.

"나는 ＿＿＿하는 건 싫어. 그만했으면 좋겠어."

그리고 당당하게 걸어가라고 지도하자.

싫어/좋아 전략

학생들은 이 방법을 사용해서 자신이 무엇 때문에 괴로운지 그리고 무엇을 바라는지 효과적으로 전달할 수 있다. '싫어/좋아' 전략을 사용한 대화는 다음과 같다.

"네가 그렇게 날 밀면 난 기분이 나쁘고 싫어. 그만해."

점점 더 단호하게 주장하기

학생들이 이 방법을 사용하면 문제를 키우는 일 없이 자신의 생각을 강조함으로써 자신이 원하는 것을 얻을 수 있다. 다음 예를 살펴보자.

"내 책 돌려줘."

"내 책 돌려달라고 말했잖아."

"내 책이 좋은가 본데, 그 책은 내 책이니까 그만 돌려줘."

"책을 돌려주지 않으면 우리 둘 다 곤란해질 거야. 그러니까 책을 돌려 주면 좋겠어."

"이 책 때문에 너와 말다툼을 벌일 필요는 없어." (그 자리에서 당당하게 걸어가고, 책에 대해서는 나중에 생각한다.)

재빠른 응수

이 방법은 누군가 놀리거나 말싸움을 걸려고 할 때 사용할 수 있는 전략으로 학생들도 쉽게 배울 수 있다. 재빠른 응수의 예를 살펴보자.

"네 생각이 그렇다니 유감이야."

"네가 이 문제를 다르게 볼 수 있도록 내가 도울 방법은 없을까?"

"난 그렇게 생각하지 않는데, 네가 정 그렇게 믿고 싶으면 마음대로 해."

"네가 다르게 생각했으면 좋겠어."

"그건 네 생각이고, 생각은 자유니까, 나는 거절할래."

"나 때문에 화가 났다면 정말 미안해."

6. 행동 수정 전략

교사는 학생이 심각한 문제를 일으켰을 경우에 최후의 수단으로 행동 수정 전략을 사용해야 한다. 이 방법은 특히 장차 독립적으로 살아갈 가능성이 희박한 학생이나 심각한 행동적, 정서적 문제를 겪는 학생들에게 적용하면 효과가 좋다.

교사가 행동 수정 전략을 활용하면 학생의 행동이 개선될지 모르지만, 학생의 자기 조절 능력이 줄어든다는 사실은 분명하다. 그럼에도 불구하고 교사가 확실한 주도권을 가지고 사용한다면 특별한 문제를 겪는 학생들에게 도움을 줄 수 있는 방법이다.

일일 점수표

교사는 학생과 협상 전략으로 수업 시간에 지켜야 할 행동을 정한 뒤, 학생이 그 행동들을 잘 이행하는지를 살펴보고 평가할 때 〈표5〉와 같은 일일 점수표를 활용할 수 있다.

일일 점수표에는 하루 일과가 시간표 혹은 과목의 이름으로 표시되어 있고, 학생의 행동을 평가할 수 있는 여러 항목이 제시되어 있다. 학생의 행동을 평가할 때는 정해진 점수를 주어야 하며, 나중에 이 점수를 모두 더해야 한다. 교사가 학생의 평가 점수를 모두 더한 다음에 학생은 정해진 약속에 따라 집이나 학교에서 긍정적 혹은 부정적인 행동의 결과를 수행해야 한다. 물론 일일 점수표를 공개적으로 사용하면 안 된다.

교사가 일일 점수표를 사용하기 시작할 때나 혹은 학생이 일일 점수표를 통해 행동이 개선되는 모습을 보여준다면 교사는 평가의 권한과 행동의 결과를 결정할 권리를 학생과 공유하거나 학생에게 부여하는 것이 좋다. 예를 들어 교사가 학생을 면밀히 관찰하기 때문에 학생이 그나마 약속을 잘 지키는 시기가 지나고 나면 그다음 단계로서 교사는 학생에게 스스로 자신을 평가하도록 하고 교사는 교사 나름대로 학생을 평가한 후 교사와 학생이 평가 점수를 협의해서 정해야 한다. 교사와 학생이 각자 점수를 정한 후 평가 점수를 협의하는 단계가 지나고 나면, 교사는 학생에게 평가의 권리를 전적으로 일임해야 한다. 마지막 단계에서는 학생이 약속으로 정한 행동을 체득하고 일일 점수표를 사용할 기간을 "무사히 마쳤기 때문에" 이 활동을 마무리 지으면 된다.

정적 강화 전략 가르치기

정적 강화Positive Reinforcement란 목표 행동이 일어난 뒤에 특정 자극을 제공함으로써 목표 행동이 더 자주, 더 강하게, 더 오래 일어나도록 하는 방법을 말한다. 자주 문제를 일으키는 학생들은 자신에게 힘, 즉

표5. 일일 점수표

성명 _____   일자 _____

학생의 행동을 1에서 4까지의 점수로 평가해서 아래 표에 적어주세요.

1 = 매우 잘함   2 = 잘함   3 = 보통   4 = 못함

영역	교시/과목						세부 사항
	1교시 (과목)	2교시 (과목)	3교시 (과목)	4교시 (과목)	5교시 (과목)	6교시 (과목)	
학습 활동 참여							
협동							
과제 수행							
숙제							
동료와의 의사소통							
합계							
총합							

출처 From "80+ Accommodations for Children or Tenns with AD/HD," by R.A.Barkley, 2014, The ADHD Report, 16(4), 7-10. Copyright 2014 by Guilford Press. Available: https://robinbillings.files.wordpress.com/2014/04/80classroomaccommodations. pdf

선생님이 평소 자신을 대하는 방식을 바꿀 수 있는 힘이 있다는 점을 인식하지 못한다. 교사가 개별 학생이나 문제행동을 일삼는 소그룹 학생을 지도하는 경우 학생들이 교사를 탓하거나 비난한다면 학생들에게 행동 수정 전략의 기본 원리, 특히 정적 강화 전략을 가르쳐주는 것이 좋다.

한 상담 교사는 일부 학생들에게 "선생님의 마음을 되돌려놓는 법"을 가르쳤다고 한다. 그 방법 중 일부를 소개하면 아래와 같다.

- 선생님이 말할 때는 선생님을 바라보기
- 수업 시간에 적어도 한 번은 선생님에게 말을 하면서 선생님의 성함을 부르기
- 교실에 일찍 도착해서, 선생님께 웃음 짓고 "안녕하세요"라고 인사하기
- 선생님이 제안을 하거나 실수를 바로잡아주면 "감사합니다"라고 말하기
- 선생님이 잘못된 행동을 바로잡아주면 "죄송합니다"라고 말하기
- 매일 수업 시간에 한 번은 좋은 말하기
- 스스로 숙제해서 제때 제출하기
- 선생님이 이야기하는 중에 떠든다거나, 노래를 흥얼거리거나, 책상을 두드린다거나, 연필을 친다거나, 발을 구르는 등 불필요한 소리 내지 않기
- 앉는 자리에 문제가 있으면 선생님께 말하고 도움받기

- 선생님의 말씀이 이해되지 않으면 다른 말이나 예를 사용해서 다시 설명해 달라고 부탁하기
- 수업을 마칠 때 선생님이 했던 말 중에 마음에 드는 말을 선생님께 들려드리기
- 선생님께 재미있는 수업을 해주셔서 감사하다고 인사하기

상담 교사가 학생들에게 정적 강화 전략을 가르치는 경우에는 학생들이 올바르게 행동하도록 지도하고 있으며 정적 강화 전략을 가르칠 예정이라는 점을 미리 교사에게 말해 주는 것이 무척 중요하다. 그렇지 않으면, 처음에 교사는 학생들이 진심이 담기지 않은 말을 하는 걸 보고 부정적인 반응을 할지도 모른다. 상담 교사는 교사에게 학생들이 새로운 행동 양식을 배우는 중이기 때문에 처음에는 학생들의 행동이 어색해 보일지도 모른다는 점을 말해 줘야 한다.

7. 새로운 역발상 훈육 방법

●
●

종종 교사들은 지도가 어려운 학생들을 예측 가능한 방식으로 대한다. 즉 그 학생들을 포기하거나, 위협하거나, 보상을 주거나, 벌을 주는 것과 같은 방식이다. 이에 비해 새로운 훈육 방법의 주요한 목적은 학생들이 말하고 행동하는 방식을 바꿔 유대감과 주도권에 대한 욕구를

충족시킬 수 있는 방법을 찾음으로써 꼬리를 물고 이어지는 문제행동의 고리를 끊는 데 있다. 이러한 방법은 오직 학생들이 새로운 행동 양식, 의사소통 방식을 체화하도록 하는 목적으로 개발되었기 때문에 처음에는 교사에게 낯설게 느껴지는 것이 당연하다. 따라서 교사도 특정 학생에게 이 방법을 적용하기 전에 나름대로 연습을 하는 과정이 필요하다.

문제행동 정당화하기

문제를 일으키는 학생들은 교사가 문제행동을 금지하면 더욱 신이 나서 말썽을 부린다. 교사가 반대하고, 비판하고, 비난하고, 벌을 주면 줄수록 문제행동은 더욱 강해진다. 이 경우에는 교사가 감정을 드러내지 않고 문제행동을 정당화하는 방법을 쓰면 훈육에 큰 효과를 거둘 수 있다. 예를 들어 수업 중에 문제행동이 과도하게 일어나면, 교사가 한계를 정해 두고 그 행동을 내버려두는 편이 문제행동을 그만두게 하는 데 도움이 된다는 말이다. 수업 시간에 학생들이 지나칠 정도로 떠드는 경우, 교사는 5분 동안 "이야기 시간"을 주거나 수다를 좋아하는 학생에게 매일 재미있는 이야기를 세 개씩 하라고 지도하는 편이 현명하다.

이 방법을 시작하려면 교사가 문제행동의 횟수를 기록하거나 문제행동이 평균적으로 얼마나 자주 일어나는지를 대략적으로 가늠해야 한다. 그다음 교사는 평소에 자신이 허용하는 횟수보다는 많지만 평균 횟수보다는 현저히 적은 범위 내에서 문제행동의 허용 횟수를 정해야 한다. 이 횟수를 주제로 교사와 학생 또는 학급 전체가 협상을 벌일 수도 있을 것이다. 예를 들어 학생들이 매일 20번 소리를 지르고 싶다고 한다면, 교사는 학생들에게 소리를 20번 지르면 너무 소란스럽기 때문에 허용할 수 없으며 가능한 소리를 지르지 않는 것이 좋지만 꼭 하고 싶다면 5번 정도는 용납할 수 있다고 말할 수 있다. 그리고 교사는 학생들에게 이렇게 말하는 것이 좋다.

"이번에는 너희가 소리 지르는 횟수를 정해서 말해 줘."

학생이 너무 많은 횟수를 제안한다면 협상을 통해 교사와 학생 모두 만족할 수 있는, 가장 낮은 횟수를 정해야 한다.

문제행동 쿠폰 발급하기

다른 사람에게 상처를 줄 수 있는 심각한 공격 행동에 대해서는 이 방법을 쓸 수 없다. 이 방법은 교사가 교실에서 과도하게 일어나는 문제행동을 다루기 위해 특정 학생에게 쿠폰을 발급하는 것이다. 즉 교사가 빈번히 문제행동을 하는 학생에게만 제한된 양의 쿠폰을 발급해서 떳떳하게 문제행동을 할 수 있도록 지도한다는 뜻이다. 예를 들어 교사는 불평을 입에 달고 사는 학생에게 다섯 장의 "불평 쿠폰"을 지급할 수 있을 것이다(처음에 쿠폰의 수는 문제행동의 평균 발생 횟수에 가깝게, 그러나 약간 낮게 지급되어야 한다). 교사는 개인적인 시간을 틈타 쿠폰을 지급한 학생에게 이렇게 말하는 것이 좋다.

"제니, 너는 우리 반을 발전시킬 수 있는 많은 아이디어를 가지고 있잖아. 그런데 선생님은 매일 네 이야기를 원하는 만큼 다 들어줄 수 없단다. 그래서 선생님이 불평 쿠폰을 사용하라고 주는 거야. 우리 반에 대해서 불평이나 제안을 하고 싶을 때마다 선생님에게 쿠폰을 내고 네가 하고 싶은 말을 하면 돼."

이 방법은 순서를 지키지 않고 이야기하기, 변명하기, 연필로 치기, 숙제 안 하기, 자리에서 일어나기 등 여러 문제행동을 훈육하는 데 사용될 수 있다.

역할 바꾸기

이미 많은 교사들이 수업 시간에 잠시나마 학생으로 하여금 교사의 역할을 수행하게 하는 활동을 하고 있다. 역할 바꾸기는 여기서 한 발 더 나아간 방법이다. 이 방법은 수업을 방해하는 학생에게 아주 오랜 시간 동안 수업을 진행해야 하는 책임을 주는 것이다. 예를 들어 이 방법을 적용한 교사는 문제행동을 하는 학생에게 이렇게 말할 수 있을 것이다.

"루이, 네가 소리를 질러서 선생님이 수업을 할 수 없구나. 선생님보다 네가 학생들을 더 잘 가르칠 것 같아. 역할을 바꿔보자. '수업 끝'(학생이 교사 역할을 하면서 해서는 안 될 다른 언행을 말해도 좋다)이라는 말만 하지 않으면 좋을 것 같구나."

교사의 이런 제안에 대부분의 학생들은 교사의 역할을 맡기를 꺼리고 문제행동을 그만둘 것이다. 학생들이 문제행동을 멈춘다면 교사는 다시 수업을 시작하면 된다. 일반적으로 문제행동을 한 학생들은 교사의 역할을 맡지 못했을 때 친구들 앞에서 체면을 세우려고 "어쩌라고

요"와 같은 부적절한 말을 하거나 불필요한 행동을 한다. 이 상황에서 교사가 평정심을 유지하며 학생이 한 부적절한 말을 "마지막 말"로 만든다면 대부분 문제가 사그라들 것이다.

만약 학생이 교사의 역할을 맡는다고 한 경우, 교사는 전혀 엉뚱한 자리에 앉거나 교사 역할을 맡은 학생이 평소에 하는 것처럼 못되게 굴어야 한다. 교사 역할을 맡은 학생이 도저히 수업을 이끌어가지 못하도록 만들어보자. 이 경우 대부분의 학생들은 금세 교사 역할을 포기할 것이다. 몇몇 학생은 수업을 어떻게든 이끌어갈 것이다. 오직 극소수의 학생들만이 훌륭한 수업을 할 것이다.

역할 바꾸기를 한 다음에는 학생의 문제행동을 바로잡기 위해 학생을 개별적으로 만나는 것이 좋다. 일부 학생들은 자신이 평소에 어떻게 행동하는지를 교사를 통해 간접적으로 체험하고 무척 놀랐을 것이다. 또한 역할 바꾸기를 통해 깨달음을 얻은 학생은 보다 나은 행동을 선택하기 위한 계획을 세울 수도 있을 것이다.

유머와 넌센스

교실에서 유머와 넌센스를 활용하려면 교사가 평소에 재미있거나 엉뚱한 농담, 구절, 속담, 문장을 적어두는 것이 좋다. 그리고 이 중에서 학생들이 좋아할 만한 것들을 선택해야 한다. 최소한 일주일 동안 하루에 한 번은 학생이 문제를 일으킬 때마다 재미있는 말을 학생들에게 들려주자. 예를 들어 지강이라는 학생이 3일 연속으로 수업에 늦게 들어 왔다면, 교사가 운율을 살려 다음과 같은 유머를 구사할 수 있다.

"지강아! 지강아! 너 지각했구나, 지갑은 챙겼니? 날씨가 *끄물끄물*하다고 너까지 *꾸물꾸물*거리면 되겠니?"

학생과 훌륭한 래포를 형성한 교사 중에 유머러스한 성격을 가진 교사가 많다는 것은 이미 오래전에 알려진 사실이다(Loomans, Kolberg, 2002 & Lundberg, Thurston, 2002). 모스코위츠Moscowits와 헤이맨Hayman(1974)은 도심 지역의 고등학교 학생들이 "최고"로 평가한 교사들은 "보통"이라는 평가를 받은 교사보다 더 자주 유머를 구사한다는 사실을 밝힌 바 있다.

역설적으로 행동하기

이 방법은 사람들이 익숙한 행동 양식을 버리라고 강요받으면 저항하는 경향이 있다는 아이디어(Frankl, 1963/2006)에 기반을 두고 있다. 술을 너무 많이 마신다는 사실을 아는 한 완고한 성격의 남자를 머릿속에 떠올려보자. 그 사람은 부인이 걱정하는 마음에서 술을 그만 마시라고 잔소리를 하면 오히려 술을 더 많이 마실 가능성이 있다. 청개구리 같은 성격의 아이에게 장난감을 던지지 말라고 하면 또 장난감을 던질 가능성이 높다는 말이다. 이 경우 역설적이게도 어른이 짐짓 화난 척을 하면서 이 아이에게 계속 장난감을 던져도 좋다고 말하는 것이 더욱 효과적인 훈육 방법이다. 어른이 이런 식으로 훈육하면 대부분의 아이들은 문제행동을 그만둔다.

이와 비슷한 맥락으로, 문제행동을 일삼는 많은 학생들은 위협과 벌을 받으면서도 문제행동을 계속하기 위해 엄청난 에너지를 소모한다.

즉 반항하는 학생들은 교사가 바라는 일을 제외한 다른 모든 일을 하고자 한다. 만약 교사가 자리에 앉길 거부하는 학생에게 "앉지 마"라고 말한다면, 그 학생은 교사의 지시를 따르거나 아니면 원래 교사가 바라던 대로 행동함으로써 교사의 지시를 어겨야 한다.

아래의 전형적인 메시지와 역설적인 메시지를 비교해 보라.

전형적인 메시지 "제인, 교실에서 더 이상 욕하지 마. 한 번만 더 욕하면 여기서 쫓겨날 줄 알아!"

역설적인 메시지 "제인, 방금 씨팔이라고 그랬니? 씨팔은 "성행위를 한다"라는 뜻이야. 다시 한 번 욕을 하고 그 뜻을 말해 줄 수 있니?"

이 역설적인 방법은 2단계 중재(PART7 참고) 중 첫 번째 단계에서 활용될 수 있다. 상황이 진정되면 2단계로 넘어가자. 2단계로 넘어갈 때 교사는 학생에게 이런 말을 해주는 것이 바람직하다.

"카르멘, 네가 오늘처럼 선생님에게 반항을 하면 선생님은 네게 뭘 해줘야 할지 알 수 없단다. 네가 정말 필요한 걸 선생님에게 말해 주면 선생님이 최선을 다해서 도와줄게. 그러면 우리 둘 다 행복해질 거야."

역설적으로 생각하는 또 다른 방법은 생각을 재구조화하는 것이다. 학생이 교실에서 용납될 수 있는 생각을 허용되지 않는 방식으로 표현하는 경우를 생각해 보자. 구체적으로 예를 들어보겠다.

"헨리, 너는 네가 어떤 일을 하기 싫어할 때에는 무척 의지가 강한 아이야. 누군가 네게 약물을 권할 때와 같은 상황에서 당당하게 싫다고 말하는 건 무척 훌륭한 일이야. 그래서 선생님은 네가 하기 싫어하면 그 어떤 일도 시킬 수 없다는 걸 잘 알고 있어. 그러나 네가 정말 아무것도 하지 않으면 선생님은 네가 수업 내용을 잘 배웠는지를 확인할 수가 없단다. 네가 생각하기에 수업 시간에 공부하는 것이 정말 네 뜻과 다르고, 수업 시간에 공부를 하면 나쁜 사람이 된다고 생각한다면 공부를 하지 마. 선생님은 네가 결정하도록 해줄게."

물론 싸움이나 물리적 폭력(폭력은 중학생들이 우정이나 동료애를 표현하려고 장난치듯 몸을 밀쳐내는 것과는 엄연히 다르다)이 관련된 경우에는 이 방법을 적용하지 말아야 한다. 자폐증을 겪고 있는 학생은 사람들 사이의 미묘한 분위기를 읽어내는 것을 어려워하고 모든 말을 문자 그대로 받아들이기 때문에 자폐증 학생에게도 이 방법은 사용하지 말아야 한다.

이 방법을 사용할 때 교사가 어느 정도의 유머를 사용하는 것은 도움이 되지만 냉소적으로 말하는 것은 삼가야 한다. 이 방법은 교사가 오직 학생을 바꿀 수 있는 진정한 힘은 학생에게서 나온다는 믿음을 학생에게 전달할 때 효과를 발휘한다.

비언어적 메시지 사용하기

늘 문제를 일으키는 학생들은 학교에 다니면서 수천 번도 넘게 교사에게서 질책을 들었을 것이다. 그 학생들의 경우, 교사의 언어적 메시지에는 내성이 생겨서 교사의 말을 듣지 않게 된다. 이런 경우 교사는 미리 비언어적 메시지를 정해서 학생이 문제행동을 과하게 하고 있을 때 신호를 주는 것이 효과적이다. 교사와 학생이 함께 얼굴 표정이나 몸짓과 같은 비언어적 메시지를 정하는 것도 좋은 방법이다.

시원하게 성질내기

아주 가끔, 일 년에 두세 번 정도 교사가 소리를 지르거나, 고함을 치거나, 의자 위에 올라가거나, 심지어 한두 개의 책상을 넘어뜨리면서 마음의 울분을 토해내는 것도 교직 생활을 새롭게 출발하는 한 계기가 될 수 있다. 학생들은 교사의 이런 모습을 보면서 교사도 다른 사람들과 마찬가지로 인내심에 한계가 있으며, 학생들을 지도하는 게 너무 힘들어 때로는 감정이 북받쳐 오르고, 다른 사람을 해하지는 않지만 자신의 속마음은 시커멓게 썩어들어간다는 사실을 알게 될 것이다.

울분을 표출할 때는 감정적으로 행동하겠지만, 교사는 오직 자신의 감정을 완전히 조절할 수 있고 한 번쯤 화를 내도 좋겠다는 확신이 들 때에만 속마음을 터뜨려야 한다. 충동적으로 성질을 부렸다가는 후회할 말과 행동을 할 수 있으니 교사는 늘 조심해야 한다. 그렇다고 매일 화를 내면 미친 사람으로 보일 수 있으니 신중하게 화를 낼 기회를 찾자. 그러나 교사가 가르치는 학생 중에 감정적으로 예민한 학생이나 자폐증 학생이 있을 때는 이 방법을 사용해서는 안 된다. 그 학생들은 다른 사람의 감정을 수용하는 것이 어렵고 예상 못한 일이 일어났을 때 마음을 추스르지 못하기 때문이다.

학급 전체 혹은 특정 학생을 촬영하기

학생들 중에는 교사에게 반항하려고 학생으로서의 모든 책임을 거부하는 학생이 있다. 더 심각한 문제는 교사가 이 학생의 학부모에게 전화를 걸면 학부모는 자녀의 편만 든다는 것이다. 교사는 이런 상황에 처했을 때 학생에게 이런 말을 하는 것이 좋다.

"오늘은 수업 장면을 촬영할 계획이야. 수업 시간에 어떤 문제가 벌어지고 있는지 너나 너의 부모님이 꼭 알아야 하니까 말이야. 촬영 동영상은 선생님이 부모님과 만나서 네 이야기를 할 때만 보여드릴 거야."

교사가 수업 모습을 촬영하면 교실에서 다양한 문제행동(특히 언어폭력, 친구 무시하기, 욕설)이 일어나는 것을 효과적으로 예방할 수 있다. 여기서 조심해야 할 것은 학생들이 영상 속 자신의 모습을 볼 때 겉모습과 목소리에만 치중할 뿐 자신이 어떻게 행동하는지에 대해서는 별 관심을 두지 않는다는 것이다. 학생들은 자신의 영상을 두세 번 정도 봐야 비로소 자신의 실제 모습을 발견하고 깨달음을 얻을 수 있다.

교사는 가장 지도가 어려운 학생에 집중해야 한다. 교사는 그 학생과 함께 영상을 보면서 영상 속에 비춰진 행동과 말을 보고 어떤 기분이 드는지 허심탄회하게 이야기할 필요가 있다. 그리고 지금까지와는 다르게 학교생활을 해야 할 필요성을 찾아내야 한다. 학생들은 자신의 실제 모습을 관찰할 기회만 주어지면 지금까지 자신이 어떻게 행동했는지 그리고 앞으로는 어떻게 해야 할지를 깨닫게 될 것이다. 물론 학생들의 수업 모습을 촬영하기 전에는 미리 학교 관리자에게 문의하여 촬영이 학교 정책이나 교육청의 지침에 어긋나지는 않는지 확인해야 한다.

자신의 문제를 스스로 책임지게 하기

문제행동을 하는 학생들은 자신의 영향력을 과시하고 싶어 하기 때문에, 교사가 그 학생들로 하여금 문제가 일어날 만한 상황을 관리하게 하면 훈육에 여러모로 도움이 된다. 예를 들어, 다른 교실로 이동할 때 문제를 일으키는 학생이 있다면 교사가 이 학생에게 친구들을 데리고 교실로 이동하는 책임을 부여하는 것이다. 운동장에서 친구들을 괴롭히는 학생에게는 누군가 친구들을 괴롭히거나 때리지 못하도록 감시하는 책임을 주는 것이 좋다. 잠시도 의자에 앉아 있지 못하는 학생에게는 교실에서 할 만한 신체 활동을 주관하는 책임을 주면 효과가 좋다. 일반적으로 주도권에 대한 욕구가 충족되지 않은 학생들은 다른 사람을 돕는 사람 혹은 멘토가 되었을 때 학교생활을 보다 잘하게 된다.

정기적으로 신체 활동하기

신체 활동이 ADHD 증상을 치료하는 데 효과가 있다는 연구 자료가 점점 늘어나고 있다. 일부 학생들에게는 약물치료를 하는 것보다 신체 활동을 시키는 것이 더욱 효과적이라는 연구 자료도 있다. 웬트Wendt(2002)와 젠슨Jensen(2000)은 저서에서 소개한 열 가지 증상 중 최소한 다섯 가지 증상에 해당하는 학생들을 중재하는 데에 신체 활동이 무척 효과적이라고 주장했다. 최근에 수행된 연구들 중에서도 특히 눈길을 끄는 연구로 윌슨Wilson, 코니어스Conyers(2013) 그리고 레이티Ratey(2013)는 신체 활동이 학생에게 학업 면에서나 생활 면에서 도움을 준다고 밝혔다.

학급을 운영할 때 신체 활동을 적극적으로 시도해 보자. 8~10분 정도 수업을 진행한 후에 1~2분 정도 몸을 움직일 수 있는 활동을 해보면 좋을 것이다.

학생의 문제 중재 방면에서 전문가로 알려진 한 교사는 흥분하면 말조차 하지 못하는 학생을 위해 교실에 트램펄린을 들여놓았다고 한다. 학생이 과도하게 흥분한 경우 트램펄린 위에 올라가서 점프를 하다 보면(이 신체 활동은 과도한 흥분 상태를 해소시켜준다) 어느 순간 무슨 일이 있었는지 자초지종을 털어놓기 때문이다.

동료에게 아이디어 구하기

훈육과 관련하여 아이디어를 구할 때는 다음과 같이 진행하는 것이 좋다. 일단 어려움에 직면한 교사가 문제 상황을 종이에 적고 해결책이 들어갈 마지막 부분은 미스터리 퍼즐처럼 비워둔다. 그런 뒤 교사가 신뢰하는 동료 교사나 훈육에 있어 전문가로 알려진 교사에게 복사본을 나눠준다. 물론 관리자나 학교 상담사, 자원봉사자 한두 명에게도 복사본을 준다. 그리고 각자 자신이라면 종이에 적힌 문제를 어떻게 해결할 것인지 해결책을 적어달라고 부탁한다. 가능한 구체적으로 적어달라고 부탁해 보자.

교사의 태도 변화 전략

일반적으로 사람들은 남들이 태도를 바꾸면 우리가 사는 세상이 보다 좋아질 거라고 생각한다. 예를 들어 우리는 이렇게 생각할 수 있다.

'학생들이 조금만 더 자기가 맡은 일을 잘하면 수업이 훨씬 좋아질 텐데. 관리자(혹은 학부모, 학구, 교육청)가 조금만 더 나를 지원해 주면 학교생활이 더 나아질 텐데.'

우리가 주변 상황을 개선하려고 노력하는 데는 아무런 문제가 없지만, 우리 모두가 익히 알고 있는 대로 결국 우리가 영향을 끼칠 수 있는 것은 우리 자신이 하는 일과 그 일을 하는 방법뿐이다. 그렇다면 다음 절차를 자신에게 적용해 보자(Curwin, 2010).

1 교사로서의 삶을 더 행복하게 만들어주는 일을 다섯 개 혹은 그 이상 적기(예를 들어 다음과 같은 것들이 있다.)

- 시험을 덜 치르는 것
- 더 많은 지원을 받는 것
- 훈육 문제가 덜 일어나는 것
- 학부모로부터 더 많은 지원을 받는 것
- 하루 중 오직 나 자신을 위한 시간을 갖는 것

2 위 목록 중에서 온전히 자신의 영향력 아래에 있는 것, 부분적으로 영향을 끼칠 수 있는 것, 전혀 영향력을 끼칠 수 없는 것 구분하기

3 자신이 마음대로 할 수 없는 일(시험 등)을 어떻게 견뎌낼 것인지

생각하기

4 자신이 마음대로 할 수 있는 일(생활의 우선순위나 일정을 조정해서 오직 자신을 보낼 수 있는 한 시간 정도의 여유 만들기 등) 관리하기

5 부분적으로 영향력을 끼칠 수 있는 일(부모님과 협력하기 등)에 대해 자신의 태도 바꾸기

우리가 다른 사람을 보다 나은 사람으로 만들 수 있는 것은 오직 우리가 다른 사람을 현재의 모습 그대로 대하는 것이 아니라 우리가 바라는 모습으로 대할 때에나 가능하다. 앞으로 이삼 주 동안, 태도 변화 전략(Mendler, 2014)을 자기 자신에게 적용해 보라. 아마 여러분은 자신의 태도나 행동 방식을 스스로 바꿔야 할 것이다.

일단, 교실에서 가장 말을 듣지 않는 학생을 떠올리자. 여러분은 이 학생을 어떻게 생각하는가? 평소에 여러분은 이 학생을 어떻게 대하는가? 여러분은 이 학생을 생각하면 어떤 말이 떠오르는가?

다음으로 교실에서 가장 말을 잘 듣는 학생, 제일 공부를 잘하는 학생을 떠올리자. 여러분은 이 학생을 어떻게 생각하며, 평소에 어떻게 대하는가? 여러분은 이 학생을 생각하면 어떤 말이 자연스럽게 떠오르는가? 이 학생이 실수를 하면 여러분은 어떻게 반응하는가? 여러분은 이 학생의 부모님을 만나면 무슨 말을 하는가?

앞으로 2주 동안, 교실에서 가장 문제를 많이 일으키고 학습이 부진

한 학생을 볼 때마다 여러분이 가장 좋아하는 학생을 대할 때처럼 대해 보자. 여러분의 속을 가장 많이 썩인 학생이 열 문제 중에 한 문제만 풀었다고 하더라도, 그 학생을 가장 행실이 바르고 학업 성적이 뛰어난 학생을 대하듯 대해 보자. 문제를 일으키는 학생과 관계를 맺을 때에도 언행이 모범적인 학생을 대할 때와 똑같이 애정과 정성을 다하자. 말썽만 부리는 학생이 현재 어떤 말과 행동을 하든 그 언행에 현혹되지 말자. 교사는 지도가 어려운 학생에 집중하면서 보다 나은 교사로 성장한다.

Discipline with Dignity

Part 11

특수한 학생을 위한 훈육법

미국 질병관리예방센터U.S. Centers for Disease Control and Prevention 의 2016년 발표 자료에 따르면, 68명의 아이들 중 1명이 자폐 스펙트럼 장애autism-spectrum disorder를 가지고 있다고 한다. 2006년에 는 이 질환의 유병률이 110명당 1명이었다. 주의력 결핍 및 과잉 행동 장애attention deficit hyperactivity disorder, ADHD가 사람들에게 알려진 지 는 수십 년이 넘었으며, 점점 더 많은 학생들이 ADHD 관련 치료를 받 고 있다. 4세에서 17세 사이의 학생 중 적게는 5%(American Psychiatric Association, 2013), 많게는 11%의 학생들이 ADHD 증상을 겪고 있다 고 한다(Visser 외, 2014).

약물치료가 행동적인 면에서나 학업적인 면에서나 학생들에게 도 움을 줄 수 있지만, 일부 학생들은 약물치료를 받았음에도 불구하고 별 다른 효과를 보지 못하고 있으며, 또 다른 학생들은 제대로 된 진찰조 차 받지 못해 약 처방을 받지 못하고 있는 형편이다. 주의 집중에 어려 움을 겪는 학생들은 감각적 욕구가 충족되지 않은 상태로 학교에 오기 때문에 의자에 가만히 앉아 있지 못하거나 계속 이상한 소리를 내거나 꼼지락거리는 등 교실에서 많은 문제행동을 일으킨다.

이 장에서는 특수한 욕구를 가진 학생을 훈육하는 방법과 더불어 어려운 문제를 한 가지 더 다루고자 한다. 바로 자녀의 문제행동을 조장하거나 자녀의 문제를 더욱 키우는 적대적인 학부모와 협력하는 방법이다. 이러한 문제들은 결코 간단히 해결될 수 없겠지만, 이 장에서는 이 심각한 문제들을 해결하기 위한 구체적인 방안을 살펴보고자 한다.

1. 특수한 욕구를 가진 학생들

한 교사가 집중력이 부족한 2학년 학생에 대한 불만을 늘어놓는 걸 들은 적이 있다. 저자가 구체적인 예를 들어달라고 하자, 그 교사는 이렇게 말했다.

"그 학생은 신발 끈을 묶을 때 책상 위에 있는 학용품을 다 떨어뜨려요. 물건을 다시 책상 위로 올려놓으면 이번에는 신발 끈이 다시 풀려 있고요. 이 과정이 계속 반복돼요. 수업 시간에 낮은 목소리로 노래를 흥얼거리고 교실을 마음대로 돌아다니기도 해요."

저자가 그 학생은 질문에 답을 잘하냐고 묻자 교사는 이렇게 말했다.

"그 학생은 절대로 틀리는 법이 없어요."

결국, 문제의 핵심은 그 학생이 관심을 엉뚱한 곳에 쏟는 데 있었다.

ADHD 증상을 보이는 대부분의 학생들은 자신이 관심이 없는 분야에 대해서는 거의 집중하지 못한다. 또한 그 학생들은 좀처럼 진정되지 않는 명랑한 성격을 짐처럼 "짊어지고" 살아가는 경우가 많다. 종종 이런 학생들은 성인이 되었을 때 발명품을 개발하거나 다양한 아이디어가 한데 모여 혁신을 이루어내는 창의적인 벤처 기업에서 활약하기도 한다. 그러나 문제는 이 학생들이 "조용히 앉아, 집중하고, 손을 들어."라고 요구하는 학교생활에 적응하지 못한다는 데에 있다.

자폐의 증상은 천재적인 지적 능력에서부터 심각한 지적 장애에 이르기까지 매우 다양하기 때문에 한 가지 방안으로 치료하기가 불가능하다. 자폐 학생들은 촉감, 소리 혹은 시각적 정보에 지나칠 정도로 예민한 감각적 문제를 가지고 있다. 이런 경우에는 치료사의 도움을 받으면 증상이 완화되기도 한다.

또한 대부분의 자폐 학생들은 오직 한 가지에만 극도로 집중하는 경향이 있다. 누군가 자폐 학생들의 집중력을 흐트러뜨리면 그 학생들은 초조해하며 불안감이나 분노를 표출하기도 한다. 또한 많은 자폐 학생들이 자신을 둘러싼 사회적 환경의 의미를 정확히 해석하지 못하고, 이로 인해 종종 다른 사람들이 한 말이나 몸짓을 오해하기도 한다. 따라서 자폐 학생의 관심을 우리가 원하는 것에 정확히 집중시키는 것이 매우 중요하다. 자폐 학생의 감정을 분명하게 알아내고 확인하는 것은 훈육에도 큰 도움이 된다. 예를 들어보자.

"표정이 많이 안 좋구나. 너무 시끄러워서 괴로운 거 같은데, 귀마개를 착용하면 금세 조용해질 거야. 그렇게 해줄까?"

자폐 학생들이 스트레스를 받거나, 예상치 못한 감각적인 자극을 받거나, 자신의 욕구를 표출하지 못할 때 정신적인 "붕괴"를 경험하는 것은 일반적인 일이다. 주변에서 누군가 도와주지 않는다면 이런 학생들은 학교폭력의 대상이 되기 쉽다.

과도한 에너지를 가진 학생을 위한 학급 운영 도구

지금부터 소개할 방안들은 특별히 과도한 에너지를 가진 학생들에게 적합하지만, 다른 학생들에게도 도움이 될 것이다.

벨크로

벨크로를 5cm 정도 잘라서 학생의 의자나 책상 밑에 거친 면이 보이도록 붙여보자. 학생에게 수업 중 자리에서 일어나고 싶을 때마다 일단 벨크로를 만져보라고 제안하자. 거의 모든 학생들은 몸을 움직일 때 느껴지는 자극을 원하는데, 벨크로를 만지면 이러한 욕구가 충족될 것이다.

조몰락거릴 수 있는 물건

쿠쉬 볼Koosh ball, 포장용 발포지, 헤어밴드, 슬라임과 같은 물건들은 학생들이 즐겨 만질 수 있는 것들이다. 이미 인터넷에서는 학생들이 조몰락거릴 수 있는 물건들을 많이 판매하고 있다. 그러나 만질 때마다 소리가 나는 물건들을 학생들에게 쥐여주면 오히려 문제가 더 커질 수 있으니 교사는 이 점을 유의해야 한다.

키보드

연필로 글 쓰는 걸 특히 어려워하는 학생들에게 쓰기 과제는 고문에 가깝다. 이때 키보드를 이용하면 능률적으로 학습하는 경우가 많다. 이러한 학생들에게는 집에서나 교실에서나 컴퓨터로 공부할 수 있는 여건을 조성해 줌으로써 손으로 글을 써야 하는 부담을 줄여주는 것이 좋다.

아쿠아 봉

아쿠아 봉을 두세 조각으로 나누어보자(아쿠아 봉 하나면 세 명의 학생까지 사용할 수 있다). 다리를 가만히 두지 못하는 학생의 발밑에 아쿠아 봉 조각을 놓고 학생들에게 아쿠아 봉을 앞뒤로 굴려보게 하자. 아쿠아 봉은 스티로폼으로 만들어져 있기 때문에 이리저리 굴려도 아무런 소리가 나지 않는다.

산업용 고무밴드

산업용 고무밴드는 가정용품을 파는 곳에서 쉽게 구입할 수 있다. 학생의 의자 혹은 책상 다리에 산업용 고무밴드를 팽팽히 걸어두자. 그러면 발길질이 심한 학생도 앞에 앉은 학생의 의자를 차는 대신 고무밴드를 아무 소리도 내지 않고 찰 수 있다.

악보대

수업 시간에 서성이는 학생을 위해 교실 곳곳에 악보대를 놓고 그 학생으로 하여금 서서 학습 과제를 하게 하는 것도 좋은 방법이다. 악보대는 높이 조절이 가능한 데다가 표면이 단단하고 부드러워서 학생이 종이를 올려놓고 글을 쓰는 것도 가능하다.

학생의 개인적 공간

초등학생을 지도하는 경우, 학생들의 책상 주위에 마스킹 테이프로 사각형(혹은 다른 익숙한 도형)을 그려보자. 이 도형은 학생들이 개인적으로 "자유롭게 움직일 수 있는 공간"이 되는 것이다. 교사는 학생들에게 이렇게 안내할 수 있다.

"앉아서 학습 과제를 수행하다가 일어나거나 움직이고 싶을 때는 여러분의 개인적인 공간을 이용하세요. 선생님이 그려준 개인적 공간을 잊지 않고 얼마나 잘 활용하는지 지켜보겠습니다."

개인적 공간은 학생들이 어느 정도 움직일 수 있을 정도로 커야 하지만, 다른 학생을 방해하지 않을 정도여야 한다는 점을 명심하자. 이 방법의 성공을 결정하는 요소는 학생에게 부여한 개인적 공간의 크기가 아니라, 학생이 개인적 공간의 경계를 인식할 때 갖게 되는 주인 정신과 운신의 한계이다.

잘 정리된 수납 공간

소지품을 제대로 정리하지 못하는 것과 문제행동을 일으키는 것은 떼려야 뗄 수 없는 관계이다. 많은 학생들이 소지품을 정리하지 못하는 탓에 계속해서 학용품을 잃어버리고, 필요한 물건을 찾지 못한다. 특히 학생들은 학습지와 공책을 말끔히 정리하지 못한다. 학생들의 공책을 보면 두세 과목의 학습지가 어지럽게 꽂혀 있는 경우가 많다. 이런 경우 교사는 학생들에게 과목별로 상자(신발 상자가 가장 좋으며, 학생들에게 상자의 겉면을 꾸미게 하는 것도 좋은 아이디어다), 다양한 색상의 폴더, 바인더를 제공하는 것이 바람직하다. 교사가 이런 식으로 지도하면 학생들은 수업을 마치고 다른 과목을 공부해야 할 때 수업 시간에 해결한 학습지를 자신의 과목별 수납 공간에 정리할 수 있을 것이다. 물론 일부 학생들은 학습지를 정해진 곳에 정리하는 연습을 따로 해야 할 필요가 있다. 교실에서 학생들이 학습 결과물을 정리할 수 있는 공간은 따로 정하자. 정리를 잘하는 학생에게 "정리를 못하는 친구"를 도와주는 책임을 부여하는 것도 좋은 방법이다.

자기 점검 방법

충동 조절 장애를 지닌 많은 학생들이 자신의 행동을 스스로 점검하는 데 어려움을 겪는다. 이 문제를 해결할 수 있는 한 가지 방법은 일시적으로 점검 도구를 활용하는 것이다. 만약 한 학생이 교실에서 자주 분노를 표출한다면, 교사는 일단 학생이 특정 시간 동안 몇 번까지 분노를 폭발시켜도 좋은지 정해야 한다. 횟수는 첫째, 학생의 능력 범위 안에 있어야 하고, 둘째, 교사가 관리할 수 있는 범위에 속해야 하며, 셋째, 다른 학생들이 납득할 수 있어야 한다. 그리고 학생에게는 분노를 표출한 횟수를 기록할 수 있는 점검 도구를 주자. 점검 도구는 카드, 테이프, 토큰 등이 될 수 있다. 학생이 스스로 점검 도구를 활용하면 좋지만, 도움이 필요한 경우에는 학생이 한 번씩 화를 낼 때마다 교사가 점검 도구를 하나씩 가져가면 된다. 점검 도구가 모두 없어지면 학생은 남은 시간 동안 화를 낼 수 없다. 필요하다면 점검 도구의 개수를 적절히 조절하자. 이 방법의 궁극적인 목표는 학생이 점차 자신의 행동을 스스로 점검하는 능력을 기르면서 점검 도구를 사용하지 않는 것이다.

자리 배치

주의가 산만한 학생들은 뒷자리나 앞자리에 앉으면 더욱 집중을 하지 못한다. 이런 학생들이 교실 뒤쪽에 앉으면 선생님과의 거리가 너무 멀기 때문에 집중을 하지 못하고, 앞쪽에 앉으면 뒤를 돌아보고 가운데에 앉은 학생들에게 장난을 쳐 친구들의 이목을 끌기 때문이다. 이러한 학생들이 앉기에 가장 좋은 자리는 양옆이다. 교사는 학생에게 이런 말을 할 수 있을 것이다.

"아말, 네가 더 집중을 잘할 수 있도록 자리를 바꿔야겠구나. 옆쪽에 앉으면 어때? 아니면 더 집중이 잘 되는 자리가 있니?"

두드릴 수 있는 물건

수업 시간에 학생이 계속해서 연필(혹은 다른 물건)을 책상에 두드리면 교사는 수업을 제대로 진행하기가 어려운데, 그 이유는 학생의 움직임 때문이 아니라 책상을 두드릴 때 나는 소리 때문이다. 그러나 학생이 연필을 스펀지, 휴지, 카펫, 낡은 마우스 패드에 두드리면 사정이 훨씬 나아질 것이다. 소음이 발생하지 않는 환경을 조성하면, 장차 드러머가 될 소질이 있는 학생들이 수업을 방해하지 않고 신나게 연필을 두드려댈 것이다.

돌아다닐 수 있는 시간

수업 시간에 학생이 움직일 수 있는 시간을 확보하자. 몇몇 학생이 쉬지 않고 교실 밖으로 나가려고 하면, 물을 먹고 싶어서 그러는 것인지 혹은 화장실에 가고 싶은 것인지 물어보자. 일부 학생들에게는 수업 시간 중에도 의자에서 일어나 움직일 시간이 필요할 것이다. 잠시도 가만히 있지 못하는 학생의 경우에는 교사가 심부름을 보내는 것도 좋은 방법이다. 한 교사는 그런 학생에게 교내에 있는 모든 음수대를 둘러보고 정비가 필요한 음수대의 개수를 알아 오라는 심부름을 보냈다고 한다.

대안 책상

저자는 학생의 신체 활동을 가능케 하는 책상이 학교에 보급되는 것은 시간 문제라고 생각한다. 신체 활동이 가능한 책상은 스탠딩 데스크, 자전거 페달이 달린 데스크 그리고 짐볼 데스크 등이 있다. 물론 현재로서는 가격의 부담 때문에 학교에서 선뜻 스탠딩 데스크를 구입할 수 없지만, 시범적으로 스탠딩 데스크를 사용해 본 교사들의 연구 자료에 따르면 문제행동을 일으키는 학생들이 스탠딩 데스크를 사용하고 나서부터 집중력이 향상되고 책상을 떠나는 횟수가 줄어들었다고 한다(Kavilanz, 2017).

페달 데스크는 책상 밑에 소형 페달을 달아놓아 학생이 페달을 돌려도 소음이 나지 않도록 설계된 책상으로, 이 책상을 활용하면 학생들이 수업을 들으면서 마음껏 페달을 돌릴 수 있다(Ogoe, 2015). 짐볼 데스크는 짐볼을 의자의 다리 사이에 끼워서 사용하는 형태이다. 이러한 대안 책상은 학급을 운영하는 데 도움이 될 뿐 아니라, 학생들의 건강에도 도움이 될 것이다.

2. ADHD와 자폐증 학생을 위한 지도

지금부터 소개할 방법들은 특히 ADHD 증상이나 자폐증을 지닌 학생들을 지도하는 데 도움이 되겠지만, 자신의 감정을 조절하지 못하는 학생들을 훈육하는 데에도 효과가 있을 것이다.

활동 순서 알려주기

ADHD나 자폐증을 겪는 학생들은 주변 환경이 체계적으로 정리되어 있고 모든 것이 예측 가능할 때 문제를 덜 일으킨다. 따라서 교사는 학생을 깜짝 놀라게 만드는 일은 하지 말아야 한다. 예를 들어 교사는 ADHD나 자폐증을 겪고 있는 학생에게 깜짝 퀴즈, 갑작스러운 과제, 즉흥적인 학습 활동을 제시하지 않는 것이 바람직하다. 또한 과제나 프로젝트를 수행하고 있을 때, 갑자기 대화를 시도하는 것과 같이 학생에게 방해가 될 만한 일은 하지 말아야 한다. 이러한 학생들은 자신이 하던 일이 갑작스럽게 중단되면 교사가 한 말을 까맣게 잊어버리고 아무 일도 없었던 듯 행동한다. 일부 학생들은 머릿속에 떠오르는 말이 현재 자신이 하고 있는 일과 관련이 있든 없든 상관하지 않고 입 밖으로 내뱉을 것이다. 따라서 교사는 학습 활동이 바뀌거나 계획에 없던 일을 하려고 하면 학생들에게 미리 알려주는 것이 바람직하다. 공감 능력과 의사소통 능력이 뛰어난 학생을 짝으로 앉혀주는 것도 좋은 방법이다.

구체적인 과제 제시하기

교사는 ADHD나 자폐증을 겪는 학생들에게 무엇인가를 바랄 때, 매우 구체적으로 요구해야 한다. 예를 들면 이렇다.

"존, 1번, 2번 그리고 3번 문제를 풀어. 다 풀면 선생님에게 와서 다 했다고 말해 줘."

학생이 교사에게 끊임없이 다가와서 수업에 지장이 된다면 일종의 신호(손 들기, 머리를 책상에 대기 등)를 정하는 것도 좋다.

구체적인 시간표 제공하기

학생들이 학교에서 구체적으로 무엇을 해야 하는지를 알 수 있도록, 일정표나 시간표를 제공하자. 블록 타임으로 수업이 운영되는 경우 칠판에 시간별 학습 활동을 적어놓는 것도 좋은 방법이다.

교사가 시간별 학습 활동을 적어놓으면, 예컨대 학습 활동 중 어느 하나를 어려워하는 학생들은 20분만 책을 읽으면 다른 활동을 하게 된다는 사실에 안심할 것이다.

관련짓기로 흥미 높이기

자폐증 학생은 한 가지 분야에만 집착한다. 이러한 학생들이 보다 유연한 사고를 할 수 있도록 지도하기 위해서 교사는 그 학생들이 집착하는 분야와 수업 내용을 관련짓는 것이 바람직하다. 예를 들어, 위대한 탐험가 콜럼버스에 집착하는 자폐증 학생이 있다면 교사는 우주 탐험과 관련된 수업을 할 때 콜럼버스의 항해와 우주 여행을 관련지어 지도하는 것이 좋을 것이다.

과제를 줄이거나 간단하게 바꾸기

학생이 특정 분야에만 집착하거나 어떤 영역에도 집중하지 못하는 경우에는 수업 시간에 학습 활동을 확실히 소화하기 힘들다. 따라서 교사는 학습 과제를 가급적 줄이거나 간단한 형태로 바꿔야 한다. 한 페이지에 지나치게 많은 내용이 제시되어 있으면, 학생들은 어디에 집중해야 할지 몰라 혼란을 겪을 것이다.

사회적 기술과 어감(뉘앙스)의 차이 가르치기

자폐증 학생들은 사람들과 의사소통하거나 언어의 미묘한 어감을 파악하는 것을 어려워한다. 따라서 교사는 중의적인 단어를 사용한 경우, 자폐증 학생에게 교사가 하려고 하는 말의 뜻을 정확히 알려줘야 한다. 자폐증 학생들은 관용구, 비유, 냉소적 표현을 제대로 이해하지 못하기 때문에 교사가 이러한 말을 사용했을 때에는 자세히 설명해야 한다는 말이다. 교사는 자폐증 학생에게 부담을 주지 않는 선에서, 어조, 몸짓, 표정과 같은 다양한 비언어적 의사소통 기술을 시범 보이고, 가르치고, 연습시켜야 한다.

소음을 차단하기 위한 이어폰 사용하기

자폐증 학생들이 수업 내용과 관련 없는 소리를 계속해서 내지를 때, 그 학생들에게 이어폰을 제공하는 것도 고려해 보자.

3. 비협조적인 학부모와 협력하기

다음에 소개할 방안들은 교사가 비협조적인 학부모들로부터 지원을 이끌어내고, 학부모들의 분노를 가라앉혀서 결국 적대적인 학부모를 협력적인 학부모로 바꾸는 데 도움이 될 것이다.

긍정적인 관계 맺고 유지하기

교사가 학부모와 좋은 관계를 맺기 위해 꾸준히 노력한다면 학생, 학부모, 교사 모두에게 유익한 결과가 돌아갈 것이다. 다음은 교사가 학부모와 협력적인 관계를 맺고 유지하기 위한 방안들이다.

일찍 학부모의 편에 서기

교사는 학기 초에 지도가 힘든 학생을 알아낸 다음, 그 학생의 학부모에게 연락을 하는 것이 좋다. 일단 학부모를 직접 만나거나 학부모에게 전화를 걸어 관심을 표현하자. 학부모에게 올해 가르치게 될 학생들이 모두 잘 지내길 바란다고 말하고 학생들이 꼭 지켜야 할 몇 가지 중요한 사항들을 설명하자. 자녀를 위해 꼭 부탁하고 싶은 것이 있는지 물어보는 것도 중요하다. 간단히 말해, 학부모와 처음으로 대화를 나눌 때는 올해 최선을 다해 학생을 가르치겠다는 열정을 보여줌으로써 교사가 학생들을 배려하고 있다는 점을 보여주는 것이 바람직하다.

교사의 배려는 학부모와 학생들에게 두루 좋은 영향을 미친다. 물론 배려는 다른 직업 현장에서도 구성원들에게 긍정적인 효과를 일으킨다. 레빈슨Levinson(1997)과 그녀의 동료들은 일차 진료 중 일어난 의료 사고를 조사하면서, 환자로부터 고소를 당한 경우와 그렇지 않은 경우 사이에 사고의 종류와 횟수에 있어서는 별다른 차이가 없다는 점을 발견했다. 그러나 조사 자료에 따르면, 환자들로부터 고소를 당하지 않은 의사들은 고소를 당한 의사들에 비교해서 환자들과 20%가량의 시간을 더 보냈고, 더 많은 유머를 구사했고, 환자들에게 개인적 관심을 보였다고 한다. 만약 일차 진료를 맡은 의사가 환자들과 조금 더 많은 시간을 보내면서 환자를 돌봐주는 것만으로 위법 행위 의료 과실 소송을 피했다면, 교사도 학부모, 학생에게 조금 더 자주 인간적인 면을 보여주는 것만으로 수많은 민원을 피할 수 있을 것이다.

학부모와 한 팀 되기

교실에서 매번 문제를 일으키는 학생들은 부모님과 선생님의 사이가 좋지 않은 것이 자신에게 유리하다는 사실을 잘 알고 있다. 한편, 많은 학부모들은 자녀에게는 아무런 잘못이 없다고 생각한다. 교사가 학생과 학부모의 이러한 입장을 비판할 필요는 없다. 대신 학부모에게 자녀가 교사와 학급 학생들에게 상처를 주고 있다는 말 대신 자녀가 자기 자신에게 해가 되는 행동을 하고 있다는 점을 강조하는 편이 낫다.

학부모에게 자녀의 문제를 해결하기 위해 부모와 교사가 각자 노력해야 할 점을 찾아보자고 제안하자. 일반적으로 학부모는 학교의 발전을 위해 노력하는 것보다 자녀를 위해 애쓰기 마련이다. 다음은 교사가 학부모에게 제안할 때 할 수 있는 말이다.

"자녀가 제시간에 교실에 들어와서 공부가 밀리는 일이 없도록 하기 위해 부모님과 제가 할 수 있는 일을 같이 생각해 보실까요?"
"제가 자녀에게 유독 잔소리를 많이 하는 것은, 자녀가 학교생활을 자포자기할 것 같아 무척 염려가 되기 때문입니다."

가정에서 사용하는 효과적인 훈육 방법 물어보기

이 질문에는 학부모의 훈육 방법을 존중하겠다는 교사의 의도가 들어 있다. 아마 많은 학부모들이 교사에게 자신이 적용하고 있는 효과적인 훈육 방법을 말해 줄 것이다. 일부 학부모들은 모르겠다는 답변을 할 수도 있는데, 이런 경우에는 교사가 학부모에게 교실에서 적용할 만한 방법을 같이 생각해 보자고 제안하는 것이 좋다.

학생이 문제를 일으키기 전에 최소한 두 번은 학부모에게 전화하기

교사가 부모님과 첫 번째로 통화할 때는 무엇보다 교사로서 자신을 소개하고 학급 운영에 관한 내용을 알려야 한다. 가급적 학기 초에 학부모에게 전화를 걸어 학생들과 함께 지낼 일 년에 대한 포부를 밝히자. 그리고 학부모에게 학생이 학급 생활을 성공적으로 하기 위해서 반드시 알아두어야 할 중요한 요소들, 말하자면 학습 방법이나 정리 요령과 같은 정보를 구체적이고 명료하게 전달하자. 학부모에게 자녀가 그동안 어떻게 학교생활을 했으며, 어떤 과목을 제일 좋아하고, 무엇에 관심이 많은지 물어보는 것도 잊으면 안 된다. 두 번째 통화는 학기가 시작되고 나서 한 달이 지나기 전에 이루어져야 한다. 학부모에게 학생이 학업적인 면에서나 행동적인 면에서 어떤 장점을 가지고 있는지 진심으로 칭찬하자.

가끔씩 가정에 칭찬 쪽지 보내기

교사가 학생의 훌륭한 점을 적어서 학부모에게 보내면 학부모는 교사를 믿고 전폭적인 지원을 하는 경우가 많다. 부모는 자녀 칭찬을 듣기 좋아하는 법이다.

전화나 문자 메시지로 긍정적인 이야기하기

적당한 시간에 학부모에게 전화를 걸거나 문자 메시지를 보내서 학

생에 대한 긍정적인 이야기를 전하자. 특히 교사가 학부모와 학생 문제로 상담을 하고 난 후 학생이 개선되는 모습을 보이면 교사는 잊지 말고 학부모에게 학생의 긍정적인 발전 상황을 알려야 한다. 마지막에는 이런 이야기를 꼭 덧붙이자.

"크리시를 잘 양육해 주셔서 감사합니다. 자녀의 생활 태도가 정말 좋아지고 있습니다. 부모님께 이 사실을 꼭 알려드리고 싶었습니다."

부모에게서 유용한 정보 얻기

학생들을 성공적으로 훈육하기 위해서 교사로서 학생들을 자세히 이해하고 싶다는 마음을 학부모에게 전하자. 다음과 같은 질문을 학부모에게 해보자.

"자녀가 좋아하는 세 가지 활동은 무엇인가요?"
"자녀가 학교의 어떤 점을 좋아하나요?"
"자녀가 학습을 잘하기 위해서 지켜져야 할 두세 가지 조건은 무엇인가요?"
"제가 어떻게 하면 자녀가 학교에 다니고 싶은 마음이 들까요?"

가족사진 보여달라고 하기

교사가 학부모에게 가족사진을 보여달라고 하는 것만으로도 학부모는 감명을 받아 교사에게 협조하려는 마음이 들 것이다. 대부분의 학부모들은 자녀의 사진을 남들에게 보여주는 것을 좋아하고 특히 교사가 사진을 보여달라고 하면 더 기뻐한다. 부모님이 사진을 보여주면 자세히 살펴본 다음 진심에서 우러난 말을 학부모에게 들려주자.

교육 목적을 학부모와 공유하고 설명하기

교사의 훈육 계획과 교육 목적은 연계성이 있어야 한다. 예를 들어, 한 교사의 교육 목적이 모든 학생들이 발전하고 책임감을 기르는 것이라고 한다면 이 교사는 학부모에게 자신이 선택한 훈육 방법이 교육 목적 중 하나 또는 모두를 이루는 데 어떤 도움이 되는지를 설명해야 한다. 대부분의 학부모들은 교사가 자신의 자녀를 이해하고 자녀에 대한 정보를 바탕으로 훈육 계획을 세웠다는 믿음을 가질 때 교사에게 적극 협조한다.

학부모에게 연락 시간 공지하기

많은 교사들이 일주일에 7일, 하루 중 24시간 동안 학부모가 연락하면 받아야 한다고 생각하기 때문에 엄청난 스트레스에 시달린다. 따라서 교사는 학부모에게 구체적으로 언제 연락을 받을 수 있는지를 공지하는 것이 바람직하다.

"이메일은 제가 화요일과 목요일에 3시부터 4시까지 확인하겠습니다. 전화는 금요일 오후 3시부터 4시까지만 받겠습니다."

이렇게 구체적인 약속을 정해 놓은 뒤에 교사가 일요일 저녁 6시에 학부모의 전화를 받으면 학부모는 교사를 다시 보게 될 것이다. 간단히 말해 학부모에게도 덜 주겠노라고 약속하고 더 주는 것이 여러모로 좋다.

학부모의 부적절한 행동에 대응하기

교사가 학부모와 좋은 관계를 맺으려고 아무리 노력하더라도 학부모가 부적절한 행동을 하는 경우가 있다. 아래에서는 교사가 학부모의 갑작스러운 행동에 대응하는 방안을 소개해 보겠다.

학부모가 적당한 수준에서 분노를 표출하도록 내버려두기

학부모가 화가 많이 난 경우, 교사는 학부모가 하고 싶은 말을 어느 정도 하고 난 뒤에 학부모를 진정시키는 편이 낫다. 학부모에게 이렇게 말해 보자.

"학부모님이 화가 많이 나신 걸 알고 있습니다. 그러나 제게 욕을 하신다고 해서 문제가 해결되는 것은 아닙니다."

움직이면서 부정적인 감정을 가라앉히기

교사는 학부모와 통화하면서 부정적인 감정이 들면 적절히 움직이면서 안 좋은 감정을 가라앉혀야 한다. 그렇지 않으면 나중에 후회하게 될 말을 학부모에게 할 수도 있다.

보다 부드럽게, 조용하게, 천천히 말하기

학부모가 언성을 높이면 교사는 작게 말해야 한다.

학부모가 민원을 제기할 수도 있다는 것을 인정하기

교사는 학부모에게 이렇게 말할 수 있다.

"지금 부모님 말씀으로는, 자녀가 제 학급 운영 방식이 불공정하고 수업이 지루하다고 생각하는 것 같습니다. 자녀가 학교 수업에 관심을 갖고 최선을 다해 공부할 수 있도록 제가 할 수 있는 일을 말씀해 주시겠습니까?"

학생을 상담실이나 교무실에 보내기 전에 학부모에게 전화하기

교사는 학부모에게 전화를 걸어 이렇게 말할 수 있다.

"부모님, 앤디가 요즘 며칠 사이 말버릇이 썩 좋지 않았습니다. 그리고 제가 거친 말을 하지 말라고 지도하면 제게 무척 화를 냈습니다. 앤디를 상담실에 보내기 전에 부모님에게 도움을 요청하고 싶습니다. 앤디를 지도할 좋은 방법이 있을까요?"

학생과 학부모를 떨어뜨려놓기

학생이 같이 있는 상황에서 학부모가 교사에게 폭언을 하는 등 적절치 않은 행동을 한다면 교사는 학생에게 잠시 교실에서 나가라고 한 뒤 학부모에게 이렇게 말하는 것이 좋다.

"부모님, 지금 무척 화가 나 있다는 것은 알지만, 학생이 듣는 데서 제게 폭언을 하시면 어른에게 그런 식으로 말해도 좋다는 식으로 자녀가 생각할 것 같아 걱정이 됩니다. 제게 그렇게 말하지 말아주세요."

그리고 교사는 학부모와 학생의 문제에 대해 다시 대화를 이어나가는 것이 좋다. 나중에 학부모의 마음이 진정되면 학생을 교실로 부르자.

미래에 대해 생각하기

교사는 다음과 같은 말로 학부모의 관심을 현재 상황에서 미래로 돌리는 것이 좋다.

"부모님, 스티브가 이번에 저지른 실수를 앞으로 두 번 다시 반복하지 않기 위해서 저와 학부모님이 어떤 도움을 줄 수 있을까요?"

"오늘 밤에 스티브에게 잘 이야기하셔서 앞으로는 보다 좋은 결정을 내릴 수 있도록 지도해 주세요."

좋은 인상 남기기

학부모에게 학생이 따라야 할 행동의 결과가 좋지 않을 수도 있다는 것을 명확히 알리자. 교사는 다음과 같은 말을 할 수 있다.

"학부모님, 학생이 시험 시간에 커닝을 하면 영점 처리가 되거나, 교장 선생님의 승인하에 상담실에서 지도를 받게 됩니다. 저는 토니를 위해 애써볼 생각입니다. 토니가 이런 실수를 한 것이 처음이고 영점 처리를 받는 것만으로도 충분하다고 생각하기 때문입니다. 제가 교장 선생님에게 가서 다른 행동의 결과는 적용하지 말아달라고 이야기해 보겠습니다. 교장 선생님의 생각은 다를 수 있지만, 저는 최선을 다해 보려고 합니다."

"공정"과 "공평"한 대우의 차이에 대해 설명하기

교사가 자녀를 차별했다는 내용으로 학부모가 민원을 제기한 경우, 교사는 여러 가지 이야기를 해줄 수 있겠지만 가장 바람직한 대응은 이런 것이다.

"제가 다른 학생들을 어떻게 대했는지에 대해서는 자세히 말씀드릴 수 없습니다. 그 문제는 저와 그 학생 그리고 그 학생의 부모님 사이의 개인적 문제이기 때문입니다. 다만 저는 모든 학생들이 실수를 통해 한 단계 성장할 수 있도록 최선을 다해 지도하고 있습니다. 부모님께서 원하신다면 제가 왜 자녀를 특정한 방식으로 훈육했는지 설명해 드리고 싶습니다."

그리고 교사는 학부모에게 "공정"한 것과 "공평"한 것의 차이를 설명하는 것이 바람직하다.

부록

Q&A

자존감 훈육법에 관해
지난 10년간 저자들은
교사들로부터 수많은 질문을 받았다.
그중에서 가장 많이 받았던
질문과 답변을 정리해 소개한다.

⬛ ▪ ▪ ▪ ▪ ▪ ▪

Q

학생들은 학습을 하면서 실수나 실패를 하기 마련이다. 교사가 어떻게 해야 학생들에게 실수와 실패는 학습의 한 부분이라는 것을 이해시키고, 학생들이 공부를 어려워할 때 포기하지 않도록 지도할 수 있을까?

앨런 우리는 실수를 하면서 세상에 완벽한 사람은 없으며 중요한 일을 잘하기 위해서는 용기와 인내심이 필요하다는 점을 깨닫는다. 학생들이 자신감을 가질 수 있도록 "3Rs(다시 하고Redo, 다시 시험 보고 Retake, 다시 고치는Revise)" 활동을 학습 과정에 적용하는 방안을 고려하길 바란다. 이 활동을 적용할 때 교사는 학생들에게 모든 과제와 시험에 최선의 노력을 다하기를 기대한다고 말하면서, 학생들이 현재 수준에서 가능한 최선의 노력을 기울여 교사나 학생이 만족할 수 있을 때까지 과제나 시험을 하도록 격려해야 한다. 일부 학생들은 고의적으로 처음부터 최선을 다해 학습하지 않을 수도 있기 때문에 교사는 점수가 차감되는 원리를 학생들에게 알려줘야 한다(예를 들면 다시 할 때마다 5점이 감점

된다). 이러한 방식으로 수업이 진행되고 성적의 일부분이 학생의 점진적인 발전 과정에 근거하여 산출된다면, 어떤 학생이든 자신이 학습을 멈추지 않는 한 실패를 경험하지 않을 것이다.

학생들은 주변 사람들로부터 무엇이든 실수하면서 배우는 법이기 때문에 실수를 해도 좋다는 말을 자주 듣는다. 그러나 대개는 가장 훌륭한 답변 혹은 과제를 한 학생에게만 보상을 준다. 실수를 통해 배울 수 있다는 점을 학생들이 믿게 하려면, 교사는 학생들이 실수를 저지를 때마다 실수를 통해서 성장할 수 있는 기회를 확실히 보장해야 한다. 교사는 다음과 같은 절차로 학생을 지도할 수 있을 것이다.

1. [교사가 학생에게서 바라는 교과 내용의 이해와 관련하여 학생이 보여준 구체적인 장점]에 대해서는 이해를 잘했구나.
2. 이 실수를 통해서 [학생이 교과 내용을 보다 정확히 이해하는 데에 필요한 지식]이 중요하다는 사실을 깨달을 수 있을 거야.
3. 확실히 이해했는지 알아봐야 하니까, [구체적인 연습 문제]를 해결해 보렴.

학생이 발전된 모습을 보였을 때 교사는 칭찬을 아끼지 말아야 할 것이다.

릭 노력에 초점을 맞춰야 한다. 모든 학생들이 동일한 수준의 성취를 거둘 수는 없지만 노력은 누구나 할 수 있다. 학생들이 최선을 다해 노력할 때 각자의 능력에 따른 최선의 성취를 거두게 될 것이다. 교사는 수업 중에 도움이 필요한 학생을 찾아 도움을 주면서 점차 발전하는 모습을 보이도록 격려하는 역할을 해야 한다. 학생들이 발전할 수 있도록 추가적인 과제를 내주거나 학생들이 스스로 프로젝트를 선택해서 수행할 수 있도록 지도해 보자. 교사는 학급의 어떤 학생이라도 학업을 포기하게 내버려둬서는 안 된다. 교사는 모든 학생들이 학업 수준과 무관하게 열심히 노력함으로써 발전과 성공을 거두도록 지도해야 한다. 이와 같은 맥락에서, 노력하지 않는 학생에게 절대로 최고 수준의 성적을 부여하면 안 될 것이다.

브라이언 사람은 성공을 하면 자신감이 생기고, 자신감이 생기면 더 많은 성공을 거두기 마련이다. 많은 학생들이 이러한 순환 과정을 경험하지 못하고 있다. 어린아이가 수영을 처음 시작할 때는 튜브를 가지고 얕은 물에 들어가는데, 이것은 성공의 경험이 자신감을 얻는 데 매우 중요하기 때문이다.

학생이 시험을 못봤을 때는 오답을 정리하고 재시험을 보도록 격려하자. 교사는 학생이 실패할 때마다 다음과 같이 칭찬을 해주는 것이 좋다.

"이런 실수를 하다니 정말 멋져. 아마 다른 학생들도 비슷한 실수를 할 거야. 선생님이 네가 한 실수를 친구들에게 알려줘도 될까?"

이때 교사의 목적은 학생들이 실패를 통해 성공할 수 있는 학습 분위기를 조성하는 것이다.

Q

앨런 필요에 따라 학기가 시작되고 나서 첫 2주 동안에는 수업을 진행하기보다는 생활 지도에 집중할 필요가 있다. 교사는 학급에서 올바르게 생활하는 데 필요한 절차를 학생들에게 말해 주고, 시범을 보이고, 학생들에게 연습할 기회를 주는 것으로 하루 일과를 소화해도 좋다. 아래의 질문을 참고하여 학생들에게 가르쳐야 할 내용을 정리해 보길 바란다.

- 학생은 교실에 들어오면 무엇을 해야 하는가?
- 학생은 교사의 허락을 받고자 할 때, 궁금한 것이 있을 때, 교사의 도움을 얻고자 할 때 어떻게 행동해야 하는가?
- 화가 나거나 주체할 수 없이 속이 상할 때, 자신의 감정을 표현하는 올바른 방식과 올바르지 않은 방식은 무엇인가?

학기 초 훈육과 관련하여 교사는 학생들에게 선택권을 부여하는 것이 바람직하다. 예를 들어 교사에게 부탁을 하고 싶을 때는 수업이 끝난 다음에 말을 하거나 따로 쪽지를 보내는 방법 중 어느 하나를 학생이 스스로 선택할 수 있게 해야 한다.

교사는 학생들이 쉬지 않고 떠들거나 움직일 것을 대비해 수업 활동의 일환으로 신체 활동을 포함시키거나 일부 학생들에게는 일어선 채 공부할 수 있도록 배려할 수도 있을 것이다. 수업 준비를 안 해온 학생이 수행해야 할 행동의 결과가 무엇이든, 교사는 이 행동의 결과를 넘어서서 미처 수업 준비를 하지 못한 학생일지라도 수업 시간에 열심히 공부하려면 무엇을 어떻게 해야 하는지 구체적으로 알려줘야 한다.

이외에도 교사는 생각이 다른 사람에게 예의를 갖추어 반대 의사를 표현하는 방법을 자세히 설명한 다음, 학생들에게 연습할 기회를 부여해야 한다. 학생이 올바른 행동을 했을 경우에는 다음과 같이 말함으로써 다른 학생들도 올바르게 행동할 수 있도록 격려해 보자.

"메튜가 사브리나에게 크레용을 써도 되겠냐고 예의 바르게 물어본 것은 정말 멋진 행동이야."

교사는 부적절한 행동에 대해서는 단호하게 대응하되, 학생의 자존감을 존중해야 한다(예를 들면 "학교에서 그런 말을 하면 안 돼", "그건 무례한 행동이야. 넌 무례한 아이가 아니잖아"). 학생이 문제행동을 한 경우에 교사는 그 학생과 나중에 따로 만나서 자신의 생각과 감정을 표현하는 올바른 방식을 자세히 알려주고, 필요하다면 연습을 하게 하는 것이 바람직하다.

교사가 학생들을 훈육할 때 중요한 것은 발생 가능한 문제들을 미리 예측하는 것이다. 예를 들어 교실에서 학생들이 친구들과 의견이 맞지 않을 때, 무시당할 때, 성적이 좋지 않을 때, 지루할 때, 교사에게 부당한 대우를 받을 때 자기 조절 능력을 잃고 문제를 일으킬 수 있다는 것을 예측하고 있어야 한다. 이 점에서 교사는 교실에서 일어날 수 있는 문제행동을 예방하거나 문제행동이 심화되는 것을 막기 위해 문제행동과 관련된 규칙과 절차를 정확하게 만든 후 학생들에게 직접 연습해 볼 기회를 줘야 한다.

자기 조절 능력이 부족한 학생들은 하루 동안 달성할 수 있는 목표를 가지면 행동이 개선되는 경우가 많다. 교사는 수업을 시작하면서 그 학생에게 다음과 같이 두 가지 질문을 하는 것이 좋다.

"이제 하루(또는 수업)가 시작되는데, 네가 꼭 지켜야 할 약속 두 가지가 무엇이지? 네가 그 약속을 지킬 수 있도록 선생님이 어떻게 도와주면 좋을까?"

이러한 훈육을 통해 결국 학생들이 문제를 일으키지 않거나 적게 일으킨다면 교사는 학생들의 잠재력을 칭찬해 줘야 한다.

"코너, 복도 지킴이가 너와 네 친구들에게 얼른 걸어가라고 꼭 하지 않아도 될 말을 했을 때, 네가 침착하게 행동하는 모습은 정말 멋졌어. 어떻게 그렇게 침착할 수 있었니? 심호흡을 했어? 아니면 진정하자고 마음속으로 말했니? 그것도 아니면 다른 방법을 쓴 거야?"

릭 자기 조절 능력이 부족한 학생들은 자신의 행동을 점검하는 능력도 떨어진다. 교사는 이러한 학생들이 자기 조절 능력을 기를 수 있도록 자신의 행동을 점검하는 기회를 부여해야 한다. 예를 들면, 교사는 학생을 일주일 동안 관찰하면서 매일 문제행동을 몇 번이나 하는지 기록해야 한다. 그리고 금요일에 학생과 개인적인 자리를 만들어 일주일 동안 문제행동을 몇 번이나 했는지 물어보자. 그다음 교사의 기록과 학생의 답변을 비교해 보자. 두 횟수 사이의 간격이 클수록 학생은 자신의 행동을 되돌아보는 능력이 부족하다는 뜻이다. 이런 경우 교사는 일단 문제행동이 일어나는 횟수를 줄이려고 할 것이 아니라 학생이 자신을 점검하는 능력을 신장하는 데 훈육의 목표를 두어야 한다. 학생이 교사가 기록한 횟수와 비슷한 답변을 한다면, 교사는 곧장 학생이 문제를 덜 일으키도록 훈육해야 할 것이다. 이때 교사는 보상이나 벌을 사용해서는 안 된다. 교사가 보상과 벌로 학생을 훈육한다면, 이내 훈육의 초점이 흐려지고 목적도 상실되어 장기적인 효과를 거두지 못하게 될 것이다.

브라이언 어떤 학급이든 모든 학생이 문제를 일으키는 경우는 없다. 모든 모둠에는 실질적인 리더가 있다. 교사는 어떤 학생들로 인해 모둠 학생들이 엇나가게 되었는지를 파악해야 한다. 모둠에서 리더 행세를 하는 학생들을 집중적으로 훈육해 보자. 그 학생들과 좋은 관계를 맺자. 그 학생과 함께 10분 정도 학교를 거닐면서 학교생활이 아닌 다른 이야기를 나누어보자. 학생에게 교사의 실패담, 성공담을 들려주는 것도 좋다. 교사는 그 학생에 관해 속속들이 아는 것이 바람직하다. 교사와 학생이 서로에게서 도움을 바라는 정도를 생각해 볼 때, 그 학생들이 교사에게 바라는 것보다는 교사가 학급 운영을 제대로 하기 위해서 그 학생들에게 바라는 도움이 더 크다. 교사가 이 학생들과 좋은 관계를 맺으면 다른 학생들을 지도할 때도 큰 도움이 된다.

Q

학교에 전입생과 전출생이 많다. 훈육이 어려운 학생이 전학을 오면 교실 분위기가 금세 바뀌어버린다. 이런 경우 교사가 문제 행동을 최대한 잠재울 수 있는 방법은 무엇인가?

앨런 학기 중에 전입생과 전출생이 생기면 학급의 응집력이 달라진다. 특히 전입생이 온 경우에는 그 학생이 최대한 빨리 적응할 수 있도록 훈육해야 한다. 전입생을 "멘토" 학생과 짝이 되도록 배려하는 것도 좋은 훈육 방법이다. 멘토 학생은 전입생과 함께 학교의 곳곳을 살펴보고, 같이 급식을 먹고, 중요한 학급 규칙이나 절차를 설명하는 등 전입생을 도와주는 역할을 맡은 학생을 가리킨다. 한 가지 흥미로운 사실은, 문제를 일으키는 학생들 중 상당수가 멘토의 역할을 맡으면 전입생에게 책임감을 느끼며 생활한다는 점이다. 이와 더불어 교사는 전입생과 대화를 나누고, 요즘 관심이 있는 것들을 적어보게 함으로써 그 학생의 재능, 욕구, 기호 등을 빨리 파악하는 것이 좋다.

학생들이 자기 자신을 믿고 친구들끼리 서로 돕고 응원할 때, 비로소 좋은 학급 분위기가 조성된다. 교사는 전입 학생이 올바른 행동을 했을 때 칭찬을 해주고 학급 전체에게 혜택을 주는 것이 좋다. 예를 들면 "오늘 아침 카를로스가 정말 열심히 노력했으니까 우리 반 쉬는 시간을 5분 늘리도록 하겠습니다. 마음껏 즐기세요."와 같이 하는 것이다. 학급 규칙을 정하거나 개정할 때는 학생을 반드시 참여시켜야 하는데, 학급에 전입생이 오면 예전 학교에서 생활할 때 특히 도움이 되었던 규칙을 물어보는 것도 좋다.

만약 전입생이 교실에서 문제를 일으킨다면, 교사는 학급에서 영향력을 발휘하는 학생들을 만나 전입생에게 관심을 보여달라고 부탁하는 것이 바람직하다. 교사는 학생들에게 이렇게 말할 수 있을 것이다.

"얘들아, 맷이 전학을 온 뒤로 적응을 못하고 친구들을 방해하는 것 같아. 원래 아이들은 자신이 특별하다는 인정을 받지 못하면 남들을 괴롭힌단다. 너희들은 우리 반에서 인정받는 학생들이니까 먼저 다가가면 맷이 조금 나아질 거야. 그러면 우리 반 분위기도 좋아지겠지. 너희들 생각은 어떻니?"

교실 분위기를 망가뜨리는 학생들은 유대감이나 효능감 혹은 주도권 중 하나(혹은 셋 모두)의 욕구가 충족되지 못한 경우가 많다. 이런 학생들이 교실에서 말동무를 찾지 못하면 학생들로부터 관심을 끄는 행동을 하거나 친구들을 괴롭히면서 수업 시간을 상당히 소비해 버린다. 교사는 전입생이 오면 따뜻하게 맞이하고, 모든 결정 과정에 전입생을 포함시키고, 성공할 수 있는 환경을 마련해 줌으로써 이런 행동을 사전에 예방할 수 있을 것이다.

릭 전입을 온 학생은 낯선 학교에서 새로운 출발을 한다는 흥분감을 느끼면서도, 정들었던 친구들과 헤어지고, 익숙한 장소에 다시 가지 못하고, 어쩌면 좋아했던 활동들을 다시 하지 못할 수도 있다는 생각에 우울해 할 것이다. 또한 전입생은 새로 만난 친구들이 자신을 싫어할지도 모른다는 두려움을 느낄지도 모른다. 이런 경우에 대비해서 교사는 지원자를 다섯 명 선정해서 월요일부터 금요일까지 각각 하루씩 전입생의 친구가 되어줄 것을 부탁하는 것이 바람직하다. 전입생의 친구가 되기로 한 학생은 전입생을 학급 학생들에게 소개하고, 전입생과 급식을 같이 먹고, 전입생에게 학교의 다양한 절차들을 소개해야 한다. 교사는 수업 활동의 일환으로 전입생에게 반드시 짝을 지어주고 함께 학습할 모둠을 정해 줘야 한다.

전출을 가는 학생도 앞으로 다니게 될 학교에 대해 전입생이 갖고 있는 것과 비슷한 감정을 느낀다는 사실을 교사는 기억해야 한다. 따라서 교사는 학생이 전출을 가기 전, 학생들을 모둠으로 나눠 각 모둠에서 전출생의 행복을 기원하는 응원을 해주도록 하는 것이 좋다.

브라이언 전입생에게 무엇을 잘하고 좋아하는지 개인적으로 물어보자. 전입생이 비슷한 흥미를 가진 학생들과 어울릴 수 있도록 배려해보자. 교사는 전입생이 새로운 학교에서 편안함을 느낄 수 있도록 할 수 있는 일은 다 해야 한다.

전입생이 전입 첫날 수업을 듣고 난 후에 수업을 못 따라가겠다고 말하면, 교사는 학생을 안심시켜야 한다. 즉 교사는 이전에 다니던 학교의 수업 진도와 새로운 학교의 수업 진도가 자연스럽게 연결되는 경우는 드물다는 것을 전입생에게 알려주고, 수업이 모두 끝난 뒤에 전입생을 불러 이전 학교의 수업 진도를 파악하는 것이 바람직하다. 그리고 전입생에게 앞으로 학교가 익숙해질 것이며, 같이 급식을 먹고, 같이 등하굣길을 다니고, 선생님이 없는 곳에서도 함께할 친구가 곧 생길 것이라는 점을 꼭 일러둬야 한다. 항상, 교사는 관계를 가장 먼저 생각해야 한다.

Q

5학년 학생들이 너무 떠든다. 그래서 나는 조용히 하라고 소리를 지르는 편인데, 소리 지르기가 너무 싫다. 어떻게 지도하면 좋을까?

릭 신규 교사였을 때 나는 학생들이 시끄럽게 굴면 조용해질 때까지 아무 말도 하지 않고 칠판 앞에 서 있었다. 지금 되돌아보면 이 방법은 5일 정도 효과를 발휘했던 것 같다. 모든 방법에는 나름의 유효기간이 있다. 따라서 교사는 10~12개 정도의 방법을 찾아낸 뒤, 학생의 연령에 맞게 1, 2주일마다 다른 방법을 사용하는 것이 가장 좋다. 동료들에게 자문을 구하거나, 인터넷을 검색하거나, 학생들에게 물어보는 것도 지도 방안을 마련하는 좋은 방법이다. 다음은 처음에 사용하기 좋은 몇 가지 방법들이다.

- 매주 서너 명의 "조용이"를 선발해서 학생들을 조용히 시켜야 할 때 조용이들을 활용해 보자. 학생들을 모둠으로 나누고 각 모둠에서 매주 조용이를 뽑도록 하자. 교실이 시끄러워질 때마다 교사는 조용이의 도움을 받아 학생들을 진정시키면 된다.
- 학생들에게 좋아하는 노래의 목록을 만들어보라고 하자. 학생들을

조용히 시키고 싶을 때 학생들이 좋아하는 노래를 한 곡씩 틀어주자. 노래를 들을 때는 조용히 해야 한다는 말을 꼭 해주자.

- 선생님이 손을 들면 학생들도 손을 들고 선생님을 조용히 바라봐야 한다는 약속을 정해 보자.
- 칠판에 재미있는 퀴즈를 적어보자. 교실이 조용해진 다음에 질문의 답을 적어보라고 지도하자. 수업을 다시 할 수 있을 정도로 교실이 조용해지면, 학생들에게 답을 물어보고 수업을 진행하자.

브라이언 학생들이 떠들면 교사는 소리를 지르는 대신 귀를 기울여야 한다! 학생들이 무슨 이야기를 하고 있는가? 학생들이 하는 말을 수업의 소재로 삼을 수 있는가? 몇몇 학생들이 유난히 떠드는가? 유난히 떠드는 학생이 있는 경우, 교사는 그 학생과 좋은 관계를 맺어 그 학생의 마음에 수업을 듣고 싶다는 동기를 불러일으켜야 한다. 교실이 너무 시끄러워지기 전에, 가장 시끄러운 학생에게 이렇게 말해 보자.

"선생님은 네 힘을 빌려서 다른 학생들을 조용히 시키고 싶어. 선생님이 네게 도움을 받아도 될까? 선생님이 널 믿어도 될까?"

가장 시끄러운 학생에게 다른 학생들을 조용히 시키는 책임을 맡기는 것도 좋은 방법이다. 혹은 학생들이 마음 놓고 이야기할 수 있는 시간을 따로 정하는 것도 한 가지 방법이다.

"얘들아, 아직은 이야기 시간이 아니야. 선생님이 꼭 약속할게. 20분 동안 집중해서 공부하고 난 뒤에 5분 동안 이야기할 수 있는 시간을 줄게."

앨런 학습 활동이 전환되는 동안 소란이 일어난다면, 예를 들어 학생들이 활발히 모둠 활동을 하다가 강의식 수업을 들어야 하는 경우에 시끄럽게 떠든다면, 교실 전등을 껐다가 켜거나, 학생들이 잠시 손을 들게 하거나, 새로운 학습 활동을 시작할 준비를 하라는 뜻에서 약속으로 정한 숫자를 세거나 하는 등의 방법을 사용해 보자. 또한 각 모둠에서 학습 활동에 배정된 시간이 얼마나 남았는지를 모둠원들에게 알려주는 역할을 하는 "조용이"를 뽑아서 지도할 수도 있다. 특정한 학습 활동에 배정된 시간이 2분 남은 경우, 교사는 벨 소리와 같은 청각적 신호를 학생들에게 보내서 학습 활동이 곧 끝난다는 것을 알려야 한다. 이때 "조용이"는 모둠원들이 마지막 2분 동안 학습 활동을 마무리하도록 격려해야 한다. 학급에서 가장 떠드는 학생이 "조용이"의 역할을 훌륭하게 소화하는 경우가 많다. 모둠 활동에 20초가 남았을 때 교사가 "20부터 카운트다운 해보세요."라고 말하면, 학생들은 크게 20부터 1까지 숫자를 세면 된다.

학생들이 친구들과 이야기를 하느라 너무 시끄러운 경우에 교사는 학생들에게 친구와 이야기할 시간을 몇 분 배정하는 방안을 고려해 보는 것도 좋다. 예를 들어 교사는 이렇게 지도할 수 있을 것이다.

"지금은 수학 시간이니까 우리는 수학 공부를 해야 해. 그런데 너희들은 친구들과 이야기를 하고 싶은 것 같아. 그래서 선생님이 수업을 시작할 때나 마치기 전에 3분 동안 친구들과 이야기할 시간을 주려고 해. 선택은 너희들이 해. 3분이란 시간이 넉넉할 수도 있고 그렇지 못할 수도 있겠지만, 선생님은 3분 이상 시간을 줄 수는 없어."

그런 다음, 교사는 학생들이 언제 이야기 시간을 가질 것인지를 투표를 통해 정하거나 혹은 교사의 주도하에 수업의 초반부와 후반부를 한 번씩 번갈아가면서 이야기 시간으로 정하면 된다. 학생들을 격려하는 의미에서 교사가 갑작스럽게 이야기 시간을 주는 것도 방법이 될 수 있다.

"오늘 정말 수고 많이 했습니다. 남은 시간 동안 편하게 혼자서 하고 싶은 일을 하거나 친구와 즐거운 시간을 가지세요."

Q

동기 부여(motivation)와 조종(manipulation)의 차이는 무엇이고, 이 차이가 왜 중요한가?

릭 조종과 동기 부여 사이에는 학생의 학습적인 면에 있어서나 행동적인 면에 있어서나 큰 차이가 있다. 조종과 동기 부여는 그 목적이 유사하기 때문에 교사도 종종 이 둘을 혼동한다. 그러나 조종과 동기 부여는 상반된 개념이다. 조종은 예컨대 학생이 학습이 하고 싶어서 학습을 하도록 하는 것이 아니라 학습 이외의 다른 이유 때문에 학습을 하게 만드는 것이다. 이에 비해 동기 부여는 학습 등 어떤 일이 외재적 이유 없이 하고 싶어지는 욕구를 뜻한다. 교사는 학생들이 학습에 집중하고 올바른 행동을 하도록 조종하기도 하고 동기를 부여하기도 한다. 많은 교사들은 자신이 바라는 결과가 달성되기만 하면 어떤 방법을 사

용하든 별 신경을 쓰지 않는 편이다. 일부 교사들은 이렇게 말하기도
한다.

"학생이 숙제를 하도록 지도하는 데 지도 방법이 뭐 그리 중요한
가?"

그러나 학생들은 어떤 일을 해야 하기 때문에 하는 것과 하고 싶어
서 하는 것 사이의 차이를 날카롭게 감지한다. 이 책에 소개한 바 있지
만, 위협, 벌, 보상은 조종의 방법들이다. 조종을 받은 학생의 입장에서
보자면, 학습을 하거나 올바른 행동을 선택하는 것은 자신이 원하는 것
을 얻거나 싫어하는 것을 피하는 일에 비해 부차적인 것이라고 할 수
있다. 조종을 받은 학생들은 어떤 일이든 딱 필요한 정도로만 하거나,
필요한 수준 이상으로 하더라도 별로 노력을 기울이지 않는 경향이 있
다. 우리는 이러한 학생들을 "완성자"라고 부르는데, 그 이유는 학생들
이 오직 어떤 일이든 빨리 끝내버리는 것을 목적으로 삼기 때문이다.
이에 반해 동기 부여는 학생의 자긍심, 개선에 대한 의지, 학업에 대한
열정 그리고 자신의 행동이 다른 사람에게 끼칠 영향을 생각하는 배려
심에 근거하여 이루어진다. 교사가 조종과 동기 부여를 통해 학생에게
서 비슷한 결과를 얻어낼지 몰라도, 그 결과의 질은 천차만별이라고 해
도 좋을 만큼 다르다.

브라이언 동기를 부여받은 사람은 스스로 어떤 일의 가치와 그것을
행했을 때에 얻을 수 있는 내재적 이익을 알기 때문에 그 일을 실천에
옮긴다. 이에 비해 조종을 받은 사람은 자신의 의도를 숨긴 누군가로부

터 어떤 일을 해야 한다고 설득당했기 때문에 그 일을 한다.

앨런 가장 큰 차이는 의도이다. 누군가 사람들에게 이익을 안겨주는 일을 하겠다고 말하면서 자신이 이익을 취할 때, 우리는 이런 행동을 조종이라고 한다. 조종은 자신이 "이용"당하고 있다는 것을 깨닫기 전까지는 효과를 발휘한다. 버니 메도프Bernie Madoff(월가의 유력한 금융가로서 다단계 수법으로 사람들에게 648억 달러 규모의 손해를 끼쳤다. - 역자 주)가 돈을 벌게 해주겠다고 투자자들을 현혹한 것은 조종의 한 사례이다. 메도프는 자신의 지위, 지식 그리고 인간관계를 이용해 투자자들을 속이고 그들의 돈으로 자신의 잇속을 채웠다. 이에 비해 동기 부여는 사람들이 자신의 이익을 위해 행동하도록 선한 영향력을 끼치는 것이다. 동기를 부여한 사람도 이익을 얻을 수 있지만, 적어도 여기에는 어떠한 거짓도 관련되어 있지 않다.

Q

이제 막 발령을 받은 신규 교사이다. 주변 동료들은 내가 교직에 적응하기 전까지는 학생들에게 차갑고 무섭게 대하라고 조언을 해준다. 내가 처음부터 학생들을 무섭게 대해야 할까?

릭 닐 포스트맨Neil postman(미국의 저명한 교육학자이자 비평가 - 역자 주)은 "아이들은 마음 안에 헛소리 탐지기crap detector를 가지고 있다"는 글을 쓴 적이 있다. 학생들은 선생님이 자신을 솔직하게 대하는지 아닌지를 금방 알아차린다는 말이다. 교사가 자신의 모습을 감추고 무서운 척을 한다면, 학생들은 이것이 거짓이라는 것을 알아차리고 교사가 얼마나 자신을 속일 수 있는지 시험하려고 들 것이다. 무엇보다 문제인 것은, 교사가 자신의 거짓된 모습을 싫어하게 될 것이라는 점이다.

나는 교사가 학생들을 진심으로 대하는 한, 자신의 강한 모습을 학생들에게 보여줘야 한다는 말에 전적으로 동의한다. 교사는 자신의 본모습을 속이면서 무서운 척할 때보다 학생들과 친근한 관계를 맺고, 눈을 맞추고, 개인적인 이야기를 나눌 때 더 강해 보인다. 교사는 학생들에게 올바른 지도를 하고 있다는 믿음이 확실할 때, 진정 강한 모습을 보여줄 수 있다. 마찬가지로 학생들은 자신감이 있고 확신에 차 있는 교사에게서 강한 모습을 발견한다.

학생들에게 매일 밝은 미소를 짓고 매사에 확실한 한계를 정해 보자. 신규 교사 중 대부분은 자신이 생각하는 것보다 더 강력한 마음의 힘을 가지고 있다. 그 교사들은 자신의 마음 안에서 진정한 힘을 발견해야 한다. 학생이 하길 바라지 않는 행동을 학생에게 하지 말자. 조종하지 말자. 학생들을 계속 위협할 생각이 아니라면, 위협하지 말자. 자신을 속이지 말자. 가장 중요한 것은, 교사는 늘 준비하는 자세로 자신감을 길러야 한다는 점이다. 학생들은 교사에게서 다른 그 무엇보다 자신감이 부족한 상태를 재빨리 발견하고 문제행동을 일으킬 준비를 한다.

브라이언 교사는 처음부터 무서운 척하며 학생들을 가르칠 필요가 없다. 오히려 교사는 누구보다 더 따뜻하게 학생들을 배려해야 하는 사람이다. 교사는 진심을 보여주는 사람이다. 교사는 학생과 개인적 실패 그리고 성공을 공유하는 사람이다. 물론 때로는 단호하게 거절해야 하는 사람이기도 하다. 무조건 부드럽게 대할 생각만 할 것이 아니라, 교육다운 교육을 계속하려고 마음먹어야 한다. 학업적인 면에서나 행동적인 면에서 교사는 학생들에게 늘 깨달음을 주고 학생들이 보다 나은 생활을 하도록 지원해야 한다.

앨런 교사는 학생들을 차갑게 대하지 않고서도 충분히 강한 모습을 보이면서 존경받을 수 있다. 교사는 학급 운영 절차를 명확히 알고, 학생들의 행동을 예상하고 있어야 한다. 이를 위해 학기 초 며칠 동안, 혹은 몇 주 동안은 학생들에게 학급에서 따라야 할 행동의 절차를 가르치는 것을 최우선적 과제로 삼아야 한다. 학생들에게 교실에 들어오는 방법, 친구들과 대화하는 방법, 자신과 생각이 다른 친구에게 의견을 표현하는 방법, 수업 중에 화장실에 가기 위해 허락받는 방법 등을 연습시켜보자. 학생과 함께 가치, 규칙 그리고 행동의 결과와 같은 훈육 계획을 세워보자. 학생들이 문제행동을 일으켰을 때는 언제 그리고 어떻게 문제를 해결할지를 미리 알려주는 것이 좋다. 실제로 문제행동이 일어나면, 단호하게 그리고 학생의 자존감을 존중하면서 상황을 해결하자.

교사는 학생이 성공하는 것이 교사의 가장 큰 목적이며, 선생님이 알려준 계획과 절차를 꾸준히 연습하고 따르면 분명히 성공할 수 있다는 점을 학생들에게 인식시켜야 한다.

Q

일부 학생들이 특정 선생님 앞에서는 완벽하게 행동하고 다른 선생님 앞에서는 그렇지 않은 이유가 무엇일까? 그 특정 선생님과 다른 선생님의 차이는 무엇일까?

브라이언 관계 맺기이다. 항상 여기에서 차이가 생긴다. 가치 있는 것은 순식간에 만들어지지 않는다. 교사가 학생과 관계를 형성하는 데는 시간, 열정, 노력, 배려, 인내심 등이 필요하다. 교사는 진지한 자세로 학생들이 하는 말에 귀를 기울여야 한다. 또한 학생에게 개인적인 질문을 건네고, 학생의 행동을 예측하고, 마음을 읽어내고, 학생과 관계를 맺으려고 노력해야 한다. 지금부터 교사가 학생과 관계를 맺는 데도움이 될 만한 포인트들을 소개해 보겠다.

학생과 관계 맺을 시간 마련하기

교사와 학생이 개인적인 관계를 맺을 시간을 시간표에 반영하는 학교는 찾아보기 힘들다. 그럼에도 불구하고 교사는 수업 시간에 혹은 수업 시간 이외에 시간을 마련하여 학생과 관계를 맺으려고 노력해야 한다.

에너지 보충하기

문제를 일으키는 학생들은 교사의 에너지를 무한정 소비한다. 때로 교사들은 그런 학생들을 가르치기 전에 "자기 자신을 다독이는 말"을 하기도 한다. 무엇이든 에너지를 보충할 수 있는 행동을 해보자.

달변가가 되도록 연습하기

달변가의 소질이 풍부한 교사들은 한 학생이 특정한 행동을 하도록 지도하는 일 혹은 하지 않도록 지도하는 일을 쉽게 해낸다. 이러한 교사들은 특정한 행동이 학생 자신에게 어떤 이익을 가져다주는지를 알기 쉽게 설명한다.

사람들의 마음을 읽는 기술 기르기

여러분은 한 사람이 말을 하지 않아도 그 사람의 기분, 즉 행복함, 분노, 기쁨, 짜증을 읽어낼 수 있는가? 사람의 마음을 읽는 데 보통 얼마나 시간이 걸리는가? 사람들과 관계를 맺을 때는 몸짓 언어를 반드시 읽어내야 한다.

관계 넓히기

교사는 다른 사람이 하지 않는 질문도 학생에게 해야 하는 법이다. 교사는 학생들이 인정하지 않더라도 교사가 파악한 학생의 기분을 학생에게 말해 줘야 한다. 학생의 가정생활에 대해 질문하고 교사 자신이 어렸을 때 겪었던 어려움을 공유해 보자. 다시 말하지만, 교사의 일차적인 목적은 학생과 좋은 관계를 맺는 것이다.

앨런 교사와 학생의 관계뿐만 아니라, 교육과정이 학생에게 요구하는 수준과 학생의 수준 사이의 격차도 무척 중요하다. 두 수준 사이의 간격이 클수록, 교사가 학생과 좋은 관계를 맺더라도 학생이 문제행동을 할 가능성은 커진다. 만약 6학년 학생의 수학 실력이 3학년 수준 정도라면 학생의 수준에 맞게 교육과정이 재구성되지 않는 한, 교사가 아무리 학생을 배려하고 인간적인 관계를 맺는다고 하더라도 학생은 문제행동을 일으킬 가능성이 높다.

학생이 어른들 앞에서 각기 다르게 행동하는 것과 관련하여 우리는 한 가지 중요한 사실을 오해하고 있다. 아이들은 자신이 안전하다고 느낄 때 제멋대로 행동하기 마련이다. 평소에 말을 듣지 않는 자녀를 둔 부모님이 다른 사람들에게서 자녀의 칭찬을 듣는 것은 이 때문이다. 학생들은 심리적으로 편안함을 느낄 때 자신이 어느 수준까지 마음대로 행동해도 되는지를 시험하려 든다.

마지막으로, 우리는 평소에 거절을 많이 당한 학생일수록 교사의 배려를 거부하려고 애쓴다는 사실을 알아야 한다. 이러한 학생들은 교사의 배려가 진심이라는 확신이 들고 나서야 교사의 마음을 받아들이기 때문에 평소에 문제행동을 일으키며 교사의 진심을 시험하는 것이다. 이런 상황에서 교사가 학생보다 강한 인내심으로 진심을 유지한다면 학생과 평생 인간적인 관계를 맺을 수 있는 기회가 생길 것이다.

릭 학생들은 자신을 진심으로 대하는 교사에게 보다 바르게 행동한다. 따라서 교사는 학생들을 조종하지 말고 늘 솔직하게 진실만을 말해야 한다. 학생들은 자신의 진정한 모습을 감추는 교사, 솔직하게 이야기하기보다는 조종을 하려는 교사, 자신에게 굴욕감을 선사하는 교사 앞에서는 문제행동을 많이 한다.

Q

학생이 문제행동을 더 일으키지 않도록 진정시키는 효과적인 방법은 무엇인가?

브라이언 언제 어디서나 문제 상황을 안정시킬 수 있는 세 글자에 집중하라. 바로 "미안해"이다. 교사가 잘못을 했다면 학생에게 미안하다는 말을 하는 것을 두려워하지 말고 진심을 담아 사과의 뜻을 전해야 한다. 경우에 따라 학생이 진정할 때까지 계속해서 미안하다는 말을 해야 할 때도 있을 것이다.

교사는 잘못한 것이 없는 경우에도 학생에게 미안하다는 말을 할 줄 알아야 한다.

"선생님이 한 말이나 행동 때문에 화가 났구나. 화가 난 이유를 정확하게 말해 주면 선생님이 다음부터는 조심할게."

그다음, 교사는 학생과 비슷한 점을 들려줌으로써 학생과 자신을 같은 "편"에 두어야 한다.

"선생님도 너처럼 실수를 해. 선생님도 가끔 너처럼 사람들에게 욕을 해. 선생님도 가끔 너처럼 불쑥 화가 날 때가 있어. 그럴 때마다 선생님이 할 수 있는 최선은 실수한 것을 사과하는 거야. 이제 선생님의 마음을 알았을 테니까, 네가 다음에는 어떻게 행동해야 할지 생각해 볼래?"

일단 학생이 교사를 자신과 같은 편으로 생각하기 시작하면 학생을 훈육하기가 훨씬 편하다.

앨런 교사는 언제나 한결같고 침착한 태도를 유지해야 한다. 학생의 분노와 화를 인정하자("지금 정말 화가 많이 났구나"). 학생의 생각에 동의하자("너는 정말 할 말이 많을 것 같아"). 일단 문제 해결을 지연시키자("선생님이 네 이야기를 자세히 들어봐야 상황을 이해할 수 있을 테니까, 수업 마치고 꼭 대화를 해보자). 학생이 기다려준 것에 감사하자("기다려줘서 고마워. 기다리는 게 얼마나 힘든지 잘 알아").

Q

교사의 지도에 반항하는 학생이 과연 변할 수 있을까?

브라이언 학생에게 도전감을 불러일으키는 과제를 제시하고, 명령하는 대신 질문을 한다면, 반항적인 학생도 얼마든지 변할 수 있다. 거의 모든 사람들은 자신이 극복할 수 있는 도전을 즐긴다. 다만 학생에게 도전적인 과제를 해결할 능력이 없는 경우에는 오히려 짜증을 부리며 화를 낼 것이다. 따라서 교사는 도전감을 활용하는 전략을 매우 신중하게 사용해야 한다. 교사는 학생이 과제를 수행할 능력이 충분한 경우에만 학생에게 도전적인 일을 제시해야 한다.

또한 교사는 반항적인 학생의 심리를 파악하는 것이 중요하다. 반항적인 학생들은 대부분 교사에게 반대를 위한 반대를 하고 비난을 위한 비난을 한다. 교사가 학생에게 도전적인 과제를 제시할 때, 교사는 학생에게 과제를 수행할 능력이 있다는 것을 알고 있더라도 학생에게 다음과 같은 메시지를 보내는 셈이 된다.

'선생님은 내가 과제를 수행할 능력이 없다고 생각한다.'

교사가 학생에게 도전감을 자극해 숙제를 해오도록 지도하는 사례를 소개해 보겠다. 일단 교사는 학생들에게 이렇게 말한다.

"오늘 숙제는 에세이를 한 편 써오는 것입니다. 내일 모두 써 왔는지 살펴보겠습니다. 좋은 밤 보내세요."

그다음 교사는 반항하는 학생을 따로 불러 이렇게 이야기해야 한다.

"선생님이 한 말 들었어? 안타깝지만 선생님은 내일 네가 쓴 에세이를 볼 수 있을까 의문이 들어. 선생님의 생각이 틀렸다는 걸 증명해 봐."

그리고 교사는 자리에서 벗어나야 한다.

물론 이런 방법이 늘 효과를 거두는 것은 아니다. 그러나 선생님의 말을 따르지 않는 학생들은 종종 선생님의 생각이 틀렸다는 것을 증명하기 위해서 올바른 행동을 하기도 한다. 만약 반항적인 학생이 숙제를 해오지 않은 경우, 그 학생은 교사의 생각이 옳았다는 것을 증명하는 셈이 된다. 선생님에게 반항하는 학생의 입장에서는 선생님의 생각이 옳았다는 것을 증명하는 것만큼 하기 싫은 일도 없다.

교사들은 이러한 전략을 배운 적이 별로 없기 때문에, 이 전략을 사용하는 경우가 드문 것이 사실이다. 아래의 대화를 활용하면 반항하는 학생을 올바른 길로 이끌 수 있을 것이다. 대화를 자세히 살펴보자.

"어제 너는 세 문제를 풀었어. 아주 잘했어. 오늘은 다섯 문제를 해결할 수 있을지 모르겠네. 나중에 보자."

"읽기 과제를 잘했구나. 네가 이틀 연속 읽기 과제를 해오다니 믿기지가 않아. 내일 보자!"

"하루 동안 문제를 일으키지 않는 걸 누가 못해? 네가 내일도 오늘처럼 행동하면 선생님이 정말 놀랄 테지만 말이야. 할 수 있니? 행운을 빈다!"

교사는 질문을 활용해서 훈육에 효과를 거둘 수도 있다. 어느 하루를 정해 첫 시간부터 마지막 시간까지 문제행동을 하는 학생에게 말을 할 때는 오직 질문만 해보자. 그리고 무슨 일이 일어나는지 살펴보자.

학생 이제 전 어떤 행동의 결과를 해야 하나요?

교사 어떻게 하면 네가 욕하는 걸 멈출 수 있을까?

학생 왜 이 숙제를 해야 해요?

교사 너는 왜 이 숙제를 해야 한다고 생각해? 그 이유를 설명해 줄 수 있어?

질문은 슈퍼맨의 힘을 앗아가는 크립토나이트처럼 반항하는 학생의 반항심을 약하게 만든다.

앨런 우리가 절대로 바꿀 수 없는 것은 각자 가지고 있는 DNA이다. 자신에게 익숙한 것을 바꾸기란 여간 어려운 일이 아니기 때문에, 필자는 일반적인 훈육 방법을 "바꾸는" 방안을 설명하기 위해 이 책의 분량 전체를 할애했다고 해도 과언이 아니다. 긴 겨울이 지난 후 풍화된 요철과 구멍으로 가득한 도로 위를 운전하는 것처럼, 변화로 향하는 여정은 평탄하지도 않고 계획대로 흘러가지도 않는다.

반항적인 학생들은 자신이 주도권을 가지고 있다는 생각을 하고 싶기 때문에 반항적인 행동을 한다. 따라서 학생의 반항적인 행동을 줄이려면 그 학생에게 주도권을 행사하는 건전한 방법을 보여줘야 한다.

교사는 반항적인 학생에게 올바른 학급 활동을 주도하도록 역할을 맡겨 책임감을 가지게 하거나, 학급의 규칙이나 행동의 결과를 정하는 데 그 학생들을 포함시키는 것이 좋다. 그러나 교사는 반항적인 학생이 새로운 행동 양식에서 편안함을 느끼기 전까지는 예전의 반항적인 행동을 계속하리라는 예상을 늘 하고 있어야 한다.

릭 PART7에서 우리는 인식의 재구조화에 대해 살펴봤다. 교사는 학생의 "반대하는 성향"을 "포기하지 않는 끈기"로 재구조화하여 인식하는 데서부터 훈육을 시작해야 한다. 교사는 학생의 성향에 대해 진심에서 우러난 칭찬을 보내고 학생들이 자신의 성향을 보다 생산적인 방식으로 활용할 수 있는 방법을 가르쳐야 한다.

PART10에서 우리는 "역설적으로 행동하기" 전략에 대해 살펴봤다. 만약 한 학생이 교사의 지도를 거부한다면 학생이 자신이 원하는 바대로 행동하도록 지도하자. 이 말은 약간 이상한 소리처럼 들릴지도 모른다. 그러나 교사의 지도를 따르지 않는 학생이라면 이 경우에 자신이 처음에 하고 싶었던 것을 하려고 하지 않을 것이다. 왜냐하면 교사가 학생에게 원하는 대로 하라고 했기 때문이다.

Alge, C. (2015, November 2). Celebrating (instead of faulting) failure: 8 companies that glorify their flops [blog post]. LexTalk. Retrieved from https://www.lextalk.com/ b/lextalk_blog/archive/2015/11/02/celebrating-instead-of-faulting-failure-8-companies-that-glorify-their-flops.aspx

American Psychiatric Association. (2013). Diagnostic and statistical manual of mental disorders (DSM-5). Washington DC: American Psychiatric Association.

Amurao, C. (2013). Fact sheet: How bad is the school-to-prison pipeline? Tavis Smiley Reports. Retrieved from http://www.pbs.org/wnet/tavissmiley/tsr/education-under-arrest/school-to-prison-pipeline-fact-sheet/

Antoniou, A. S., Polychroni, P., & Vlachakis, A. N. (2006). Gender and age differences in occupational stress and professional burnout between primary and high-school teachers in Greece. Journal of Managerial Psychology, 21 (7), 682-690.

Bergmann, J., & Sams, A. (2012). Flip your classroom: Reach every student in every class every day. Alexandria, VA: ASCD.

Bureau of Labor Statistics. (2016). Employment projections. Washington, DC: United States Department of Labor. Retrieved from http://www.bls.gov/emp/ep_chart_001.htm

Camp, B. W., Blom, G. E., Herbert, F., & Van Doorninck, W. J. (1977). Think aloud: A program for developing self-control in young aggressive boys. Journal of Abnormal Child Psychology, 5, 157-169.

Christian, S. (2003). Educating children in foster care. Washington, DC: Children's Policy Initiative. Retrieved from http://www.ncsl.org/programs/cyf/cpieducate. pdf

Crow, K., & Ward-Lonergan, J. (2003). An analysis of personal event narratives produced by school age children. Paper presented at the annual meeting of the Council for Exceptional Children, New York. (ERIC Documentation Reproduction Service No. ED 481 292). Retrieved from http://www.eric.ed.gov/ ERICDocs/data/eric-docs2sql/content_storage_01/0000019b/80/1b/74/98.pdf

Cszikszentmihalyi, M. (1990). Flow: The psychology of optimal experience. New York: Harper & Row.

Curwin, R. (2010). Meeting students where they live: Motivation in urban schools. Alexandria VA: ASCD.

Curwin, R. (2017). How to respond when students use hate speech [blog post]. Edutopia. Retrieved from https://www.edutopia.org/blog/how-respond-when-students-use-hate-speech-richard-curwin

Curwin, R., & Mendler, A. (1988). Discipline with dignity(1st ed.). Alexandria, VA:ASCD.

David, D. S. (2009). Mindful teaching and teaching mindfulness: A guide for anyone who teaches anything. Somerville, MA: Wisdom Publications.

Ellis, J., Small-McGinley, J., & De Fabrizio, L. (1999). It's so great to have an adult friend: A teacher-student mentorship program for at-risk youth. Reaching Today's Youth, 3 (4), 46-50.

Feindler, E. L., & Ecton, R. B. (1986). Adolescent anger control: Cognitive-behavioral techniques. New York: Pergamon.

Fisher, G. (2007, April 9). Amputee looks at his new life as "another chance"; Arizona teacher is inspiration after loss of four limbs. USA Today, p. 4D.

Frankl, V. (1963/2006). Man's search for meaning . Boston: Beacon Press.

Gallup. (2014). State of American schools: The path to winning again in education. Retrieved from http://www.gallup.com/services/178709/state-america-schools-report.aspx

Gladwell, M. (2016, June 29). The big man can't shoot [podcast]. Revisionist History. Retrieved from http://revisionisthistory.com/episodes/03-the-big-man-cant- shoot

Goldstein, A. (1999). The prepared curriculum: Teaching prosocial competencies. Champaign, IL: Research Press.

Greenburg, M. T., Brown, J. L., & Abenavoli, R. M. (2016, September 1). Teacher stress and health effects on teachers, students, and schools [issue brief]. University Park, PA: Edna Bennett Pierce Prevention Research Center, Pennsylvania State University.

Haupt, A. (2016, December 8). Mindfulness in schools: When meditation replaces detention. U.S. News & World Report . Retrieved from http://health.usnews.com/wellness/mind/articles/2016-12-08/mindfulness-in-schools-when-meditation-replaces-detention

Hauser, C. (2017, February 8). Teenagers who vandalized historic black schoolhouse are ordered to read books. New York Times. Retrieved from https://www.nytimes.com/2017/02/08/us/black-school-racist-sexist-graffiti.html

Henley, M. (2003). Teaching self-control. Bloomington, IN: Solution Tree.

Holtham, J. (2009). Taking restorative justice to schools: A doorway to discipline. Allen, TX: Del Hayes Press.

Jennings, P. A., & Siegel, D. J. (2015). Mindfulness for teachers: Simple skills for peace and productivity in the classroom. New York: W. W. Norton.

Jensen, E. (2000). Different brains, different learners: How to reach the hard to reach. Thousand Oaks, CA: Corwin.

Kavilanz, P. (2017). Teachers welcome standing desks in the classroom. CNN Money. Retrieved from http://money.cnn.com/2017/01/10/smallbusiness/jaswig-standing-desk-schools/index.html

Kneebone, E., & Holmes, N. (2016). U.S. concentrated poverty in the wake of the Great Recession. Washington, DC: Brookings Institutions. Retrieved from https://www.brookings.edu/research/u-s-concentrated-poverty-in-the-wake-of-the-great-recession/

Lane, K. L., Kalberg, J. R., & Menzies, H. M. (2009). Developing school-wide programs to prevent and manage problem behaviors. New York: Guilford Press.

Levinson, W., Roter, D. L., Mullooly, J. P., Dull, V. T., & Frankel, R. M. (1997). Physician-patient communication. JAMA, 277 (7), 553-559.

Loomans, D., & Kolberg, K. (2002). The laughing classroom: Everyone's guide to teaching with humor (2nd ed.). Tiburon, CA: H. J. Kramer.

Lundberg, E., & Thurston, C. M. (2002). If they're laughing, they just might be listening: Ideas for using humor effectively in the classroom. Tiburon, CA: H. J. Kramer. Maltese, A. V., Tai, R. H., & Fan, X. (2012, October-November). When is homework worth the time? High School Journal , 96 (1), 52-72.

Martin, J. A., Hamilton, B. E., Osterman, M. J. K., Driscoll, A. K., & Mathews, T. J. (2017, January 5). Births: Final data for 2015. National Vital Statistics Reports, 66 (1). Atlanta, GA: Centers for Disease Control. Retrieved from https://www.cdc.gov/nchs/data/nvsr/nvsr66/nvsr66_01.pdf

May, R. (1969). Love and will. New York: W. W. Norton.

Meichenbaum, D. (1977). Cognitive behavior modification. New York: Plenum. Meier, D. (2013, April 11). Explaining KIPP's SLANT [blog post]. Education Week. Retrieved from http://blogs.edweek.org/edweek/Bridging-Differences/2013/04/Slant_and_the_golden_rule.html

Mendler, A. N. (2005). More what do I do when: Powerful strategies to promote positive behavior. Bloomington, IN: Solution Tree.

Mendler, A. N. (2012). When teaching gets tough: Smart ways to reclaim your game. Al exandria, VA: ASCD.

Mendler, A. N. (2014). The resilient teacher. Alexandria, VA: ASCD.

Mendler, A. N., & Mendler, B. D. (2017). Turning tough parents into strong partners. Rochester, NY: Teacher Learning Center.

Mendler, B., Curwin, R., & Mendler, A. (2008). Strategies for successful classroom management. Thousand Oaks, CA: Corwin.

Molnar, A., & Linquist, B. (1990). Changing problem behavior in schools. San Francisco: Jossey-Bass.

Moscowitz, F., & Hayman J. L. (1974). Interaction patterns of first year, typical and "best" teachers in inner-city schools. Journal of Educational Research , 67 , 224-230.

Ogoe, R. (2015). The kinetic classroom: The pedal-desk, ADHD, and the mind-body connection [blog post]. Center for Educational Improvement. Retrieved from http://www.edimprovement.org/2015/06/kinetic-classroom-pedal-desk-adhd-mind-body-connection/

PBS. (2016). Interview with Richard Dreyfuss. Tavis Smiley Show. Retrieved from http://www.pbs.org/wnet/tavissmiley/interviews/actor-richard-dreyfuss-2/ Pearson Foundation. (2014). Survey reveals what students really think of teachers [blog post]. Teaching Community. Retrieved from http://teaching.monster.com/benefits/articles/7007-survey-reveals-what-students-really-think-of-teachers Peri, C. (2011). Teenagers educated the village way. Englewood, NJ: This World: The Values Network Publishing Group.

Potter, D. (2010). Psychosocial well-being and the relationship between divorce and children's academic achievement. Journal of Marriage and Family, 72 , 933, 940-941.

Potter, H. (2013, May). Boosting achievement by pursuing diversity. Educational Leadership, 70 (8), 38-43. Retrieved from http://www.ascd.org/publications/educational-leadership/may13/vol70/num08/Boosting-Achievement-by-Pursuing-Diversity.aspx

Quinlan, C. (2016, June 7). New data shows the school-to-prison pipeline starts as early as preschool. ThinkProgress. Retrieved from https://thinkprogress.org/new-data-shows-the-school-to-prison-pipeline-starts-as-early-as-preschool- 80fc1c3e85be/

Ratey, J. J. (2013). Spark: The revolutionary new source of exercise and the brain. NewYork: Little, Brown.

Rich, S. (2007). Ant farm. New York: Random House.

Rogers, K. (2015, December 21). Oberlin students take culture war to the dining hall. New York Times. Retrieved from https://www.nytimes.com/2015/12/22/us/

oberlin-takes-culture-war-to-the-dining-hall.html

Shaw, J. (2016). New Orleans high school turbocharges restorative justice. Hechinger Report. Retrieved from http://hechingerreport.org/new-orleans-high-school-turbocharges-restorative-justice/

Shirley, D., & MacDonald, E. (2016). The mindful teacher . New York: Teachers College Press.

Sweeney, A., & Gorner, J. (2016, July 1). 10 shootings a day: Complex causes of Chicago's spiking violence. Chicago Tribune. Retrieved from http://www.chicagotribune.com/news/ct-chicago-shootings-violence-2016-met-20160630-story.html

U.S. Centers for Disease Control and Prevention. (2016). Autism spectrum disorder: Data & statistics. Retrieved from https://www.cdc.gov/ncbddd/autism/data.html Visser, S. N., Danielson, M. L., Bitsko, R. H., et al. (2014). Trends in the parent-report of health care provider-diagnosed and medicated attention-deficit/hyperactivity disorder: United States, 2003?2011. Journal of the American Academy of Child & Adolescent Psychiatry, 53 (1), 34-46. Retrieved from http://www.jaacap.com/article/S0890-8567(13)00594-7/abstract

Wang, M. C., Haertel, G. D., & Walberg, H. J. (1997). Fostering educational resilience in inner-city schools. Children and Youth, 7 , 119-140.

Watson, Z. (2014, October 28). 4 real-world examples that explain intrinsic motivation [blog post]. Technology Advice. Retrieved from http://technologyadvice.com/blog/marketing/4-real-world-examples-clearly-explain-intrinsic-motivation/ Weiner, B. (1972). Attribution theory, achievement motivation, and the educational process. Review of Educational Research, 42 (2), 203-215.

Wendt, M. (2002, Fall). Can exercise replace medication as a treatment for ADHD? Healing Magazine, 78.

Werner, E. E., & Smith, R. S. (1989). Vulnerable but invincible: A longitudinal study of resilient children and youth. New York: Adams.

Wilson, D., & Conyers, M. (2013). Five big ideas for effective teaching: Research to classroom practice. New York: Teachers College Press.

Wineburg, S. (2013, November 14). Changing the teaching of history, one byte at a time [blog post]. Edutopia. Retrieved from https://www.edutopia.org/blog/changing-the-teaching-of-history-sam-wineburg

Zillgitt, J. (2017, June 13). LeBron James' legacy secure despite NBA finals loss to Warriors. USA Today. Retrieved from https://www.usatoday.com/story/sports/nba/playoffs/2017/06/13/cavs-lebron-james-legacy-secure-nba-finals-loss-warriors/102803736/

「이 도서의 국립중앙도서관 출판예정도서목록(CIP)은
서지정보유통지원시스템 홈페이지(http://seoji.nl.go.kr)와
국가자료공동목록시스템(http://www.nl.go.kr/kolisnet)에서 이용하실 수 있습니다.
(CIP제어번호: CIP2020016098)」

자존감 훈육법

1쇄 발행 2020년 5월 15일

지은이 리차드 L. 커윈, 앨런 N. 멘들러, 브라이언 D. 멘들러
옮긴이 방현진

발행인 윤을식
편　집 김명희 박민진

펴낸 곳 도서출판 지식프레임
출판등록 2008년 1월 4일 제2016-000017호
주소 서울시 서초구 효령로26길 9-12, B1
전화 (02)521-3172 ｜ **팩스** (02)6007-1835

이메일 editor@jisikframe.com
홈페이지 http://www.jisikframe.com

ISBN 978-89-94655-82-6 (03370)